公法与法治文丛

总主编：谭宗泽　周祖成

地方立法研究

民国初期四川地方立法的理论与实践

陈建平 著

知识产权出版社
全国百佳图书出版单位

图书在版编目（CIP）数据

地方立法研究：民国初期四川地方立法的理论与实践/陈建平著. —北京：知识产权出版社，2016.6

ISBN 978-7-5130-4143-0

Ⅰ.①地… Ⅱ.①陈… Ⅲ.①地方法规—立法—研究—四川省—民国 Ⅳ.①D927.710.00

中国版本图书馆 CIP 数据核字(2016)第 069815 号

内容提要

中国近代地方立法源自清末。民国初年，地方立法呈井喷之势，其立法技术、理论水平、立法成就远非今人所能及。本书以四川民国初年的地方立法为研究对象，再现当时人们对地方立法的所思所行。他们在地方立法中所遇到的困难，取得的成就，无论是经验还是教训，都足以为后人提供借鉴和警醒，都是后来者的一面镜子，有助于当今人们的立法实践。

责任编辑：甄晓玲　张筱荼　　　　**责任出版**：孙婷婷

地方立法研究

民国初期四川地方立法的理论与实践

陈建平　著

出版发行：知识产权出版社有限责任公司　　**网　　址**：http://www.ipph.cn
社　　址：北京市海淀区西外太平庄 55 号　　**邮　　编**：100081
责编电话：010-82000860 转 8180　　**责编邮箱**：baina319@163.com
发行电话：010-82000860 转 8101/8102　　**发行传真**：010-82000893/82005070/82000270
印　　刷：北京科信印刷有限公司　　**经　　销**：各大网上书店、新华书店及相关专业书店
开　　本：710mm×1000mm　1/16　　**印　　张**：16
版　　次：2016 年 6 月第 1 版　　**印　　次**：2016 年 6 月第 1 次印刷
字　　数：303 千字　　**定　　价**：58.00 元
ISBN 978-7-5130-4143-0

总　序

公法和私法划分的观念可以追溯至古罗马时期，时有伟大法学家乌尔比安为之代言：“公法涉及罗马帝国的政体，私法则涉及个人利益。”鉴于罗马法对欧洲法学的巨大影响，这种分类遂流行于大陆法系的法学理论。19世纪伊始，权力向国家的逐渐集中带来了公法的日趋繁盛，公法与私法判然有别亦为必然。然则，19世纪末叶，私法独立于国家与社会的观念趋于消隐，私法公法化似不期而至。虽屡遭批判，公私法的划分并未沦为大陆法系的历史遗迹，反而因对英美法系的成功植入而具有了普适性。公法学家不再是德法等欧陆国家的专利，我们同样见证了美国法学旗帜从肯特、斯托里、卡多佐、霍姆斯向沃伦、马歇尔、伦奎斯特等宪法阐释者的传递。必须承认，各国思想起点不同，历史发展不同，公法理论亦有所差别。然而正如著名公法学家莫里斯·奥里乌（Maurice Hauriou）所言，政治权力与法律之间关系的难题应当是一切公法理论的轴心。据此，公法理论的对象既是政治的，也是法学的，国家不仅是支配和管理的体系，也是法律制度的集合。因此，国家与法律之间的关系、国家如何顺服法律之治即为全部焦点所在。

中国法治进程道路艰险，历经曲折，不啻为一次新的长征。过往无须赘述，前景尚待明察。目前，全面推进依法治国、加快建设法治中国的基调业已定下，这就要求我们必须坚持依法治国、依法执政、依法行政共同推进，坚持法治国家、法治政府、法治社会一体建设。作为一项宪法原则的法治原则，具有至为丰富的含义。但如果搁置宏大叙事，转向一种极简主义的立场，就意味着所有人、所有权力，不管是公共的，还是私人的，都应受到公开而事先颁布的法律的约束，并得分享其利益。鉴于长期与人治思维搏斗的特殊语境，如何限制当权者的恣意权力仍然是我国法治事业的第一要务。但也要看到，法治的目标在社会，在人的生活与生存状态。就此而言，法治并非目的，只是达成理想社会状态的手段，我们不能从一个无视法律的社会状态走入一个刻板地遵从法律的社会状态。以法为名而无视人的生活与生存，甚至践踏人格尊严，绝对不是法治所应有的状态。法治不是简单的法律之治，不是简单的严格执法，法治是一种价值追求和权利得到普遍尊重的社会存在状态，不同的利益诉求都能在法律上找到合理的平衡并有效协调各种冲突，法治是实现人类美好生活的重要路径选择。我们之所以崇尚法律，不是因为它是法律，而是因其符合我们的生活需求，使我们能协调共存和协同发展。法律以社会为基础，通过法律的社会作用建设法治中国，实现国家富强和人民幸福，这才是我们的目的。在法治建设过程中，固然需要借鉴有益的理论与经验，但并无普遍适用的模式与方法，从中国实际出发，根据中国问题创造性地寻求自己的发展道路，才是正道。中国如何走向法治，如何不致误入歧途乃至背道而驰，如何把法治与人的幸福生活有机协调，使法律以其规范功能在平衡不同利益冲突过程中展现社会的发展空间和道路选择，提升人类文明，是法治建设不能不注意的问题。正因如此，基于中国特色的法治理论对于刻下中国之法治实践意义非凡，也是本文丛希冀有功于此的目标指向。

与法治事业的发展同步，我们也强烈地感受到近年来学界的成长与潜能。优秀丛书精彩纷呈，应接不暇；青年才俊纷纷涌现，活力无限，他们既是动力之源，也是未来的生力军。在建设法治中国的大背景下，作为法学研究者的担当和对创新的追求，我们策划了公法与法治文丛，期望为优秀作品助产，为杰出学者铺路，为学术大厦添砖。

西南政法大学向来重视学术研究和学术传承，既深入经典，又关注现实，一直在学术道路上辛勤耕耘。行政法学院作为学校一个重要的法学院，在组建时就被要求承担起公法和理论法学的教学与研究重任，故学院集中了全校相关方面的研究力量，这为学院的发展奠定了良好的基础。在老一辈学者的艰辛努力、带动和培养下，学院师承相继，薪火相传，造就了一大批优秀的中青年学者，他们辛勤育人，笔耕不倦，为学术繁荣和学院发展做出了重要贡献。学院作为教学和学术研究的组织者，志在通过提供条件和服务，让每位老师都能全身心投入教学和科研。在这一过程中，我们提倡和鼓励有组织的科学研究，通过团队组织集体攻关，研究一些重大的学术问题，并在相互研讨启发中寻求学术突破。为展现大家的研究成果，也为使研究更加系统和有针对性，我们组织出版公法与法治文丛，衷心希望得到各位同人的关注和指教。

谭宗泽　周祖成

2014 年 9 月于重庆

序　言

地方立法是相对于中央立法而言。不同的国家由于各自政治、经济、文化等方面的不同，对中央与地方立法权限的划分也千差万别，形成不同的立法体制，在地方立法权的行使方面也各不相同。就世界各国中央与地方立法权限的划分情况看，立法体制大约可以划分为三类：一是单一制国家的一元立法体制。如日本宪法规定："国会是最高国家权力机关，是国家唯一立法机关。"即立法权由中央统一行使，地方不享有立法权。二是联邦制国家的二元立法体制。即在宪法中明确划分联邦和州（邦）的立法权限，凡是涉及联邦的事务以及跨州的事务，都由联邦管理，由联邦进行立法规范；凡只涉及州管理的事务和属州范围内的事务，则由州立法机关制定法律，行使立法权。不但联邦和州的立法权由中央和地方分别行使，联邦和州也有各自的司法体系。三是一元两级立法体制。即立法权主要掌握在中央，同时，在保证国家法制统一的前提下，允许地方有一定的立法权。实行这种立法体制，既有联邦制国家，如巴西；也有单一制国家，如中国、意大利。

按照哈耶克的观点，法律分为两类：一类是由法官发现的法律，这种法律是在司法过程中发现的正当行为规则，亦即"内部规则或自由的法律"，这种法律源出于并非人们创造的自生自发秩序，调整的是人们的涉他性行为，旨在划定每个人的确受保障领域的边界，适用于无数的未来情势。这些法律来自于无数代人通过实验而获得的经验，包含比任何个人所能掌握的更多的知识。另一类就是由立法者制定的法律，称为"外部规则"或"立法的法律"。这种法律制定的目的包含三个方面：一是实现特定的目的；二是对那些规定了应当完成某事或应当实现特定的结果的肯定性命令；三是建立各种使政府得以有效运转的结构。这种组织规则附属于那些制定了应于追求的目的并为不同的机构规定了各种任务的特定命令。❶ 显然这两种法律在国家一形成时应该都已经具有，而国家最初承担制定外部规则的部门显然也并非现在的立法机关。由代议机关来承担立法者的使命，最初出现在英国。英国议会的发展是一个自然的演变过程，而不是按人们事先设计好的方案建立的。现代英国议会的前身就是英国最初的“贤人议会”，❷ 贤人议会的主要职能就是根据世袭的原则选举王位继承人，辅助国王决定王国其他内外大事。后来国王制定法律，法律的定稿亦需要获得贤达的同意。在诺曼公爵威廉征服英国前，英国已形成“国王未征求意见和得到同意不得行动”的原始民主理念。诺曼·威廉进入英国后，贤人议会得到了保留，并在此基础上建立了“大议会”❸，大议会后来经过分化，由贵族组成的会议称为上议院，由地方代表参加而组成的会议则称为下议院，这两部分与国王一起，构成今天英国的议会，或称为“巴力门”。❹ 卢梭认为政治体因社会公约而得以生存和具有生命，其行动和意志就必须由法律来赋予，法律作为政治体结合的条件，乃是一种公意的行为。❺ 作为一种公意的运用而产生的立法，自然是一种主权行为。在英国，议会作为主权者，其立法权的拥有自然是不言而喻的。但“立法机关”一词的出现是在 17 世纪中叶以后，人们用这个术语来指称既有的“被任命的机构”，即那些旨在指导或控制政府的代议机关的称谓。❻ 当权力分立的理论被普遍接受以后，立法机关也就成了主要制定法律的机构。

---

❶ ［英］哈耶克：《法律、立法与自由》（第一卷），邓正来等译，中国大百科全书出版社 2000 年版，第 189 页、第 199 页。

❷ 贤人议会出现在 5—7 世纪，盎格鲁—撒克逊人趁罗马帝国崩溃之机征服了大不列颠岛的中部和南部，在英格兰建立起大小 7 个王国，这些王国的国王和贵族代表组成“贤人议会”，共同治理国家。参见刘建飞、刘启云、朱艳圣编著：《英国议会》，华夏出版社 2001 年版，第 3 页。

❸ 大议会由贵族和教会头面人物组成，其主要作用最初是国王需要财力支助时，通过召开大议会获得贵族捐赠。13 世纪时，国王感到税收和一般捐赠已不足以支付政府的开支，于是他们召集贵族以及各郡、城市、镇的代表会议，主要是为了让他们同意征收特别的税款。参见刘建飞、刘启云、朱艳圣编著：《英国议会》，华夏出版社 2001 年版，第 4 页。

❹ 戴雪认为君主、贵族院与众民院的合体，被称为“议会中之君主”，是为巴力门的本义。参见［英］戴雪：《英宪精义》，雷宾南译，中国法制出版社 2001 年版，第 116 页。

❺ ［法］卢梭：《社会契约论》，何兆武译，商务印书馆 2003 年版，第 21—33 页。

❻ 哈耶克曾对“立法机关”一词的出现进行过推断，有可能是这些使用者隐隐约约地认识到了权力分立的观念所致，也有可能是他们试图把那些主张有权控制政府的机构的任务限于制定一般性法律的努力未获成功所致。参见［英］哈耶克：《法律、立法与自由》（第一卷），邓正来等译，中国大百科全书出版社 2000 年版，第 205 页。

地方立法如果专指地方立法机关制定的规范性文件，那么这种地方立法在我国只能是近代才有的事。在地方立法机关产生之前，地方并非没有自治法律，这种自治法律中一类应该就是哈耶克所称的自生自发秩序，❶ 另一类是由地方行政长官制定的规范性文件，这类规范性文件会随着长官意志的变化而变化。

近现代意义上的中国地方立法，始自清末地方自治。然而清末地方自治刚铺开，清王朝便已轰然倒塌。辛亥革命时，各地方政府应行政管理及政权正当性的需要，纷纷制定自治法规，地方立法一时呈现井喷之势。袁世凯担任中华民国大总统后，为加强中央集权，取消地方议会，地方立法便一时沉寂。待到黎元洪继任中华民国大总统，各省议会恢复。然随之而来的是南北两政府对立，一时战祸绵延，民众死伤无数，哀鸿遍野，地方立法自是无法进行。虽然南北两政府俱取武力统一中国策略，但南北两政府实力都不足以实现统一，且各自内部派系矛盾重重，相互意见不一，于是出现南不能统一北、北亦无力统一南的局面。有识之士为解决南北纷争，和平统一中国，提出联省自治的政治主张。联省自治按照民国政治学者李剑农的说法，就是："所谓联治运动，含有两方面的意义：第一是容许各省自治，由各省自己制定一种省宪，依照省宪自组省政府，在省宪范围以内，非但可以免去中央的干涉，便是省与省之间，也可以免去侵略的纠纷，什么大云南主义，大广西主义，都应该收拾起来。第二是由各省选派代表组织联省会议，制定一种联省宪法，以完成国家的统一，就是确定中国全部的组织为联邦制的组织，如此既可以解决南北护法的争议，又可以将国家事权划清界限，藉此把军事权收归中央，免去军阀割据之弊。这就是联治运动两方面的意义。"❷ 于是一场由湖南首先发起，四川等省随后响

❶ 中国自秦统一至清末，地方无立法机关，故一般学者都认为中国清末以前都是中央集权专制的国家，地方无自治可言，此乃中国难以与泰西各国竞争的原因。于是有学者反驳这种观点，认为："吾国素为宗法之社会，而非市制之社会，故族制自治极发达，而市邑自治甚微弱，论者遂谓宗法为初民集合之原体，而大大有碍于人群之进化，此其说证以欧西之历史，则固然矣。然亦盍思夫吾族自治之能力，绵绵延延经二千余年专制政体之摧残剥蚀而遗一线者，固重赖此宗法之制也乎。乡约之制，一市府议会之规模也；郡县之公局，一都市议会之形式也；善堂公所，一医院卫生局之筚路蓝缕也；市镇之团练，一民兵义勇之缩本影相也；墟庙之赛会，一祆祠教堂之仪制也。礼失而求诸野里，乘流传，固无一不具体自治之性质者，不过其组织未进于精严，进化乃形其濡滞耳，以是之故，而谓吾民无与外族竞存之资，不亦诬乎。"参见蛤笑："论地方自治之亟"，载《东方杂志》1908 年第 5 卷第 3 号，第 35—36 页。

❷ 李剑农：《最近三十年中国政治史》，上海太平洋书店发行 1931 年（第 3 版），第 466 页。

应的联省自治运动风靡全国，先后要求制定自治法实行地方自治的有四川、湖南、浙江、江苏、广东、湖北、福建、云南、广西、贵州以及东北三省等14个地方。其他如山东、河南、山西、陕西、甘肃等省也在开展自治运动。在这场轰轰烈烈的联治运动中，当时领军全国制定省自治法的有四大地区，分别为四川、湖南、广东、浙江。继湖南宣布自治制宪后，四川于1921年1月8日宣布川省自治，以省公民意制定省自治根本法，行使自治权。其他各省亦纷纷制定省宪或自治法，地方立法一时到达顶峰。

这次立法与辛亥革命时的立法相比，一个显著特点就是各省纷纷以联邦观念为指导思想，旨在建立一个联邦共和国，以解决当时社会纷争。而辛亥革命时的地方立法虽然亦主张建立一个联邦国家，但独立各省在制定自治法或省宪时，均规定所制定法律为临时性法律，待国宪制定后，临时立法即失去效力。与清末的咨议局或民国成立后的议会立法相比，以前的地方议会立法多是根据上位法制定实施性（执行性）立法，自主性立法少；这次立法是在没有上位法的情况下，各省所做的自主性立法，秉承本省公民意愿而制定。这次立法的另一个特点就是虽然立法运动搞得轰轰烈烈，不少省份也制定了地方自治法，但真正能得到实施的寥寥无几。其关键在于高喊地方自治立宪的人并不都具有近代民主政治的思想。一些学者固然从学理的角度提出联省自治以解决当时中国面临的困境，因为从学术方面而言，解决当时南北统一的途径并非一端，主张武力统一的人是从中国传统的老路着想，“用武力来铲除地方群雄，回归中央集权；联省自治主义者则以承认既存事实，从手段上、制度上另谋救济之道为依归。两者之间，孰优孰劣本难评断”。❶ 但更多的人，尤其是地方实力派人物则是从自己的实际利益而主张的，在中央时主张中央集权，在地方时主张地方分权，所谓地方自治都是为了保护自己的利益和地盘的招牌而已，他们何时真正想过要实行地方自治。故南北政府处在僵持状态时，各省纷纷以自治自立为自保；当南方政府北伐一路顺风时，各省纷纷取消自治，转向支持北伐。

四川地方立法同样源自清末地方自治。当四川咨议局成立后，川省也尝试性地进行了地方立法，这些地方立法大多是执行性立法（实施性立法），主要是为了执行上位法而进行具体化的立法，甚少有自主性立法出现。辛亥革命时，川省一些地方纷纷独立，为了临时治理的需要，各地都颁布过一些地方法

---

❶ 李达嘉：《民国初年的联省自治运动》，（台北）弘文馆出版社1986年版，第3页。

律，这些法律都是在没有上位法的情况下，根据各地自身特点而制定的自主性立法。这些地方法律的制定虽然简洁，立法技术亦比较粗糙，但它们的制定实施不但有利于地方政府的治理，而且为地方立法累积了经验，为川省日后的地方立法打下了基础。

中华民国成立后，川省首先成立了一个临时省议会，参照清朝地方自治法制定了一些地方自治法。但临时省议会一则因为存在时间短，前后不过半年，在地方立法方面也难有作为，更重要的是，当时的地方政府根本没有认真对待临时省议会，地方立法难有作为也就可想而知了。第一届省议会成立后，议员们踌躇满志，立志要干一番大事业，但刚成立便陷入党派斗争的泥潭而不能自拔，地方立法根本无从谈起。接着便是省议会的取消，议会活动中止。待到第一届国会恢复，各省议会自然也随之恢复，川省却再一次陷入战乱的漩涡中，议会当时忙的不是立法，而是抗议当时滇黔客军在川省的驻留。第一届省议会任期届满后，第二届省议会产生。由于第二届省议会产生时，川省的党派势力以国民党一党独大，议会自然也就成了国民党的天下。当南方军政府取消，北方政府发布统一令，感受威胁最大的就是国民党议员。于是省议会首先表示川省实行自治，并在与省长刘湘争夺制宪主导权的过程中，开启了川省自治立法的进程。

在川省自治立法的过程中，川省各党派、社会团体、自治组织和公民个人积极参与到制宪的进程中来。其参与的范围之广、民众参与的热情之高，当为川省历史所罕见。其所制订的川省自治法，无论从立法技术还是立法理念、内容等都达到了川省地方立法的顶峰。

本书以川省民初地方立法为研究对象，主要在于此段时间是川省自主立法的高峰时期。地方立法的成就不在于其立法数量的多少，关键是其自主立法的内容及技术。民国川省地方立法的时间段也主要集中在辛亥革命前后和联省自治运动时期。1926 年 9 月，当北伐军攻克武汉后，川省地方军阀纷纷向国民政府“输诚”。川省政府转向支持国民政府后，川省就进入了孙中山建国的第一或第二阶段——军政或训政阶段，省议会被取代，川省地方立法自然也就告一段落。

民初川省地方立法由于资料缺失，后来者无从研究；另外也因为后来者价值观念的转变，一直没有得到足够多的人的重视，以致这段历史日益成为后人认知上的盲区。但历史不应该忘记，不管我们喜不喜欢，“它都记载了它所诞生的那个时代的故事——这些故事不仅昭示着过去，而且也应当启迪未来”。[1]正如一位学者说的，“一个失去记忆的民族，是一个愚蠢的民族；一个忘记了历史的组织，只能是一个愚昧的组织”。[2]因为现在来源于历史，正是历史孕育了现在；只有了解历史，才能理解现在和把握未来。民国初期的川省地方立法是当时川省人民的思想、价值、社会认识、世界观的反映，它记录了川省的这一段历史，有着川省人民的独特记忆。在它走上民主、法治的这条道路上，无论它迈出的这一步是多么幼稚或让人发笑，总之是向前迈出了第一步。有了第一步，它就会从此坚定它的方向，继续不断地向前走下去。

[1] 周叶中，江国华主编：《自下而上的立宪尝试：省宪评论》，武汉大学出版社2010年版，总序。
[2] 杨继绳：“追忆朱厚泽”，载《炎黄春秋》2012年第5期，第32页。

目　录

第一章　近代四川地方立法的缘起

从历史上看，以地域为基础的地方政府以地方立法权为权力中心。有学者认为，作为自治法规的市政法有着其正当性，也就是说，具有管辖权的自治区或市镇有权颁布对自己适用的法规。在分析地方政府与自治机构的立法权时，学者 Istvan Ereki 认为，不存在没有立法权的地方政府，最重要的不是地方政府是否存在立法权，而是立法权的范围和扩张的潜力。[1] 我国地域广阔，各地风俗、民情、地理、经济状况各不相同，自古以来地方各级政府就被赋予一定的自治管理权限，拥有制订规范一定范围内事务的权力。但近代民治意义上的地方立法却是清末才有的事情，这种近代民治意义上的地方立法的产生，需要近代地方立法的理论支撑和立法机关的出现才成为可能。川省地方立法的出现，首先是地方自治思想的萌发与传播。其次是清末预备立宪的实施，川省咨议局的产生。预备立宪促进了川省地方立法的发展，咨议局的产生则为川省地方立法筹备了立法人才、提供了立法场所。最后是随着地方自治活动的不断开展，地方立法理论也就得到了广泛的传播。当立宪成为大势所趋、任何力量都不可阻挡的潮流以后，地方自治作为立宪的基础和必要前提就得到了大家的认同，地方立法也就水到渠成了。

第一节　川省地方自治思想的萌发与传播

地方自治是指一国地方各行政区域内的公民，依据法律规定，选举地方行政官员，组织地方政府，自行决定和处理本地公共事务的一种制度。有学者认

---

[1] Autonomy in the Legislation of Local Governments. https://www.copyright.com/ccc/basicSearch.do?&operation=go&searchType=0&lastSearch=simple&all=on&titleOrStdNo=0324-5934.

为地方自治的基本内涵应包括：（1）中央政府和地方政府实行分权，地方治权归地方行使，中央政府只能行使其监督权；（2）与官治相对应，即一定区域的事务由本地居民自主决定和处理，不受官吏意志的支配；（3）其治理的形式是由本地居民选举人员组织自治机关或团体，制定法律或章程，议决地方事务，举办地方公共事务。❶ 这些特征能准确界定单一制下的自治，但联邦制下的地方自治与单一制下的地方自治区别在于地方自治权的来源不同，单一制下的地方自治权来源于中央，联邦制下的地方自治权来源于地方本身，无须中央授权。在人民主权理论已为多数人认同的情况下，地方自治权无论出自哪里，最后都来源于人民。如此地方自治既是人民主权的体现，也是民主的体现或内在要求。而地方本其住民的意思自定法律，由此法律发生自治行政，再根据此等法律产生自治行政人员执行，其人员直接或间接对地方负责任。质言之，要实行地方自治，首先要有地方立法。地方立法成为地方自治的一个重要组成部分。

近现代意义上的地方自治，无论概念还是制度，都是源自于西方。国人最先对地方自治知识的获知，虽然在鸦片战争前与外国传教士的交往中就有一定的了解，但此时并没有将它们与中国联系在一起。直到鸦片战争时，中国被西方的坚船利炮战败，一些清醒的知识分子才去思考泰西各国强大的原因，促使中国的知识分子与士大夫发起一场“洋务运动”以学习西方的先进技术。在这场洋务运动中，一批有远见的知识分子如林则徐、魏源等开始介绍西方的历史、地理、科技和政治制度，地方自治制度便随着这些学者的介绍进入中国人的视野。❷ 此后，一些在泰西游学的学者或出使的官员在国外耳闻目睹了泰西各国的自治后，对西方的自治赞叹有加，并做了细致的记录。❸

---

❶ 汪太贤：《从治民到民治：清末地方自治思潮的萌生与变迁》，法律出版社2009年版，第8页。

❷ 如林则徐在《四洲志》中对美国地方自治的介绍：“各部落自立小总领一人，管理部落之事。每部落一议事公所，其官亦分两等：一曰西亚（Sheriff），一曰里勃里先特低甫（Representatives），即由本部落各择一人，自理其本部之事。小事各设条例，因地制宜，大事则必遵国中律例。如增减税饷，招集兵马，建造战船，开设铸局，与他部落寻衅立约等事，均不得擅专。”参见《四洲志英吉利国》，王锡祺辑，《小方壶斋舆地丛钞再补编》第十一帙，杭州古籍店1985年影印本，第39—40页。魏源在《海国图志》中对美国地方自治也有描述，如“议事听讼，选官举能，皆自下始，众可可之，众否否之，众好好之，众恶恶之，三占从二，舍独徇同，即在下许预议之人，亦先由公举，可不谓周乎？”参见魏源：“外大西洋墨利加州总序”，载《海国图志》（百卷本），光绪乙未年上海书局石印本，卷五十九，卷首。

❸ 1866年斌椿率领同文馆学生访问英、法、俄、荷、比、意等国家，发现“英属各乡镇，皆公举一人，司地方公事，如古治郡者然。”参见斌椿：《乘查笔记》（近代中国史料丛刊第五十五辑），文海出版社1970年影印本，第69页。其后介绍地方自治的有刘锡鸿所著的《英轺私记》、张德彝的《四述奇》、刘启彤的《英政概》与《英藩政概》等。

国人对地方自治的主张，自甲午战争后，即得到许多学者的推崇。如严复认为当时国家刻不容缓之事主要在于“求富强”和“国群自由”。“夫所谓富强云者，质而言之，不外利民云尔。然政欲利民，必自民各能自利始；民各能自利，又必自皆得自由始；欲听其皆得自由，尤必自其各能自治始；反是且乱。”❶“求国群之自由，非合通国之群策群力不可。欲合群策群力，又非人人爱国，人人于国家皆有一部分之义务不能。欲人人皆有一部分之义务，因以生其爱国之心，非诱之使与闻国事，教之使洞达外情又不可得也。”“然则，地方自治之制，乃刻不容缓者矣。窃计中国即今变法，虽不必遽开议院，然一乡一邑之间，设为乡局，使及格之民，推举代表，以与国之守宰，相助为理，则地方自治之基础矣。使为之得其术，民气不必缘此而遂嚣，而于国家纲举目张之治，岂曰小补？上无曰民愚不足任此事也。今之为此，正以痛愚。”❷

康有为的地方自治主张最早见于《上清帝第六书》中，认为“地方之治，皆起于民。而县令之下，仅一二簿尉杂流，未尝托以民治”。以致“向者兴学堂、农商之诏累下矣，而各直省多以空文塞责”。如“每道设一民政局，妙选通才，督办其事。用南书房及学政例，自一品至七品京朝官，皆可为之。准其专折奏事，体制与督抚平等；用出使例，听其自辟参赞随员，俾其指臂收得人之助。其本道有才者，皆可特授；否则开缺另候简用，即以道缺给之。先拨厘税，俾其创办新政。每县设民政分局督办，派员会同地方绅士治之，除刑狱赋税暂时仍归知县外，凡地图、户口、道路、山林、学校、农工、商务、卫生、警捕，皆次第举行。三月而备其规模，一年而责其成效”。“然后变法可成，新政有效。”❸

变法失败后，康有为流亡海外，对地方自治有了进一步的认识。在《公民自治篇》中，康有为首先认为中国之病在于没有公民。对于何谓公民，康有为没有定义，只是强调公民应该具有的属性，即“人人有议政之权，人人有忧国之责”。“人人皆视其国为己之家，其得失肥瘠皆有关焉”。“各国皆有公民，而吾国无公民，则吾国孤孑寡独而弱败。若吾国有公民，则以吾四万万人选公民至多，以多公民与少公民者较，吾国必较列国而尤强。故今之变法，

❶ 王栻：《严复集》，中华书局1986年版，第27页。
❷ 王栻：《严复集》，中华书局1986年版，第935—1027页。
❸ 乔继常：《康有为散文》，上海科学技术文献出版社2013年版，第148页。

第一当立公民矣。”公民何以立？“今中国举公民之制，凡住居经年，年二十以上，家世清白，身无犯罪，能施贫民，能纳十元之公民税者，可许为公民矣。”“既为公民，得举其乡、县之议员，得充其乡、县、府、省之议员，得举为其乡、市、县、府之官。”“夫国何以成，非成于民耶？治何以起，非起于乡耶？故古者之治，起化于乡，自州党族里，其法至纤悉而皆举。”“夫民者国之本，乡者治之本。本立则基固，基固则虽拱把之小树，亦能干枝坚劲，而花实繁荣。”“是故小国民本能立，其国亦强；大国民本不立，其国弱亡。观之英三岛之臣印度，日本三岛之败我国，其已然之迹矣。”“今中国地方之大，病在于官代民治，而不听民自治也，教之之道，听地方自治而已。”❶

梁启超对地方自治的主张在于地方自治是兴民权的基础。强调“民权之有无，不徒在议院参政也，而犹在地方自治。地方自治力强者，则其民权必盛，否则必衰”。他认为法国虽然号称民主国家，但其民权的发展程度反远落后于英国，其原因就在于法国地方自治远不如英国。❷

1900 年八国联军入侵中国，国内四处激荡着中国危亡的呼声：“呜呼！今日之中国，其世界列强竞争角逐之燃点哉。英也、俄也、法也、德也，咸眈眈焉孜孜焉，蓄神出鬼没之阴谋，施巧取豪夺之手段，思逞其大欲我者，无时而或已也。”“分裂、灭亡之祸，悬于眉睫，岂我四万万皇帝神农之遗裔，遂穷补救之术乎？岂数千年文明祖国，遂沉于天演大圈，所谓万劫不复者乎？”❸在这种情况下，地方自治被作为一种救国之策得到了多数国人的响应。于是一些报纸杂志纷纷发出声音，到 1903 年后达到高潮。❹

在这些自治的声音中，既有为什么要实行自治的理由，也有要如何进行自治的理论和方略。在要实行自治的理由中，首先是救亡。如 1900 年《中国旬报》载文：“欲救中国之亡，宜行分治。”“本于封建之义，参以泰西地方自治之制，统古今而酌筹之，为救时之良策。”❺“吾民救死之方，惟在伸张自力。舍此之外，绝非有可依赖者存也。且政治之革新与否，他力之退敛与否，亦皆

---

❶ 明夷（康有为）：“公民自治篇”，载《辛亥革命前十年间时论选集（第一卷上册）》，张枬、王忍之编，生活·读书·新知三联书店 1960 年版，第 174—180 页。

❷ 梁启超：《梁启超全集》第二册，北京出版社 1999 年版，第 979 页。

❸ “中国之改造”，载《大陆》第 3 期，1904 年 2 月。

❹ 汪太贤：《从治民到民治：清末地方自治思潮的萌生与变迁》，法律出版社 2009 年版，第 153 页。

❺ 陆伯周：“论大统决非外夺”，载《中国旬报》第 4 期，1900 年 3 月 5 日。

视吾民之自力何若为程。”❶ 而何以能救亡，就在于“今天下之患曰内乱。行地方自治之制，则民既有其行政立法之权，无所用其觊觎，而各有恒业，自重犯法。”“今天下之患曰外侵，行地方自治之制，则人人有服兵之义务，自执干戈，以自卫其身家财产，则勇气百倍。”“地方自治制者，以御外侮，以存中国，所谓有百利而无一弊者也。”❷ 也有舆论认为中国贫弱危亡之原因就在于无自治。“夫中国今日亦至可怜矣，亦至可悲矣，举土地人民财产生命而听命于外人，犹熙熙恬恬不知火之燃眉，水之浸巢。一若可以苟安，不失富贵于乎，中国何至于此极哉。抑中国之至于此也，非外侮之使然，中国自使之然耳。中国何以自使其然，则中国不自治也。”❸

在自治进行的方略中，众多学者无不肯定中国具备自治的基础和条件，认为“中国地方自治之易行，有固然矣”。其原因在于“中国自古及今，地方自治之事实，固有其端倪”。虽然中国古代的自治与近代西方意义上的自治有实质性的不同，但“凡地方之公事，大都由绅士处理，地方官有所兴举，必与绅士协议，绅士之可否，即为地方事业之兴废。故绅士者，实地方自治之代表也”。“中国地方自治真有相沿于自然之势力，有自治之实而无自治之名。今欲昌明其制，则所谓因业而非创业，其事之易举，有昭然也。”❹

对于自治采取的形式，有论者认为“今中国举行地方自治，因乡邑之旧俗，而采英、德、法、日之制，可立推行矣”❺。“我民族苟能如法、德、英、日地方自治之法，由公民中举议员，由议员中举乡市长，有正有副，有参事会员，有议会名誉员，有受税役，有常委员，有特委员，有医长，听都市镇自治，听乡邑自治，此制颇与古者封建大国附庸合。”❻ 也有论者认为，中国实行地方自治，刚开始的时候，“各省城及各府县城，尤足系民之观听，宜仿古乡校之制，各为公议堂，特设公所，就地之大小，酌量选举绅士”。“十年当另详定选举之规则，更足以顺民心。”❼ 主张融合西方各国乡村自治制度与我

---

❶ “论制治之原”，载《东方杂志》第2卷第7号，1905年8月25日。

❷ 邓实：“中国地方自治制论”，载《政艺通报》第3年第1、2号，1904年3月1日、17日。

❸ 马叙伦：“救中国必先自治论”，载《政艺通报》第17号，1903年10月5日。

❹ 攻伐子：“敬告我乡人”，载《浙江潮》第2期，1903年3月18日。

❺ 明夷（康有为）：“公民自治篇”，载《辛亥革命前十年间时论选集（第一卷上册）》，张枬、王忍之编，生活·读书·新知三联书店1960年版，第174—180页。

❻ 遯园：“论民族之自治”，载《扬子江》第3期，1904年8月25日。

❼ “出使法国大臣孙上政务处书”，载《东方杂志》第1卷第7号，1904年9月4日。

国传统乡官制的认为："拟请仿山西乡社章程，参以各国地方自治之制，于地方设立乡社。凡地方当兴当革之事，一切任民自为，而官为之监督。"而县级自治，则"仿日本府县议会之法，任民间公举有资望者为社中董事，以辅地方官之所不及，而通闾阎之幽隐，使天下之人憬然动君民一体休戚相关之感，其为自强之本孰有愈于此者乎"。[1]

川省地方自治知识的认知和传播，较早的至少可以追溯到川人王芝，其在游历英国、法国、意大利、瑞士等国后，1871 年著《海客日谭》，[2] 对这些国家的地方自治进行过简单介绍。认为西方诸国的治理制度，大略相同，官员分为三类："爵士""乡士"和"教士"。国家大政方针和外交由"爵士""教士"负责，税收及民间事务由"乡士"主持。"事钜则乡士议之，然后升于爵士、教士，而教士、爵士有所议亦必使于乡士参酌。三士之中，一人不同诺，其事遂不行，三士虽同议，而事则各有所任，不得越俎代庖。"普鲁士冠绝欧洲，非有异术，实在于其立国之时，"有治人修治法，寓兵于四民之内，不糜其国，复不羁其民"。而瑞士则"国无专主，乡里各举善士为治。"[3] 随后，川人宋育仁[4]在 1894 年前后出任驻英使馆二等参赞，在此期间他对英国的民主议会及地方自治制度作了深入的考察。他认为英国的地方自治起源，大约于"英君亨雷第八时，统一三岛各部，使武将镇治之，因其旧部分疆，每部名曰康退（county），所辖邑镇名曰爬理司（place），议院定建县治，分并爬理司，置为敌司退克（district），敌司退克地方官如中国知县，由内部选授。""道光中，议院定建府治，择各部大邑名之曰汤（town），计三岛为汤二百。就地举首董数人，名曰汤康喜（councilor），译言或为府议绅。府地方官由府议绅举，主一邑财用、讼狱，任一年满，民悦而留任，再期而代。"地方事务如"振恤、保卫、学校、营造、税敛官，悉由民举，以社会为分治。宽乡一爬理司分为数社，狭乡数爬理司合为一社，每一社率有五官，由民举。其社分合不常，

---

[1] "附沈侍郎原折二节"，载《东方杂志》第 2 卷第 12 期，1906 年 1 月 19 日。

[2] 旧名《渔瀛胪志》。

[3] 王芝：《海客日谭》（近代中国史料丛刊第三十二辑），文海出版社 1970 年影印本，第 262 页、第 270 页、第 295 页。

[4] 宋育仁（1857—1931），中国早期资产阶级改良主义思想家，被誉为四川历史上"睁眼看世界"第一人，重庆维新运动倡导者。字芸子，晚年号道复，四川富顺人，光绪十二年（1886）进士，授翰林院庶吉士，改任检讨。1894 年任出使英法意比四国公使参赞，着意考察西方社会、经济、政治制度，积极策划维新大计，提倡民主共和。回国后，参加维新组织"强学会"，主讲"中国自强之学"。

故官数难准，大约五倍于国设之官。但每社由国家设一监督官，统于伦敦，属于内部。”[1] 宋育仁回国后，经国子监祭酒张百熙推荐，回川主持四川商务、矿务。到重庆后，宋育仁为“广见闻，开风气”，于1897年11月在重庆创办了四川第一家近代化报纸——《渝报》。《渝报》为旬刊，是一家民营刊物，宋育仁任总理（社长），杨道南为协理，潘清荫、梅际郇分别为正、副主笔。馆址先设白象街，后迁到龙巷。《渝报》办报方针，效法《时务报》和《湘学报》，以宣传维新思想、救亡图强为己任。该报以士大夫为主要对象，不设专职记者，而在各府州县委托一人采访消息，并代为售报。同时，向社会征稿，并转载其他报刊的文章和消息。具体来说，《渝报》主要有以下四个方面的内容：一是鼓吹救亡图存，反对外国侵略；二是宣传西方资本主义国家的代议制，提出“兴民权”的主张；三是主张振兴商务，发展民族资本主义；四是要求改革科举制度，培养新学人才。1898年宋育仁回成都，组织蜀学会，创办成都第一家近代报刊《蜀学报》，大量出版新学书籍，翻印西方启蒙著作，倡言维新，为长期闭塞沉寂的川省注入新的思想。[2]

对川省近代影响最大的群体莫过于清末的留日学生。清末新政后，川省地方自治知识的传播与发展，留日学生在其中起了不可忽视的作用。四川省首批留学生赴日是在1901年。当时日本陆军大尉井户川辰三要求聘日人为川省武备学堂教习，并请选派学生到日留学。川督奎俊于是决定首先从省城书院及中西学堂中挑选22名学生赴日留学。[3] 川省带头，清政府于是在1901年9月16日发布派遣留学生谕旨，要求各省督抚一律仿照办理。[4] 1906年，全国留日学生达到8000余人，[5] 这是历年最高数字。是年川省留日学生800人左右，占留日学生总数的十分之一。[6]

1905年前后是四川学生赴日本留学的极盛时期，全省有留学生3000人左

---

[1] 宋育仁：“泰西各国采风记”，载《郭嵩焘等使西六种》，生活·读书·新知三联书店1998年版，第353—354页。

[2] 伍奕，多一木：《隐没的传奇：宋育仁》，四川文艺出版社2013年版，第208页。

[3] 《前督部堂奏派学生赴日本肄业片》，载《四川学报》乙巳第2册，“奏议”。

[4] 《光绪朝东华录》（四），第4720页。

[5] ［日］实藤惠秀：《中国人留学日本史（修订译本）》，谭汝谦，林启彦译，北京大学出版社2012年版，第389页。

[6] 王笛：《跨出封闭的世界：长江上游区域社会研究（1644—1911）》，中华书局2001年版，第455页。

右。留日学习法政归国的周怀孝和留日法科进士邵从恩分别参与创办了四川官立官办法政学堂和四川官立绅班法政学堂，并都任法政学堂第一任监督；❶ 日本法政大学毕业的赵一德和熊兆谓在四川各举办自治研究所一所等；❷ 而日本法政大学毕业的蒲殿俊不但在川省自治方面做了很多工作，而且在川省保路运动中起到了非常关键的作用。1906 年、1908 年 1 月四川籍留日学生分别创办《鹃声》《四川》等杂志。《四川》杂志社于 1907 年下半年在东京成立，由吴玉章任编辑兼发行人。至 1908 年 2 月，先后出版了《四川》杂志第一号、第二号和第三号共三期。同年暑期，吴玉章要回岗山第六高等学校就学，四川留日学生推选寥希贤接任编辑兼发行人。其中《四川》表明“其主义在输入世界文明，研究地方自治等”。❸

地方自治知识的宣传，首先是让民众知道地方自治是什么。这些报纸杂志阐明地方自治的含义，对不同学者的自治定义进行了介绍：如认为自治即“地方团体以公共之精神为达其生存之目的而处理国家行政事务之一部”。❹ 也有学者认为地方自治“以现今通行之义言之，则自治云者，国家内之公共团体以自己之意思，处理该团体存立目的所在之公共事务也”。❺ 这两者不同的定义传达了两种不同的含义，前面一种定义认为地方事务是国家事务的一部分，地方自治在于补官治之不足。后者的含义在于地方事务是地方团体的固有事务，国家既不会干涉，也不会越俎代庖。

其次，让民众了解为什么要自治。认为地方自治在于使人民涵养公共精神而历练其智识。一个国家为什么强大，关键在于其人民具有公共精神而富有政治智识。在一个人民无公共精神且不具有政治思想的国家里，其国必定孱弱而不治。同时，一个国家的中央官治无论如何发达，其对于地方的情况终不无隔膜之处，必定事事出于遥制而鞭长莫及，“政府将不堪其烦而因应不适其宜，则万几丛脞，百度窳败，而事或以不举，且使人民关于公共事务长其依赖性质，徒营一己私利，不顾国家公益，甚非长治久安之道也”。于是将一般地方行政事务划出，使地方人民自己进行治理，以求行政措施适合地方具体事务，

---

❶ 《四川省志．司法行政志》，第 240—241 页。

❷ 程燎原：《清末法政人的世界》，法律出版社 2003 年版，第 305—308 页。

❸ “四川杂志广告”，载《广益丛报》第 155 号，1908 年 12 月。

❹ “新章：四川地方自治研究会章程并启”，载《广益丛报》1908 年第 170 期。

❺ 思群：“论地方自治”，载《四川》第 2 号，1908 年 1 月 5 日。

这就是地方自治制度产生的由来。❶

有认为“欲解决国家问题，不先解决地方自治问题，无当也”。同时，地方自治是人民生活安全的重要内容，“其治也，首蒙其福；其乱也，先罹其祸”。由于它与每一个人都有切身利害的关系，即使是愚昧无知、胆小怕事之人也知道要勇敢地站出来捍卫自己的利益。因为地方自治与人民生活息息相关，人民几乎时时刻刻都在对它进行思虑。多数人共谋其私益，而公益乃出。多数人各固其私权，而公权乃生。“谋公益，享公权者，始谓之公民。一国中有多数独立自营之公民，而国家不腾跃发展者，其将孰信?”且地方自治有利无弊，一是“自地方本身观察之而见其有利”，二是“自国家全体观察之而见其有利”。对于地方，地方自治的利益在于顺应本地人民的意志和习惯。“官吏代民为谋，必不如民自为谋之周密而祥善，理有固然。”例如，兴办教育，必应地方之程度；制定一规则，必从地方之习惯。地方自治实行，必有“公共团体之成立，则泛应曲当，无不恰中正鹄”。对于国家，地方自治的利益表现在形成国家“向心力”。“地方自治实能佐官治之不及，并能导国家于完全发达之域，此所谓向心力也。”❷

第二节 预备立宪的实施与发展

毫无疑问，近代西方意义上的立宪和地方自治并不是我国历史上固有的文化传承，二者传入中国的时间应该都在鸦片战争后。二者虽然传入中国的时间大致相同，但最初国人并未将二者有机联系起来，更有将立宪与地方自治对立的言论存在。❸ 国人对二者的接受程度，对地方自治的接受程度远早于立宪，其原因既可以归于我国的乡村自治传统，也有西方国家在中国租界的地方自治实践因素，更主要的还在于统治者对立宪和地方自治的态度。当立宪成为举国上下不可阻挡的潮流后，地方自治作为立宪的基础和前提终于得到了各界的认

---

❶ “新章：四川地方自治研究会章程并启”，载《广益丛报》1908 年第 170 期。

❷ 思群：“论地方自治”，载《四川》第 2 号，1908 年 1 月 5 日。

❸ 当时有舆论认为：“有昌言立宪者矣，陈立宪之奏，草宪法之文，著立宪之书，汹汹于国门者，若而人也。而起视国中，则方大昏，方长夜，狮而睡其如故。”“盖当内治极腐败、外族极强横之秋，言立宪、言革命、言光复，均必无效，最上则持民族主义矣。顾言民族主义，则必其民族有自治之能力。”参见邓实：“中国地方自治制论”，载《政艺通报》第 3 年第 1、2 号，1904 年 3 月 1 日、17 日。

可，地方自治也在立宪的旗帜下得到快速发展。

一、立宪运动的萌发

“宪法”一词虽然中国古已有之，但作为近代限制王权、保障人权意义上使用的宪法的出现却是近代才有的事。鸦片战争以前，中国一直以礼仪之邦、天朝大国自居，无视西方外来文化。直到1840年鸦片战争之役，中国被迫割地赔款，开放通商口岸，才深感国外“蛮夷”的“船坚炮利”，思“以夷之长技以制夷”，于是“洋务运动”兴起。待到1894年中日“甲午之战”，中国败于日本“蕞尔小邦”，丧师割地，国耻尤甚。而西方列强瓜分中国之说，复盛极一时，于是有识之士，深感中国政治制度的腐朽没落，倡“变法救亡”之论，立宪之声出现。较早提出立宪主张的，当属早期变革论者郑观应。他在1894年日本出兵朝鲜时，即明确提出“开国会、定宪法”的主张，战后又呼吁立即立宪，建议仿效日本立宪图强。其后康有为在1897年上书光绪皇帝，“首言立宪”。❶ 次年，康有为受光绪皇帝重用，任命为总理衙门章京，筹备变法事宜。在此期间，他多次上书皇帝，“请定立宪，开国会，以安中国”。中国如能“外采东西强国，立行宪法，大开国会，以庶政与国民共之，行三权鼎立之制，则中国之治强，可记日待也”。❷

甲午战争使一部分具有忧患意识的中国知识分子意识到立宪的必要，但真正使立宪成为一种举国上下的运动，是1900年的庚子事变和1904年的日俄战争。庚子事变时，慈禧太后、光绪皇帝带领王公贵族“西游”逃难，国将不国，这使统治者意识到不改革就将亡国。1901年1月29日，慈禧太后以光绪皇帝名义发布上谕。认为中国近几十年来积习相仍，因循粉饰，以致造成庚子之难。而今议和之后，一切政事尤须切实整顿，以期渐图富强。“举凡朝章国故，吏治民生，学校科举，军制财政，当因当革，当省当并，或取诸人，或求诸己，如何而国势始兴，如何而人才始出，如何而度支始裕，如何而武备始修，各举所知，各抒所见。”❸ 为落实新政的具体措施，1901年4月21日，清政府决定设立督办政

❶ 汤志钧编：《康有为政论集》（上册），中华书局1981年版，第597页。

❷ 汤志钧编：《康有为政论集》（上册），中华书局1981年版，第338—339页。

❸ 《义和团档案史料》（下册），中华书局1959年版，第914页、第915页。

务处，作为推行新政的机构。新政上谕颁布和督办政务处设立后，新政也就次第开展起来。参酌中西政要，仿造西法，修律与立法自是新政的中心内容。

对清末立宪产生重要影响的当数梁启超，1901 年 6 月 7 日，梁启超在《清议报》上发表《立宪法议》，首先介绍了世界上现有的三种政体：君主专制政体；君主立宪政体；民主立宪政体。“君主立宪者，政体之最良者也。”“地球各国既行之而有效，而按之中国历古之风俗与今日之时势，又采之而无弊者也。”次言宪法首在明定权力（权利），即君有君之权，官有官之权，民有民之权。君权有限并非自有宪法始，自古以来的圣师、哲王皆认为君权有限为至当不易之理。历代君主苟非残悍如秦政和隋炀，亦断无敢有以君权无限自居者。然数千年来，“虽有其意而未举其实者何也？则以无宪法故也。”孟子所谓“天下之生久矣，一治一乱”是针对专制之国所言，若是立宪的国家，则一治而不能复乱。专制国家，遇令辟则治，遇中主则衰，遇暴君即乱；即不遇暴君，而中主与中主相续，因循废弛之既久，而亦足以致乱；所以专制国家安定和谐的时间少，而战乱民不聊生之日多。观中国数千年致乱之道，无不如此。在立宪国家，君位的承袭、主权的所属、大臣的进退，一由法律及议院赞助的多寡而定之，故立宪政体是永绝乱萌的政体。如今英、美、德、日诸国，敢保证他们自今以往，直至天荒地老，而国中再无内乱之忧。今日之世界实专制、立宪两政体新陈嬗代之时，争则旧者必败而新者必胜。故世界各国终将都实行立宪政体，此理势所必至。“以人力而欲与理势为敌，譬犹以卵投石，以蜉撼树，徒见其不知量耳。”中国欲行立宪，第一由皇上诏示臣民，定中国为君主立宪国；第二宜派重臣三人，游历欧洲各国及美国、日本，考其宪法之同异得失，何者宜于中国，何者当增，何者当弃。第三，所派考察大臣回国之后，即当开一立法局于宫中，草定宪法，随时进呈御览。第四，各国宪法原文及解释宪法之名著，当由立法局译出，颁布天下，使国民咸知其来由，亦得增长学识，以为献替之助。第五，草稿既成，未即以为定本，先颁之于官报局，令全国士民皆得辩难讨论，或著书，或登新闻纸，或演说，或上书于立法局，逐条析辩，如是者五年或十年，然后损益制定之。定本既颁，则以后非经全国人投票，不得擅行更改宪法。第六，自下诏定政体之日始，以二十年为实行宪法之期。[1] 可以说清末立宪基本上是按照梁启超的这个思路来进行的。梁启超

[1] 梁启超：“立宪法议”，载《清议报》1901 年6 月7 日。

以20年为宪法预备期，但他哪里知道当时民众求变的急切心态，即使后来的9年预备立宪都等不及，何况20年。即使是梁启超本人，其心态后来亦为时局所感染，再也没有这种局外人的清醒。时人都认为严复早年具有革命进取的精神，晚年趋于保守。其实，不是严复晚年保守，而是其他人激进。他后来的保守，也许恰恰是因为他真正看清了中国民治前途命运的走向，中国民治的实现是不可能一蹴而就的，欲速则不达。令人遗憾的是，即使一个世纪之后，后人中也没有几人能达到严复当时对中国国情的理解。

1901年，张謇著《变法平议》，主张效法日本，“置议政院”“设府县议会”。与此同时，国内一些报刊纷纷发文呼吁立宪。如《中外时报》认为：国家要实现变法自强，就应当立即立宪，“取东西各国已行之法，择其善者而从之，斟酌会通，勒为成书，实力施行，务使上自皇室下至庶民皆范围于宪法之中。”❶ 天津《大公报》在一篇“社论”中认为：评价一个国家开通不开通的标准就是看它的宪法是不是成立。“宪法不立，则虽其国强盛终滋危殆之忧，如今日之俄土是；宪法苟立，则虽其国狭小已固雄富之基，如今日之德日是。若是者，知宪法之与国家诚所谓不可一日或离者。”❷《新民丛报》则连续发表《各国立宪史论》，详细介绍各国立宪历史。此一时期，国内还出版了许多关于宪法的书籍，包括《宪法通义》《宪法溯源》《宪法论》《各国宪法论略》《日本宪法创始述》《英国宪法沿革考》《德意志宪法沿革考》《普鲁士宪法沿革考》《法兰西宪法沿革考》等。

在呼吁立宪声音的影响下，一些开明官员也开始提出立宪的主张。❸ 于是，立宪之声此呼彼应于朝野之间。而日俄战争的结果是立宪小国日本战胜专制大国俄国，一时立宪国战胜专制国之声传遍朝野。❹ 此时，清政府亦改以前对立宪言论的禁忌，萌生立宪之意。1905年7月16日，清政府因“朝廷屡下

---

❶ “论时局之可危”，载《中外日报》1902年6月16日。

❷ “论立宪之要素”，载《大公报》第493号，1903年11月3日第2版。

❸ 出使日本大臣李盛铎、办理商务事务大臣盛宣怀、两广总督陶模都主张效法英、德、日之政体，驻法公使孙宝琦亦上书政务处，强烈要求实行君主立宪，朝野为之轰动。随后，云贵总督丁振铎、署两广总督岑春煊、湖广总督张之洞、两江总督魏光焘、贵州巡抚林绍年等相继奏请朝廷实行宪政，直隶总督袁世凯“奏请简派亲贵，分赴各国，考察政治，以为改政张本”，铁良、端方、载振、徐世昌等亦主张立宪。参见聂家华，刘洪森编：《中国近代史纲》，山东人民出版社2011年版，第81页。

❹ 如《南方报》刊文认为：“大哉日俄之战，岂非天意所以示其趋向，而启中国宪政之萌芽乎。彼俄之见衄于日也，非俄之战败于日也，乃专制国之败于立宪国也。”参见“论立宪为万事根本”，载《南方报》1905年8月20日。

明诏，力图变法，锐意振兴。数年以来，规模虽具而实效未彰，总由承办人员向无请求，未能洞达原委，似此因循敷衍，何由其衰弱而救颠危”。下诏令载泽、戴鸿慈、徐世昌、端方、绍英五大臣“分赴东西各国考求一切政治，以期择善而从”。❶ 同年，载泽上书奏请以五年为期改行立宪政体，认为立宪的精髓主要在于三事，此三事必须在立宪前先行：一是宣示立宪宗旨；二是颁布地方自治之制；三是制定集合、言论、出版法律。❷ 于是“上自勋戚大臣，下逮校舍学子，靡不曰立宪立宪，一倡百和，异口同声”。❸ 国人立宪之说顿时风靡全国。

五大臣考察回国后，纷纷奏请立宪。载泽认为立宪有“三利”：“皇位永固”“外患渐轻”“内乱可弥”。❹ 端方认为“中国非立宪不可，而速立宪又不可”。“立宪以前，必以五事宣示天下，以定国是。”一是法律面前人人平等；二是国事采决于公论；三是集中外之所长；四是明宫府之体制；五是定中央与地方之权限；六是公布国用及诸政务。❺

在当时举国上下一致的立宪呼声中，不但有舆论极力鼓吹立宪，朝廷内外臣工也极力奏请立宪，更让清廷寝食难安的是革命党指责清廷专制腐败，丧权辱国，不革命无以立宪。以孙中山为首的革命党人不断发动武装起义，对清廷的统治造成严重的威胁。清廷面对如此内外交困的局面，为维持其摇摇欲坠的统治，不得不迎合人民的立宪要求，宣布立宪，希望立宪能使“皇位永固”“外患渐轻”“内乱可弥”。1906 年 9 月 1 日，清廷发布上谕，宣示预备立宪，仿行宪政。从此，立宪作为一项国策首先登上了中国政治的历史舞台。

二、地方自治与立宪、开国会关系的认知

在立宪运动发起之前，一些地方自治的鼓吹者就认识到了立宪与地方自治

❶ “派载泽等分赴东西洋考察政治谕”，载沈云龙主编：《清末筹备立宪档案史料》（上），文海出版社 1981 年版，第 1 页。

❷ “《出使各国考察政治大臣载泽等奏请以五年为期改行立宪政体折》”，载《辛亥革命》（四），第 24 页。

❸ 闵闇：“中国未立宪以前当以法律遍教国民论”，载《东方杂志》1905 年 12 月 21 日第 11 期。

❹ “《奏请宣布立宪密折》”，载《宪政初纲・奏议》，第 5—6 页。

❺ 夏新华，胡旭晟整理：《近代中国宪政历程：史料荟萃》，中国政法大学出版社 2004 年版，第 48—50 页。

的关系，如浙江留日学生在《浙江潮》上撰文，认为“英国以宪政之始祖名于世，而其基础亦本于地方自治。今日各国地方自治之发达，无有逾于英国者，其证明也。且今日立宪各国欲求宪政之完美，乃益不得不致力于地方自治，无他，人民之参与政治，大之则在组织国家机关，小之则在组织地方机关，其事相互联络，未有不能自治而能治国家大事者也。”其理由在于：“立宪政体之要素在人们之有参政权”，“吾中国国民果何日始得此权利”，“在今日不能预言，然其准备则今日其时矣。准备之事不一端，而达参政者之资格为要义。凡是关乎国家之政治，苟为人民分内所应为者，则宜尽其当尽之责。而为练习之地步，地方自治其首端也。”❶ 1905 年《中外日报》撰文认为：“立宪之事勿徒望之国家也，尤必国民之能力足以副立宪之资格，而后其效可言。与立宪政体相维持者，地方自治政体也。既以立宪为望，则于地方自治之实，不可不力举之，此在吾民之所自为，而非官吏所能掖导者已。”❷

地方自治与立宪的关系得到人们的一致认识在 1906 年清政府宣布预备立宪前后达到高峰，对二者的关系基本认同“立宪以地方自治为基础”或“立宪以地方自治为根本”。1905 年《南风报》载文：“论立宪当以地方自治为基础”，指出地方自治“可救当时之种种弊端，而且可为下议院之影响。他日宪法宣布，由弥及远，由卑达高，其势亦易行而其效亦易著矣。故曰立宪当以地方自治为基础。”❸ 其他如《时报》《大公报》《政艺通报》《东方杂志》等亦纷纷刊文，讨论立宪与地方自治的关系。认为：“地方自治制度为立宪国之最要元素，设令无之，则宪政为形式耳，为具文耳。”❹“惟是立宪一说，兹事体大。倡议伊始，不无踌躇审慎之意而不敢易言，甚或虑及民族程度之未高，以迟疑而却顾。……若以揣测不可知之民族之程度而遽以为宪法之阻力，其去因噎废食之弊复几乎也。为今之计，宪法固宜急行，而其立宪之基础及以为立宪之预备而为宪政之要点者，约有二端：一曰建上下之议院；一曰行地方自治。”❺“窃以为最至急者约有三：一曰行地方之自治，一曰遴编译之真才，一曰行公布之法律。行地方之自治者，实为立宪之基础。”❻“今日寰宇竟侈言立

---

❶ 攻伐子：“敬告我乡人”，载《浙江潮》第 2 期，1903 年 3 月 18 日。
❷ “立宪浅说”，载《中外日报》1905 年 7 月 11 日。
❸ “论立宪当以地方自治为基础”，载《南风报》1905 年 9 月 2 日。
❹ “论今日宜亟设宪法研究会”，载《时报》1906 年 1 月 14 日。
❺ “政治公私辩”，载《大公报》第 1306 号，1906 年 2 月 25 日。
❻ “考察大臣归国后之问题”，载《大公报》第 1454 号，1906 年 7 月 24 日。

宪，而立宪之根本在地方自治。”❶

在民众极力鼓吹地方自治为立宪基础的同时，一些朝廷大员对地方自治也纷纷发表各自的看法。在端方与戴鸿慈联名给朝廷的奏折中，认为“各国之强，莫不原于地方自治。”“自治制度苟发达，虽不行宪法，而国本已可不摇，自治精神不养成，虽宪法极善，而推行亦且无效。”❷ 1908年年初，端方再次奏称：“非立宪无以自存，非地方自治无以植立宪之基本。”“亟宜择地试办地方自治以为人才历练之地，以速实行立宪之期。”❸

1906年，直隶总督袁世凯在奏陈预备立宪的折子中提出：“各州县有名望绅商参与地方政务，为地方自治基础。”❹ 同年，他率先在天津试办地方自治，设置天津府自治局，成立天津县自治期成会，拟定《试办天津县地方自治公决草案一百一十一条》，后经官府批准施行。❺ 次年，袁世凯再次上奏，认为时势紧迫，当立即实行预备立宪，且以地方自治为基。❻ 强调“地方制度，必先乎立宪政治而兴”，“非行地方自治，无以补守令之阙失，通上下之睭忱”。❼

当时有舆论认为要解决中国的根本问题在于先开国会。盖“欲强中国先造政府，欲造政府先开国会”，“奚汲汲于地方自治为顾”？但自治制度是代议制度的基础，无自治制度以为之基础，则所谓代议制度者或且滥用国家之组织逞多数压少数之势，“而弊乃益滋世，安有行远而弗自迩，登高而弗自卑者。而同舟共济则毋宁双方并进，各事其事，勿徒为理论之非难也。迺者明诏屡颁，风声所树，承流而化。吾蜀虽僻迩边陲，而经营藏卫，资辅黔滇，舍是弗图，责将谁诿。不敢谓国会之发达必由地方自治而来，而高以下基，亦不能坐待国会既开而始谋自治”。❽

另有学者认为这些宣称国会不开，“则地方自治无可办之日”的话，无非是“热心立宪者，梦想国会之速设，不惜泚笔弄墨，以非难地方自治”，实属

---

❶ 邓实：“顾亭林日知录之地方自治说”，载《政艺通报》第5年第2号，1906年2月23日。

❷ 端方：“请改定官制以为立宪预备折”，载《端忠公敏奏稿》（卷六），《近代中国史料丛刊》（第10辑），文海出版社1967年版，第746—747页。

❸ “两江总督臣端方等奏地方自治先就省城设局筹办折”，载《政治官报》第103号，1908年2月12日。

❹ 郭廷以：《近代中国史事日志》（下），中华书局1987年版，第1257页。

❺ 《试办天津县地方自治公决草案一百一十一条·督宪袁批附·北洋公牍类纂·卷一》。

❻ “政务处复奏军机大臣袁预备立宪折”，载《政艺通报》第6年第13—14号，1907年11月30日。

❼ “北洋大臣袁世凯奏天津试办地方自治情形折”（光绪三十三年七月二十二日），载《清末筹备立宪档案史料》，故宫博物院明清档案部编，中华书局1979年版，第719页。

❽ “新章：四川地方自治研究会章程并启”，载《广益丛报》1908年第170期。

矫枉过正。国会与地方自治进行的先后顺序，不用深辩。试问国会一日不开，那么地方自治就一日可以从缓。假如国会永久不立，或者建立后又解散，那么地方要政，只能“听其随波逐流于漩涡之中”，不能收拾。即使最愚昧的人，也不会赞成这样的主张。况且，国会议员，都是由各地方选举而来，无地方自治的基础，怎么能有真正的选举。“无完善之地方自治，亦无健全之国会。”❶

在地方自治与开国会孰先孰后的关系上，有认为地方自治应先于国会的召开，主要是在于中国国民存在两个方面的弊端，一是寄希望于将来，而不注重现在；一是在于浮慕空名，而不求事实。现在之因，将来之果。做实事最难，不如求空名之容易。开国会如果不是图虚名，就应当有预备，国会的预备就应当“趋重地方自治”。就中国目前的情况来看，“国会犹属理论，而自治则征诸事实”。开国会固然应该而且必要，但国民目前的自治能力却不足以保障国会的运行，“则其所得事实之效果，必与理论相违反”。事实上，人民的自治能力越强，就越有可能推动国会的召开；反过来说，人民的自治能力很低，即使有国会存在，国家、人民也不能享受到它的好处。“吾甚愿今日之热心国会者，毋宁热心地方自治之为愈也。”❷ 地方自治与国会关系孰先孰后的讨论，彰显了当时人们对立法性质的认识。法治优于人治，法律至上，法是人民公意的表现，统治者统治的正当性应当建立在被统治者的同意之上，这些在西方民主宪政国家耳熟能详的观念，在清末人民的心中却并未形成共识。然而这种讨论的展开，无形中却会促使人们去思考这些问题，法究竟是什么？法律应该由谁来制定？

三、地方自治成为立宪运动的一个组成部分

预备立宪宣示后，地方自治已成为立宪运动的一个重要组成部分。预备立宪首先从改革官制入手，并将厘定法律、广兴教育、整顿武备、普设巡警作为预备立宪的基础。1907 年，清政府谕令民政部“妥拟自治章程”，“择地依次试办”。❸ 民政部遂决定首先在京师试办，“以为各省模范”。❹ 同时由编制官制大臣通电各省督抚，规定“府州县各设议事会，由人民选举议员，公议本府州县应办之事，并设董事会，由人民选举议员，辅助地方官办理议事会所议

❶ 思群：“论地方自治”，载《四川》第 2 号，1908 年 1 月 5 日。

❷ “论国民对于国会之预备”，载《蜀报》第 7 期，1910 年 11 月 16 日。

❸ 《光绪朝东华录》（五），总第 5742 页。

❹ 马小泉：《国家与社会：清末地方自治与宪政改革》，河南大学出版社 2000 年版，第 134 页。

决之事，俟府州县议事会及董事会成立后，再推广设城镇乡各议事会、董事会及各城镇乡长等自治机关”。[1] 至此，地方自治遂在全国依次铺开。

1908 年确定咨议局章程及议院选举章程；颁布宪法大纲，定 9 年之后开国会，并颁布逐年应行筹备事宜。[2] 内容主要涉及 7 个方面：（1）官制改革；（2）设立议会；（3）实行地方自治；（4）财政改革；（5）司法改革；（6）教育改革；（7）户籍改革。可以说，清末的预备立宪基本上是按照这份筹备事宜清单来做的。如果没有后来的革命，清末按照这份清单一步一步逐步去做，中国未尝不会走上自由的道路。正如托克维尔所言：“如果当初由专制君主来完成革命，革命可能使我们有朝一日发展成一个自由民族，而以人民主权的名义并由人民进行的革命，不可能使我们成为自由民族。”[3] 尽管人们已经在专制集权统治下生活了一千多年，但清廷早已在人们中间透支了他的信用，人们再也没有耐心来等待这预备立宪的最后 5 年时间。暴力革命已成了人们唯一的选择。

1908 年宪政编查馆拟定的逐年筹备立宪清单，对地方自治的实施做出具体安排。规定地方自治的次序，先是城镇乡地方自治，然后是厅州县地方自治，将省级作为中央的一级地方行政机关，不作为地方自治机关对待。1908 年由民政部与宪政编查馆共同主办，颁布城镇乡地方自治章程；1909 年由资政院与各省督抚共同筹备城镇乡地方自治，设立自治研究所，颁布厅州县地方自治章程；1910 年至 1912 年由民政部、各省督抚共同筹办，续办城镇乡地方自治和厅州县地方自治；1913 年城镇乡地方自治一律成立，厅州县地方自治初具规模；1914 年厅州县地方自治一律成立。

第三节　川省立法机关的雏形——咨议局的产生

1906 年 9 月，清廷宣示预备立宪，认为“国势不振，实由于上下相睽，内外隔阂，官不知所以保民，民不知所以卫国”。唯有“仿行宪政，大权统于朝廷，庶政公诸舆论”。“但目前规制未备，民智未开，若操切从事，徒饰空文，何以对国民而昭大信？”故宜先从官制入手，详慎厘定各项法律，而又广

[1] “附编纂官制大臣泽公等为厘定直省官制事致各省督抚电”，载《东方杂志》第 4 年第 8 期。

[2] 沈云龙主编：《清末筹备立宪档案史料》（上），文海出版社 1981 年版，第 61—67 页。

[3] ［法］托克维尔：《旧制度与大革命》，冯棠译，商务印书馆 1997 年版，第 201 页。

兴教育，普设巡警，使绅民明晰国政，以预备立宪基础。[1]

朝廷明诏宣示预备立宪，朝野上下一片欢欣。受此鼓舞，一些官吏学者纷纷吁请朝廷速开国会以救时艰。1907 年 6 月，岑春煊上折《奏请速设资政院代上院以都察院代下院并设省咨议局暨府州县议事会折》，7 月袁世凯亦上折要求在各省设立咨议局，与此同时，社会各界也有要求开设民选议院的声音。[2] 9 月，清廷发布《设资政院谕》，认为“立宪政体，取决公论，上下议院实为行政之本。中国上下议院，一时未能成立，亟宜设资政院，以立议院基础”。10 月，朝廷又发布《着各省速设谘议局谕》，认为“各省亦应有采取舆论之所，俾其指陈通省利弊，筹计地方治安，并为资政院储才之阶。著各省督抚均在省会速设谘议局，慎选公正明达官绅创办其事”。“凡地方应兴应革事宜，议员公同集议，候本省大吏裁夺施行。遇有重大事件，由该省督抚奏明办理。”“其各府州县议事会一并预为筹划，务其取才日宏，进步较速，庶与庶政公诸舆论之实相符。”[3]

清廷下旨要求各省速设谘议局，又没有提出具体办法，大多数省份不知所措，一些省份如山西、江苏等自行拟定办法设立了谘议局，湖北设立了谘议局创办所，其他省份则处于观望之中。于是清廷于 1908 年 7 月颁布了《各省谘议局章程》及《谘议局议员选举章程》，要求各省设立谘议局筹办处，作为筹办机关。筹办处章程，由各省自行拟定。以一年为期，筹办谘议局。要求各地方“自奏准奉旨文到之日起为施行之期”。定于 1909 年各省举行谘议局议员选举；然后颁布资政院章程，选举资政院议员。1910 年召集资政院议员举行开院，1916 年颁布议院法，颁布上下议院议员选举法，举行上下议院议员选举。[4] 从筹办计划来看，预备立宪希冀仿照西方的议会制度设立议院，先在各省设立谘议局，在中央设立资政院，作为议会政治的过渡阶段。

各省咨议局议员的名额按照科举制下每省学额的 5% 进行安排，同时考虑各省漕粮的负担和旗籍情况，具体名额如下：

---

[1] “宣示预备立宪谕”，《宪政初纲·诏令》，第 1—2 页。

[2] 1907 年 10 月，沈钧儒、雷光宇、恒均、熊范舆代表留日学生向都察院递交了请愿书，要求朝廷在 1 年至 2 年内开设民选议院。“湖南即用知县熊范舆等请速设民选议院呈”，见《清末筹备立宪档案史料》（下册），第 616 页。

[3] “着各省速设谘议局谕”，见《清末筹备立宪档案史料》（下册），第 667 页。

[4] 《清末筹备立宪档案史料》（上册），中华书局 1979 年版，第 61—67 页。

各省咨议局议员名额[1]

省份	员额（人）	省份	员额（人）	省份	员额（人）
奉天	50	福建	72	甘肃	43
吉林	30	湖北	80	四川	105
黑龙江	30	湖南	82	广东	91
直隶	140	山东	100	广西	57
江苏	121	河南	96	云南	68
安徽	83	山西	86	贵州	39
江西	93	陕西	63	浙江	114
新疆	暂缺	总计	1643		

资政院议员满额200名，其中钦定和民选各100名，但后来实举只有196名，钦定和民选议员各98名。[2] 新疆则以民智未开化为由，请求缓举。民选议员的选举办法是先由各省咨议局议员根据所分配名额以1：2的比例选出候选人，最后当选名单由各省督抚在候选人中圈定。资政院议员与地方咨议局议员不得相互兼任，钦定和民选议员也不得相互兼任。四川作为一个大省，其议员名额之数排在直隶、江苏、浙江的后面。

清政府命令各省成立咨议局，四川总督赵尔巽奉命后，即组织宪政筹备处，拨筹备费15 400余两，进行筹备工作。并委在籍士绅四品衔候选员外郎马良卿、同知衔拣选知县李念祖督工监修会址，并拨银27 900余两。以布政使王人文任总理，提学使方旭、巡警道高增爵、在籍翰林院编修胡峻、在籍即用知县邵从恩为协理，订立章程。

筹备处经过两个多月的努力，参照江西咨议局筹办处章程的规定，制订出川省《咨议局筹办处章程》，报督宪批准后于1908年12月颁布实施。章程的主要内容包括总纲、职员及职务、筹议期限、经费和附则五大部分。总纲部分规定了筹办处的办公地点为贡院清白堂旧地。职员及职务部分规定职员设总理一员，协理四员，由督宪选任官绅分任。所有事务分作文牍、法制、选举、庶务四科，共设科员12人，由总协理会同选任。同时用延访及公举办法在绅商

[1] 张朋园：《立宪派与辛亥革命》，吉林出版集团有限责任公司2007年版，第12页。

[2] 钦定98名包括：宗室王公世爵14名、外藩王公世爵14名、满汉世爵12名、宗室觉罗6名、各部院衙门官32名、硕学通儒10名、多额纳税者10名。民选98名，按各省咨议局议员的多少分配名额，计：直隶9名，江苏、浙江各7名，山东、江西、四川各6名，湖北、湖南、广东、安徽、河南、山西各5名，福建、陕西、云南各4名，奉天、甘肃、广西各3名，吉林、黑龙江、贵州、新疆各2名。

学界聘请若干人为筹办处参议，以便遇事时约请会同筹议。为加强宣传，筹办处特派司选员分赴各初复选举区讲演咨议局章程及选举章程，并会同初复选监督办理一切选举事务。筹议期限则对筹办处的工作安排进行了详细的规划，以一年为限。第一，规定各初复选举区选举事务所必须在 1908 年 12 月 30 日以前成立。第二，选举人名册必须在 1909 年 2 月底以前造好，并一律申送到省。第三，决定各复选举区应举议员人数，3 月底以前完成。第四，各初选举区进行选举，选举时间定于 5 月 1 日。第五，复选举区选举，定于 6 月 15 日。第六，议员选举产生以后，必须在 7 月 30 日前到省会报到。[1]

1908 年 12 月 20 日，咨议局筹办处在贡院清白堂旧地开局办事，下设文牍、法制、选举、庶务四科，其职权范围以使咨议局成立为限。预定咨议局于宣统元年九月初一日（1909 年 10 月 14 日）开局。

《咨议局议员选举章程》规定，选举咨议局议员的选民资格为：（1）曾在本省地方办理学务及其他公益事务满 3 年以上之有成效者；（2）曾在本国或外国中学堂或同等以上之学堂毕业得有文凭者；（3）有举贡生员以上之出身者；（4）曾任实缺职官文七品、武五品以上未被参革者；（5）在本省地方有 5000 元以上之营业资本或不动产者；（6）具有上列条件之一，年满 25 岁之男子；（7）寄籍本省 10 年以上、年满 25 岁之男子，或寄居地方有 1 万元以上之营业资本或不动产者。作为候选的则必须年满 30 岁以上。但有下列情事之一的，不得作为选民或候选人：（1）品行悖谬，营私武断者（指宗旨歧邪，干犯名教及讼棍土豪而言）；（2）曾处监禁以上之刑者；（3）营业不正者；（4）失财产上之信用被人控告实未清结者；（5）吸食鸦片者；（6）有心疾者（指有疯狂痴呆等疾，精神已异常者）；（7）身家不清白者（指娼优隶卒等贱业之人）；（8）不识文义者。

为了帮助理解这些选举条件，咨议局筹办处特发文对这些条件进行了具体说明。对于办理学务的理解，是指官立、公立、私立各学堂的监督、校长、教员、监学及学堂办事各职员等皆是。至于视学、学董、劝学员等，亦为办理学务之人。其他公益事务者是指各公局各善堂之绅董，及团总、保正等多办理地方的事务皆是。有成效是指学务合于寻常褒奖之例，公益则以无劣迹被人控实。与中学堂同等之学堂是指科学程度在高等小学堂之上者，如省城中等工业学堂、农业学堂等。举贡生员以文为限，武举武生不在其内。实缺职官是指文

[1] “筹办处章程”，载《四川保路运动档案选编》，四川人民出版社 1981 年版，第 96—98 页。

七品、武五品以上未被参革者。营业资本是指商业成本，如铁路公司股票，以及确实之借券。不动产是指自己所置田地、房屋、产业等皆是。

但很多符合财产条件的人并不去登记，因为有的人怕把财产实数注入册后，将来有摊派的事；或是把姓名入册，都要出来办事。为了打消大家登记财产的顾虑，筹办处进行了说明。对于害怕摊派，筹办处说，不入名册即可免派，试问每次摊粮派钱，有钱的人哪一个逃得脱。且有了资产，四邻岂有不知道的，隐瞒也是无用。此次调查，不是摊粮摊钱，是要特别给与大家的权利。而至于填入名册就是要他出来办事的说法，更是不对。章程上的规定是允许大家去选举别人，并不是自己当选议员。现在国家要预备立宪，立定一个庶政公诸舆论的宗旨，无论哪一等的人只要合得那资格，都要叫他与闻政事。人民有了这选举权，关系人民的利害也就很大。大家可以用这选举权，去举那地方公正的人，或知道自己苦楚的人到了开会提议的时候，他自然能代表大家的意思，陈明利弊，决议呈明本省制台施行。若大家不用这选举权去选举人，听凭以外举出来的人必不与大家相干，大家的利益，赖谁人主张，人民的苦楚，有谁人能够知道。只要那些有财产的人试想一下，除却一个5000元的资格，大家还有何项够得上资格。许大家有这选举权，岂不是万幸。如果还拿来抛弃，不是隐瞒起来不申报，就是怀疑害怕不去申报，不是更可笑吗?❶

这些条件中最突出的要数对选民财产和性别资格的限制，在当时的情况下，上述限制就把相当多数的一批人给排除出了选民队伍之外。除此之外，当时四川人民对这种选举并不热心，当然也还有些人由于怕露富，怕官府加派捐税，虽有资格也不愿去登记的，在这些资格的限制下，四川全省人口7000余万人，登记有选举资格的，只有191 500人，❷ 占总人口的比例不到0.3%。

选举以县为初选区，府为复选区。议员定额为105名，以议员定额除选举人总数，计每1824人选出一名议员。所余零数不能除尽，计共余议员11名，比较各复选区所余零数多寡，而以余额11名依归零数较多之选区。经过初选复选，各州县共选出咨议局议员127名（额定105名，多者是递补的），其中有进士2人，举人31人，秀才、廪生56人，还有道员1人，拥有各种官衔者27人，著名富翁、典商9人。就威望和影响来讲，这些人属于当时社会的精英。平均年龄42岁左右，年纪最大的65岁，是酉阳州的议员陈颂廷（顺庆府

❶ 四川省档案馆编：《四川保路运动档案选编》，四川人民出版社1981年版，第103—107页。

❷ 张惠昌："立宪派人和四川咨议局"，载《辛亥革命回忆录》（三），第146页。

候补议员魏鼎，70 岁），年龄最小的 30 岁，共 8 人，他们是龙安府张政、宁远府候补廖光世和萧人伟、嘉定府魏怀熙、夔州府候补向孝廉和酉阳州傅浚、顺庆府罗纶、叙州府樊显绪。40 岁以下的正式议员有 47 人，占议员总数的 45%，40 岁以上 50 岁以下的 40 人，占总数的 38%，两者相加就占了总数的 83%，可知川省咨议局议员整体结构从年龄上看，以中青年为主，正是人生精力极为旺盛的时期，这些人参政议政，既有饱满的精力，又有充沛的热情。而 9 名著名富翁、典商的存在说明了商业在社会生活中的地位较以往有极大的提升，同时也说明了这些商人从政的欲望。在这些议员中，有 9 人曾留学日本，而在日本法政大学学习的就有 6 人。[1] 如议长蒲殿俊，就是日本法政大学毕业。

1909 年 10 月 14 日（农历一九〇九年九月一日），咨议局在成都按预定时间成立，议员除一人未到会之外，其余 104 人参会。此外川省总督、提督、都统、司道、府县官员等均出席参加。会议首先选举正副议长。通过选举，蒲殿俊当选为正议长，萧湘、罗纶当选为副议长。

选举结束后，总督赵尔巽讲话，对咨议局的事务提出 6 条要求，即“融畛域、明权限、图公益、谋远大、务实际、循次序”六个方面。融畛域，主要要求官绅一体，即官所困难者，绅得而共谅之；绅所疾苦者，官得而维护之；庶几同舟共济，宏济艰难。明权限，是指以资政院所应提议之件而于咨议局提出之，则为上侵；以地方自治会所应讨论之事而于咨议局代议之，则为下潜。故除咨议局章程第二十一条所列举者外，皆非咨议局所应过问。图公益，是指公私本无一定，惟就其见理之深浅与其所图谋、所希望之大小、久暂以为衡，其根荄虽存于个人心性之间，其效果遂见于全体国家之际。谋远大，是指咨议局为一省舆论之机关，议员为一省人民之代表，其所谋者亦当以一省之利益为限，然非胸有全局，必不能奠安一省，故界限宜严，而眼光戒小。务实际，是指咨议局议事不得好高骛远，而必须“坐言者皆可起行，不致有空疏无补，过高难行之患”。循次序，是指办事必其财力有余，人才足用，而后循序渐进以图之；而求治太急，不分其事之缓急轻重，兼营并骛远，遽欲于旦夕之间，责莫大之效，其势亦有所不能。九年预备期限，定有先后施行之顺序，官绅皆可遵循途辙，次第图成。

正副议长选定后，次日正副议长及议员入局视事。首先选任编制、文牍、庶务、会计四科书记，整理应用什物，购制参考书籍，分设议员办事室及书记

---

[1] 尚小明：《留日学生与清末新政》，江西教育出版社 2002 年版，第 172 页。

办事处。其次撰拟会议细则并旁听规则五十二条，警卫规则十三条，提议细则八条，书记办事处细则二十八条，由全体公决，呈请督部堂批准施行。接着组织全部委员，正副议长临会，监理签分座次，分为三部，用单记投票法，于每部各举部长一人、理事一人，主保持本部秩序。

在此基础上，又组织所有委员，首用单记投票法，选举委员长一人、理事一人，主理全局委员会事件。次用抽签法，依主查事项，分定甲、乙、丙、丁四科委员。甲科十七人，主查督部堂提议咨询并资政院咨询事件。乙科十七人，主查议员提议事件。丙科十三人，主查本省自治争议及本省自治，又人民陈请建议事件。丁科十五人，主查议员惩戒事件。嗣因有特别重要事件，复由全部委员公推十三人组织特别委员会，主查提定要案。[1]

其后几日，咨议局又进行了资政院议员选举和常驻议员选举，选举李文熙、高凌霄、张政、刘纬、郭策勋、万慎6人为资政院议员。选举张兆麒、刘藜光、赖良辅、刘云栋、刘汝安、王大俟、李正清、陈念祖、刘咸荣、程莹度、李云和、胡念祖、刘昕、夏慎初、江三乘、周常昭、樊显绪、刘煜章、魏怀熙、李树春、刘席珍21人为常驻议员。

至此，川省咨议局正式成立。其职权主要是：议决本省兴革事件、议决本省岁入预算、议决本省支出入决算、议决本省税法及公债、议决本省担任义务之增加、议决本省单行章程规则之增删修改、议决本省权利之存废、选举资政院议员、申复资政院咨询事件、公断和解本省自治会之争议、收受本省自治会或人民陈请建议事件等。其作用是“采集舆论”，“指陈通省利病，筹计地方治安，并为资政院储才”。故章程中对咨议局之权又进行了明确的限制，最后裁夺权仍在地方督抚之手。如规定督抚有监督咨议局选举及会议之权，并于咨议局之议案有裁夺施行之权。督抚有权令咨议局停会及奏请解散。咨议局会议由督抚召集，咨议局议定可行事件，呈候督抚公布施行；若督抚不以为然，应说明原委事由，令咨议局再议。若仍执前议，督抚得将全案咨送资政院核议。按中央“宪政编查馆”的解释，则是：“咨议局对于财政审核，仅限于地方办事费用，国家政费不在其内；在国家税、地方税未分以前，咨议局不得议减现行税率，只有议决改良增加之事；对自治纠纷的处理，只限州县自治之互相冲

[1] “四川省咨议局第一次议事录”，载《四川辛亥革命史料》（上），四川人民出版社1981年版，第3—12页。

突的问题，若自治会与地方官之冲突，则仍属督抚主持”。[1] 咨议局的权力虽然受到限制，但地方民众的参政热情却不是区区咨议局章程所能阻挡的。咨议局成立后，议员积极参政议政，首先创办机关报——《蜀报》[2]，该报不但登载川省自治事宜，译载他国立宪经验及理论，而且对川省行政进行监督，刊登时评，发表自治意见，对川省政治发挥了重要影响。其次是积极参与地方事务，如审议督部堂提议、咨询之案，主张议员权利、纠举地方官员违法行为等，[3] 发挥了积极的作用。最后是立法方面，咨议局提出了许多法律议案，制定了章程。

咨议局作为清末预备立宪中的一个重要组成部分，其作用是训练人民的自治能力，虽然清政府没有赋予其独立的立法权能，但咨议局的成立、组织、运作，却为民国议会的组织和运作积累了经验，也为民国地方议会的立法打下了基础。

---

[1] 唐宗尧，向楚，刘培之等：“摊开事实看四川立宪派”，载《四川文史资料选辑》（第1辑），1980年，第72页。

[2] 咨议局成立的第二年，为了“监督行政，促进立完”，一些士绅集资五千元创立《蜀报》，作为咨议局的机关报。出资的人除一部分咨议局议员外，还有教、农、绅、商各机关团体的头面人物，如刘紫骥、曾培、徐炯、龚道耕、孔庆余、樊起鸿、刘彝铭、陆慎言、沈宗元、张森楷、李承烈、王铭新、蒙裁成、吴虞、杨光瓒、曾崇基、林思进、卢廷栋等，都是当时积极参与立宪的人物。社长由蒲殿俊担任，总编辑初聘谢无量未就，后聘朱山担任。自1910年8月15日（宣统二年七月望日）出刊，迄1911年6月中旬，共发行了12期。其主要内容为宣传“预备立宪”和“地方自治”，间亦讨论国学，译述外籍。蒲殿俊、肖湘、邓孝可、杨仕钦、叶治钧、黄言昌、沈宗元、白坚、程莹度等均有论著或译述在该报发表。学术方面的文章则刊有刘光第、廖平、吴之英、吴虞、谢无量等的著作，一时称为蜀中报界巨擘。尤以纪事栏内关于本国本省的大事纪述，揭露当时官吏的腐朽贪污，颇受一般人民欢迎。参见唐宗尧、向楚、刘培之等：“摊开事实看四川立宪派”，载《四川文史资料选辑》（第1辑），1980年版，第73页。

[3] 咨议局第二次会议，总督赵尔巽交议宣统三年地方预算案，仅列有地方行政岁出，而无地方岁入，议员当场质问藩司，藩司答以度支部未划分地方税和国家税，故地方岁入无法确定范围，且以部章只规定交议地方行政经费为辞，拒绝议及岁入。议员们则认为：照局章有议决本省岁出入预算之权，兹既无岁入，则议决权仅占其半，事实上次年决算亦无从审查；加以地方行政岁入不划定，将来中央政府可以统四川全部岁入归入国家行政费，地方行政费又须另取于民。当议决通电各省询问办法，并电资政院请求提议解决。后得资政院来电准行，于是召开临时会议，审查预算。第一次咨议局会议，原议定派议员赴各局所、学堂、工厂参观调查。但竟为官府所拒绝，谓“宪政编查馆前有电咨，各省咨议局调查事件，只可函请抄交答复，毋庸派员迳往”。提学使刘家琛拒绝尤力，通令省城各学堂不许接待议员。只周善培（孝怀）的劝业道所属劝工局、制革厂、火柴厂、农事试验场等欢迎参观。参见唐宗尧、向楚、刘培之等：“摊开事实看四川立宪派”，载《四川文史资料选辑》（第1辑），1980年，第73页。对违法官员的纠举，如纠举巡警道周肇祥违法案、纠举崇庆州牧张溥酷虐玩法案、质问道员饶凤璪诬拷良民及检察厅徇私败法案。参见顾亚：《四川辛亥革命史料》（上），四川人民出版社1981年版，第154—165页。

在筹备咨议局成立时，川省根据朝廷《着各省速设咨议局谕》中“各府州县议事会一并预为筹划”的精神，同时开展了自治的准备工作。1908 年夏天，成都设立“成都自治局”，筹办成都自治事宜。后来赵尔巽调任来川，复仿照湖北省办法，将“成都自治局”扩大，改名为“四川全省地方自治局”。局内设法制、调查、文牍、庶务四科，以藩、学、臬三司为总办，巡警、劝业、盐业三道为会办。同时将原成都自治局所开办的“自治研究所”扩大为“通省自治研究所”，学习的科目有：（1）奏定宪法纲要；（2）法学通论；（3）现行法制大意；（4）咨议局章程及选举章程；（5）城乡地方自治章程等。后又通令所属各地方设办自治研究所，选绅授课，还添设旁听席，以广招纳。[1] 于是各府厅州县先后成立自治研究所达 127 所，肄业的人不下数千人。此外，组织各州县在省士绅，在成都设立“宪政会”及“法学研究会”，研习政法。一时政法研习之风盛行，在成都设立的公私法政学堂曾达 13 所之多。

第四节 咨议局的立法参与

咨议局成立后，首先制订的是咨议局内部议事规则。对于立法，咨议局有议决本省税法及公债、议决本省担任义务之增加、议决本省单行章程规则之增删修改、议决本省权利之存废的权力，但咨议局不具有最后通过的权力，其所通过的议案须报督部堂批准，督部堂还有对咨议局通过的议案进行修改的权力。川省咨议局在 1909 年 10 月成立到 1911 年 5 月川省保路同志会成立，前后不过一年半左右的时间，咨议局在川省地方立法方面做了大量的工作，内容涉及地方自治的方方面面，既有咨议局根据川省地方具体情况提出的立法提案，也有针对已有地方法规进行修改的提案。这些提案，咨议局无不采取三读通过的程序，在咨议局内部进行了广泛的讨论，最后才提交经多数同意的决议案。这些提案虽不能直接成为法规，但这些提案的提出和讨论，却为民国后来的地方立法锻炼了人才，提供了人才筹备。

[1] “奏办川省自治研究所并暂设全省地方自治局折”，载《四川官报》1909 年 8 月。

一、自治章程的修订

清政府于1909年颁布《城镇乡地方自治章程》与《城镇乡地方自治选举章程》后，次年又颁布了《府厅州县地方自治章程》和《府厅州县议事会议员选举章程》。为便于实施，四川省根据《城镇乡地方自治章程》与《城镇乡地方自治选举章程》的规定，参照川省的实际情况，制定和颁布了《四川城镇乡地方自治章程暨选举章程施行细则》；根据《府厅州县地方自治章程》和《府厅州县议事会议员选举章程》的规定，参照川省实际，制定和颁布了《四川省府厅州县地方自治章程暨选举章程施行细则》，这两部施行细则并非是对原法规的重复，而是针对川省的具体情况所做的补充规定，在法律条文相当明确没有歧义的情况下，其细则则不再进行规定。如《城镇乡地方自治章程》第五条地方自治事宜的规定相当明确，细则则没有对该内容进行复制或说明。对一些模糊不清或没有提到的则进行补充。如对《城镇乡地方自治章程》第十六条的规定❶，其中第一款“有本国国籍者”，该款简明易懂，故细则未做任何说明。第二款“男子年满二十五岁者”，该条的模糊之处在于何为年满，故细则用第十六条给予详细说明。第三款“居本城镇乡接续三年以上者”，该款的问题即牵涉到三年的计算问题，也牵涉到在岸上没有居所，以船为家的人居所问题，同时还牵涉到在两个以上地方都有住所的问题。针对这些问题，细则用第十七条和第十八条说明三年的计算问题，用第十九条说明船户住所的统计问题。用第二十条说明两地以上有住所如何计算的问题。第四款“年纳正税或公益捐二元以上者”，该款的模糊之处在于正税和公益捐的定义，即正税是哪些税，公益捐又是哪些？由于当时每个地方纳税的计量单位不同，如何计算便成了难题。此外，一家几代同居的25岁以上成年人如何计算税收也是一

❶《城镇乡地方自治章程》第十六条：城镇乡居民具备左列资格者为城镇乡选民。

一、有本国国籍者；

二、男子年满二十五岁者；

三、居本城镇乡接续三年以上者；

四、年纳正税（指解部库司库支销之各项租税而言）或本地方公益捐二元以上者。

居民内有素行公正，众望允孚者，虽不具备第三、第四款之资格，亦得以城镇乡议事会之议决，作为选民。

若有纳正税或公益捐较本地选民内纳捐最多之人所纳尤多者，虽不具备第二、第三款之资格，亦得作为选民。

参见《大清法规大全》（宪政部第七卷·地方自治），第145页。

个问题，合伙企业中每个人的计税问题等都需要做出说明。于是细则用第二十一条说明何为正税，用第二十二条说明何为公益捐，用第二十三条说明正税和公益捐可以合并计算，用第二十四条、第二十五条说明同居或合伙企业中个人的计税方法，用第二十六条说明“元”的计算使用方法。[1]

反过来看一下当前的地方实施性立法，很多完全是对上位法的复制，搞得又大又全，根据地方特色进行变动的内容极少，用几个条文就可以说清楚的，非得比上位法的条文还多还长。这样做既浪费资源，又没有突出地方问题。故川省清末地方立法其立法技术达到相当高的水准，远远超出当前中国地方实施性立法的制定水准。

---

[1] 《四川城镇乡地方自治章程暨选举章程施行细则》

第十六条：年龄之计算应自本人出生之日起除去闰月扣足十二个月为一岁，以截至本届选举之月终止，如预计届期不能及格，不得作为选民。

第十七条：住居年限之计算准照前条办理。

第十八条：凡系本籍世居或流寓已达三年以上者于其期间中非因出于本人自己意思之事故而离去本城镇乡至一年以下时，仍得以接续论。

第十九条：城镇乡本境之船户，虽岸上别无住所而于本境船帮有名籍可稽者，得以有住所论。

第二十条：凡居民于二城镇乡以上皆有住所而具备其他要件者，其取得选民资格之地应以本籍地方为限。如皆非本籍时，应以居住较久之地方为限。

第二十一条：左列各种皆为正税地丁（平余火耗附）、津贴、捐输、盐课、归丁盐课、当课、牙课、茶课、出井税、夷赋。

左列各种限于直接缴纳者得作为正税

盐税、茶税、酒税、矿税、油捐、糖捐、关税、厘金。

第二十二条：凡归本地方用之捐款，无论有无税之性质，皆为公益捐，但须当年继续缴纳且其种类性质职业为法律命令规约所不限制者。

以不动产有价证券及贷借证券捐供自治事宜之用者，得计其每年应收利益之类于其本身以年纳论。

第二十三条：兼纳正税公益捐者得将两项数目合并计算。

第二十四条：正税公益捐应以本人实际缴纳者为准，无论同居与否其缴纳税捐之氏名粮柱行号未经划拨以前或数氏名粮柱行号而实为一人者，均不得分别计算。但其财产为二人以上所共有或可为其共有者不在此限。

第二十五条：二人以上合营之商店年纳税捐及格者得由诸人就中公推一人为选民，但以具备自治章程第十六条第一项前三款之资格者为限，前项之商店在同一城镇乡内有数分店者仍以一商店论。

第二十六条：圆以国币为准，国币尚未通行之时，向以银两银圆制钱缴纳税捐者应依厘定币制。则例第十三条各按本地方平色市价折合库平再合国币计算。

各地方向以米粮本色转纳税捐者应查明该地方适中市价准照前项办理。

税捐数目如有奇零时，以截至分位为止。

参见“四川省城镇乡地方自治章程暨选举章程施行细则”，载《四川官报》1910年第33期。

二、银行监管立法——《公益银行通行规则》草案的提交及审议

我国现代银行的建立起源于清末。1897 年我国第一家中国通商银行成立，到 1908 年时，中国自办的银行已有十余家。银行业作为一个新兴行业，随着其数量的增加，加强对其的管理也就必然提上议事日程。1908 年清政府批准和颁布了我国第一部银行法——《银行通行则例》（以下简称《通则》）。它的颁布具有重要的意义，体现了清政府对银行实行监督管理的思想。（1）《通则》对银行的性质作了定义，以确定银行监管的对象。《通则》第一条规定，只要是经营存款、放款、汇兑和贴现、发行银钱票的，不论它的店名牌号叫什么，都是银行。作此规定，是为了针对时况，便于对钱庄、票号、银号等旧式金融机构进行统一的管理。（2）《通则》明确规定了对银行的监管措施。①银行实行注册制度。凡创立银行者，必须报度支部核准注册，其内容包括银行组织形式、名称、资本总额等以实行对设立银行进行事前监督，从而标志了中国近代政府对银行监管的开始。②银行检查制度。“凡银行每半年须详造该行所有财产目录及出入对照表，呈送度支部查核”。对不遵守规定的，“一经查出，由度支部酌量情节轻重，科以至少五两多至千两之罚款”。③银行监管机关。《通则》明确规定由度支部负责对银行的监督管理。这实际上是把度支部作为银行监管的主管机关。

《银行通行则例》作为一部中央立法，它只能规定对银行监管的一些基本精神和原则，不可能对银行监管的具体内容面面俱到，它在地方的落实和实施有待于地方立法的制定。

四川最早成立的地方银行为 1905 年成立的濬川源官银行，由川省总督锡良奏准创办。最先性质为官商合办，即资本银 50 万两，藩司拨款 30 万两，其余为商股。对于银行促进经济和社会发展的作用，当时人们已有深刻的认识。川省咨议局认为银行一则可以使社会闲散奇零资金不致置于无用之地，有所存储流通，且有利息；二是可以促进农工商各种实业的发展；三是维持金融市场的稳定，防止物价骤涨骤落；四是汇兑通行，官运款项可以省却搬运费用和时间，而且无道路运输危险之虑。故各地银行成立如雨后春笋，京师及东南各地犹盛，而川省却还处于萌芽状态，省城、重庆两地虽然有不少票号、钱庄，其作用虽与银行类似，但其大都是自谋私利，难以对社会稳定起到作用。而且，川省偏僻的地方连票号、钱庄也没有。川省经济以农业为主，商业不发达，银行仅仅存在于少数几个商业繁盛之地。近年川省实业发展滞后，然捐税却日

增，小的州县税款一般十万元左右，大的州县二十万到三十万元，这些税款皆是以现金方式提交。川省地方所产出大多自销，能对外交易的较少，所得现银、现钱有限，每年都提走如此多的现银，地方穷困势成必然，救荒之不暇，更何谈投资振兴实业。川人以喜欢窖藏财富闻名，中富以上人家不是藏谷就是藏钱，无论多少都有存藏以备非常之用，但这只是往日情形。现今情况与往昔大不一样，即使是百石之谷、百缗之钱，一县之中能够立刻拿出的也没有几人。在城市，持百金易钱则银价可以骤跌，以百缗易银则银价可以立涨。若当丁粮、厘税起解之日，市面恐慌的情况则更是无法形容。乡间如有急务，即使给予三四分的利息也不能借入一文钱。要解决目前这些问题，第一要务在于各地方都能成立银行。创立地方银行，一是可以救目前市面银钱枯涸之问题；二是可以缓解税收征敛的烦苦；三是可以促进地方将来的发展。

川省督部堂于咨议局开议后，向其咨询筹办银行的提案。咨议局讨论认为银行为实业发展的源泉，对于川省而言尤为急务，非可以申复了事，应由咨议局详订办法。于是公推特别委员10人起草银行办法。银行办法起草完毕后，首先咨议局进行一读，一读认为原案还有很多需要修正之处，于是又交特别委员会修正。修正完毕后，咨议局进行二读和三读，三读以多数通过，于是提请督部堂公布。

原案的主要内容分为三个部分：银行办法概要；因办银行要求条件；公益银行通行规则。银行办法概要主要是规定了开办银行的主要原则；因办银行要求条件主要有两点，即应用官款创办银行学堂或就法政学堂内附设，先指拨藩、盐库发商生息款为各州县银行股本；公益银行通行规则由22个条款组成，主要内容为：（1）明确公益银行的性质。公益银行系川省根据自身经济条件进行制订，除遵守本规则外，同时得遵守《公司律》及《银行通行则例》；公益银行为股份公司，其资本总额至少须银2万两以上；银行股本可为个人、地方公款或官款，采用记名式，不准外国人与外国公司购买或抵押；银行开设时，得请拨藩、盐两库交商生息银5000两以上作为存款，每年付息二分之一；公益银行之招牌，无论用何名号须明示公益字样。（2）公益银行开办须遵守的内容。银行之股票不得有红股；凡依法应予公开事项必须公布，任人查阅；股本付息，最高不得超过6%，且须在合同中明确规定；银行放款，须有担保；银行存款种类分为定期、活期、特别三种；初次存款最低额须在10两以上，以后每次存款须1两以上；活期存款利率最低每10两不得少于8毫，定期每月每两不得少于3厘。银行每日存贷利率必须做出利率日表，悬告店门；定期存款未满时限取款，以活期计算。公益银行得以股东总会议决发行债票。（3）公益银行合并的规定。公益银行与其他银行合并，合并后存续者仍为公益银行；公益银行欲行合并时，须在股东决议会前一月内停止股票的特卖并布告其意思；合并后的公益银行承继合并者的权利和义务。

原案经修正后，又撰定筹办纲要十四条。纲要的内容中有一部分政策性的内容，如规定省城、各府、厅、州县应各有地方银行一所，对一年以后成立的加以名誉奖励；银行名称以地命名，命名为某府、厅、州县地方银行；资本总额在2万元的基础上提高到3万元；银行开办时，由创办人直接向藩库具结承领，照缴股票，银行资本总额满3万元者，藩库即附股7200元，多者比例递加，此项附股，一切股息红利均照各股东一样，唯不具有表决权；各银行资本之数一律以银圆计算，每股以10元为定数，存款利率最低不得少于0.4%，最高不得超过1%，贷款利率最低不得少于0.8%，至高不得超过1.3%；贷款期限不得超过2年，一人或一团体贷款不得超过资本总额的1/10；每股股息周年6%；每年结算如有红息，其中1/10捐助本州县公益，3/20为本银行公积金，1/10提充创办及执事各员花红；各银行如事业扩张欲增加资本金时，须开股东会议决，并将加募金额情形呈请地方官详请藩司立案，并续领库款附股；地方银行在与各该地方衙署局所订立专条，详准藩司后，得承解各该地方衙署局所征解之款；得代四川川汉铁路公司存储款项，并代募股本，与公司协定契约办理；得代各自治会存储款项及借款与各自治会，但其所定办法须随时呈报地方官存查；借出款项得令借款人指定财产作为抵押；发行期票期限不得过6个月，其数额不得过资本的4/10；亏折股本至4/10时，由查账人呈报地方官转详藩司核办。

银行办法经修正后由咨议局提请督部堂公布，但督部堂批复认为川省由于进出口货不能相抵，金融机构缺乏，经济不活跃，以致银根短绌，设立银行是补救的一种方法。但部定银行则例既无地方银行名目，藩库亦无如许息本可以付款，各属绅商果能集有相当资本，无论筹办何种银行，仅可照通行则例办理。政府必为量力维持、保护，但使交易均平，信用昭著，各自治会及署、局、公司款项自往存蓄交解，亦毋庸订立专条，致多牵制，其限定官吏断追，尤与司法有所侵碍，断难邀部允许。❶

三、章程修订提案——申明改正《递状审案差传各费章程》

川省以减轻民众负担和筹设审判厅经费的名义，制定了《递状审案差传

❶ 隗瀛涛、赵清：《四川辛亥革命史料》（上册），四川人民出版社1981年版，第30—37页。

各费章程》。但咨议局认为该章程所定各费，较之繁富及官吏横行的地方民众而言，确有减轻的一些方面，但与贫瘠及旧来讼费章程实行的地方相较，则每个方面都在增加，名义上是减轻负担，实际上是增加了民众负担。而审判厅的设置本属于国家司法行政的范围，其经费支出自应在国家司法经费之内，就地筹款增加民众负担于法无据。审判厅的设置，省城设置高等审判厅、地方分设地方审判厅和初级审判厅，即使要筹集设置审判厅的经费，亦只能留作地方、初级两种审判厅使用，而不应全部提取归之省城作为高等审判厅设置的独有经费。

（一）递状费

该章程规定所有状纸必须统一式样，无论中外都一致认同。但根据法部奏办状纸章程第三条、第六条规定：诉讼状纸分为五种，由部指定官设印刷局所印刷，分交大理院及各审判厅用之。此项规定意在要求统一状纸形式，杜绝弊端；同时也隐含抽收羡余以济公用之意。今川省将发行状纸的权与利归于私人商团，既不能有益于公，而且有碍于土纸使用，此举既不利于官厅亦易民众不满。应重新指定由省内官立印刷所仿照法部所定式样印刷，以求格式统一。现今状纸既未分种类，只有简单一式，可仍照旧颁发式样令各地自行仿造。❶

查法部所定状纸章程及审判厅章程，除状纸费讼费外，并无递状费一种。故状费应是仅仅指状纸费，不应有其他所谓的费。督部堂下车时即有裁去呈费的明文规定，其意也正在于此。且即以各地向来的呈费言之，多寡固不等，然三八告期之减收，喊控之免收，人民对于此项担负尚有无形之伸缩，今一律作为固定之费，则人民受损受抑者甚多。况旧有的呈戳挂号传纸等费均未明示，裁革意外之累尤所不免，应请与状纸费并成一项，减定酌中之数，无论在何地诉讼均一律办理，并声明以前陋规一律革除。❷

---

❶ 《递状审案差传各费章程》递状费第一项："凡递状者须买用官定状格，无论新旧各案均不准再用旧式呈纸，亦不准用红白纸，免致长短广狭参差不齐。现定由官商合股之乐利纸厂专制，分呈各属每套正副二纸，纸费定价六十文，不准加价浮收。以一半为纸本，以一半为津贴各署局改良公牍纸张之费。此项状格纸费由地方官督饬承发房代售代缴，分期交本官汇解藩司存拨。"参见隗瀛涛、赵清：《四川辛亥革命史料》（上册），四川人民出版社 1981 年版，第 52 页。

❷ 《递状审案差传各费章程》中有关递状费的第二、三、四项规定："厅、州、县自理词讼状费，每状缴费钱八百文，随状同缴。""司、道、府直隶厅、州上控状费，每状缴费钱一千六百文，随状同缴。""院控状费，每状缴费钱二千文，随状同缴。"参见隗瀛涛、赵清：《四川辛亥革命史料》（上册），四川人民出版社 1981 年版，第 52 页。

（二）审案费

1. 章程明定每案审结后缴讼费钱十千文。此项审案讼费包括堂礼书差开单送审一并在内。该项讼费由法官审判后所判败诉者缴纳，如两造理平各半分缴，俱即日清缴，至迟不过三日。如缴纳者实在贫难，由主审法官临时查明酌减，极贫酌免。覆讯之案无费，和息减半，一切传呈铺堂陋规俱永远革除。所收审案费，以一半解省作审判厅经费。

但此项规定无论就法理还是事实上来说，均存在冲突。《审判厅试办章程》第八十四条规定：凡因诉讼所生的费用责令输服者缴纳。第八十七条规定：凡民事因财产而诉讼者，从起诉时诉讼物之价值按等差征收诉讼费用，即百两以下三两。第八十八条规定：凡民事非因财产而起诉者照百两以下之数目征收诉讼费用。据此条文是每案以三两为断。今一案而至十千，此与上位法相冲突。输服者缴纳讼费实正当不易的办法，但必审判官均为有程度者，而又审判厅已经成立之时方可适用此条。若普通的官吏则受贿徇情，偏听武断，皆能生出判断不公平的结果，所谓输服的前提即不正确。以此定缴纳费的标准，怎么可能。此与事实相冲突。川省惯例，审案费包括送案开单铺堂等陋规，吏役横恣，关防不严的地方，审案费受累固不止十千；而按照法部讼费章程的规定，各地则只要缴纳二千六百文，或纳三千二百文，或纳五千二百文，均包括各项陋规在内，固不足十千文。今一律增为十千，侵害民众权利甚为严重。况提取其半以解省，而所留的五千文又未明白规定归诸何项，“究竟署内得若干？书得若干？差得若干？仅以含糊了之。试问各项公人能不格外需索以自快其私耶?”如此则这些旧规陋俗何以革除？川省诉讼案件，大县一年以万计，小县亦不下四五千，审结之案大县一年约七百件，小县一年约三百件，平均每县一年约五百件，川省一年即是七十余万。小民无告，力不能胜。应请修改办法：（1）定名为讼费而一切陋规均严为革除；（2）减定酌中之额数；（3）明白分配某项人得若干；（4）通饬各属如有于定额外需索分文者，无论事属何人，均准绅民据实控告。

2. 审案费第二条中规定：“凡系债账田房案件关系财产者，如价在四百两以上，由得受者按每百两缴银二两，免缴审案费。其在四百两以下仍饬缴审案费，俱以一半作审判厅经费。”根据《审判厅试办章程》第八十四条、第八十七条的规定，只有输服者缴纳讼费，而财产诉讼并无更行指定得受者缴纳讼费的办法，即本章程前条亦明白规定理曲者缴纳。试问因财产而起诉，其应得受财产之人为理直者还是理曲者？就理论上推定其为理直者无疑，既为理直者则其得受乃正当之权利，又何能代理曲者担缴纳讼费之责？况理曲者之办济债务乃其不可辞之责，此规定既致债权者受讼累，而审判之后又得倖逃缴纳讼费的处分，则债务者何乐而履行契约？此条规定太不合理，应请按照川省惯例并入前条办理，不必另为规定。

3. 审案费第三条中规定：“凡罚款无论多寡皆以所罚之数提一半归审厅经费，以上新定讼费罚款亦并归三费局收缴汇解。”此罚款的含义甚不明晰，若就法律上解释，则清朝律例中所定赎金久成虚文，笞者、杖者不能借以邀免。若就事实上解释，则现今地方官所谓罚款，不过是舞文的巧术，纳贿的捷径，吸取人民脂膏的厉政而矣。此种罚款严禁力革尚恐滋蔓以害民，况明目张胆以规定？应请取消此条以保良懦，并应申明例禁以警贪吏。

（三）书差传唤口食及命盗案件各费

1. 书差各费第一条中规定：“词讼案件每案只票差二名，口食由原被两造分给。十里以上每差一名两造各给钱三百文，以上十里加给钱一百文，路远照加，每名只准加至一千为止。又无论原被告人数多寡，每案只准各给钱一份，不得按人数索取。如无原被由票上有名之人共给一份，应给若干均由官于票上标明，至覆讯案件原被共给钱二百文。”

四川差费向以案定，每案一千二百文或二千文不等，蠹役之揢索固无餍足，然照定案实行之地，及势力强大之人，尚足以限制之。今之所定其弊有二：一是口食由两造分给并无特别限制，差役可以借口需索。二是百里以内无论何案、无论何人每案只需四千，是每案均照旧有所增加。应请明定酌减，以期实行。至票上注明数目办法、反覆讯费数均可行。

2. 书差各费第二条中规定：“命、盗案件厂费及书件差役口食等项向由三费局支给，不准向事主需索分文，如有捏报假命案希图拖累者，审实除罚赔厂费外，仍照章加倍判缴讼费以示惩儆。至民间禀递盗贼，每起由三费局支给刑房及值日人役纸笔等项钱八百文，不准使事主及押送人花费分文。”

此条可行，但应请照本款第一项所陈，如有需索，准人指控，方可杜弊。

3. 书差各费第三条中规定：“有暂时押管人犯，一人只准一差，每差由被押人给口食钱八十文，多索则严办，贫者不给。

以上书差口食、命、盗案件各费，无论书差所有按里应得口食，均须先于票后分款刊刻，给票时用朱笔标明，使人一目了然，以杜朦索。”

口食钱八十文不为多，但属次数和日数未明白规定，易生争议。又按此款标目，本书差并举，然各条所定除命、盗案外均未齿及于书。书既向隅，何所求食，舞文弄法又焉能免。应请酌加办法：（1）严饬地方官不许私取各书差费；（2）于各项费用下明白指定归书数目，流弊或可稍省。

咨议局对于该修正案，经一读、二读、三读后，最终形成决议案。即认为《递状审案差传各费章程》有两点需要申明的地方，有两条条文需要修改。应申明的两点是：（1）根据法部奏定通行审判厅试办章程，讼费列有专条，外省虽可斟酌增减，不得过原额十分之五。又奏定诉讼状章程，状纸由部印刷发卖，各省一律不得歧异。今督部堂所定章程，较之从前官吏任意婪索，为数固有明显限制，但与部章比较则已加重一倍至二倍。虽然其原因在于各处审判厅尚未成立，不能不权宜规定，以杜无厌之求，但民间误认为永久成法，遂致疑其与部章相冲突。应申明凡审判厅成立之处即遵部章办理，本章程既不行用，庶上下知所适从。（2）根据预备立宪清单，要求第三年各省城商埠各级审判厅一律成立。高等审判厅管辖及于全省，于全省诉讼每案提钱五千作为开办经费，尚无不可。若省城商埠的地方及初级审判厅，则管辖限于一城一镇，各有专属，不能以全省财力相供。且即高等审判厅亦不能以常年经费责盈于地方讼诉之人，应申明此项提解到省的审案费，系专充高等审判厅开办经费，地方以下各厅但能以本管辖区内之款挹注，不得沾及全省解款，并申明高等审判厅成立之日，此款即行停解，仍照数放本地存储，以备各本地将来开办审判厅之用。

需要修改的两条是：（1）审案费第二条规定使得受财产者缴纳讼费。因诉讼而得受财产者必官判为理直之人，若此项规定则实与前条理由缴费之意自相矛盾，应改废此条并入第一条一律办理。（2）第三条“罚款”二字界限不明，易滋借案苛罚之弊，稽考无据，徒饱私囊。所谓提半作审判厅经费者，亦只以苦民而无裨公用，应径行削去以塞弊窦。

督部堂批复认为，需要说明的两点原章程本意便是如此。对于需要修改的两条，因财产钱债案情，曲直万变，本与别项民事不同，专指第一条即有不能适用者，今该局既有疑问，应候另立办法通饬遵行。对于“罚款”二字界限问题，罚款即部章笞杖等罪之罚金，饬提报解，所以杜私饱，且尚有新章，解部之款岂能削去？其有犯罪较重甘愿罚金百两以上特别自赎者，久已通饬禀候准驳，界限极明，无虞如前此之漫无稽考，得以借案苛罚。[1]

川省咨议局在立法领域的广泛参与，既锻炼了咨议局议员的参政议政能力，同时也为日后川省立法机关培养了立法人才。

[1] 隗瀛涛，赵清：《四川辛亥革命史料》（上册），四川人民出版社1981年版，第52—57页。

第二章　辛亥革命时川省自治立法的实践

早在民国建立前，四川各州县即纷纷起义脱离清政府，建立地方政权。最早建立地方独立政权的是四川荣县，独立时间比武昌起义时间还早半个月。荣县独立，四川其他各县纷纷响应，1911 年 11 月 21 日，大汉蜀北军政府在广安州成立。23 日，蜀军政府在重庆成立。27 日，大汉四川军政府在成都成立。在四川军政府建立的过程中，由于废除了清朝政府的一切法律，革命党人不得不制定一些临时性法规来进行管理，故重庆与成都两地也制定和颁布了很多法规。当时制定的法规大都比较简陋，其特点是条文简短，仅仅规定了一些原则性的事项。从立法技术来看，都比较粗糙，一般只有核心内容或某个方面的内容，内容不完整。无立法程序的规定，随意性比较大。从内容看，这些法规大多是对清末法律的复制，其中有一些规定的进步性甚至还不如清末法律，但无论如何，他们都是民初地方立法的实践，对后来的地方立法无疑具有培养锻炼人才的作用。

第一节　《蜀军政府政纲》的制定及其主要内容

一、重庆独立

同盟会在日本东京成立后，川籍同盟会会员即不断返回四川组织会党起义，1905～1911 年的数年内，同盟会会员在四川发动大大小小的起义十多起。❶ 虽然各次起义均以失败告终，但起义发动了群众，动摇了清政府在四川

❶ 向楚："四川党人革命大事记"，《四川辛亥革命史料》（上），四川人民出版社 1981 年版，第 431—433 页。

的统治基础。当时，领导反清的同盟会会员，川东有杨庶堪、朱之洪、谢持，川北有曾省斋，川西南有廖泽宽、张培爵、杨兆蓉；而熊克武、黄金鳌、张懋隆则奔走海内外，为之策应。[1] 1911 年 5 月，川省保路运动进入高潮，成都成立保路同志会，各州县成立分会。川省同盟会会员乘机领导民众，借此起义。[2]

1911 年 9 月，同盟会员朱国琛约同杨允公、刘长述起草《川人自保商榷书》并广为散发。[3] 该书内容主要分为两部分，一部分是当前形势，一部分是川省自保条件。在当前形势部分，认为政府卖国，将一切与国本民命所关的根本利益，通过与外人立约的方式擅给外人，并将各行省划定界线，分别划归各国。如江苏、江西、安徽、湖北、湖南、四川六省，划为英国；福建、浙江两省划归日本等。政府日以卖国为事，害怕人民自保，"遂将五千年古国沉沦于九渊之下"。四川天险，物产丰富，政府夺路劫款送与外人，终让川省七千万同胞幡然悔悟。川人两月以来的行为足可证明，川省自保尚有可为，如就天然之利，辅以人事，一心一力，共图自保，即可挽时局之危，"厝皇基于万世之安"。在川省自保条件中，又分为四个部分，分别是现在自保条件、将来自保条件、筹备自保经费、除去自保妨碍。现在自保条件即为保护官长、维持治安、一律开市开课开工、经收租税。将来自保条件即为建立各类工厂，如军工厂、钢铁厂、水电、造船、修铁路等；练国民军；发展实业及教育；优抚军警饷需及家属。筹备自保经费即停止捐输、停止协饷（对于西藏，则宜酌拨）、议拨税契入款、节减办事人员薪水、视自保应用之经费，核计人口地权，分别贫富担负，或由拥有五千元以上资产的选民酌量担负，按照增加。除去自保妨碍即凡自保条件中，只要经川人多数议决认可的便要实行，如果有卖国官绅从中阻挠实施，所有川人就要像义侠一样对待他们，与之誓不两立。[4]

---

[1] 辛亥四川革命纪事，载《四川辛亥革命史料》（上），四川人民出版社 1981 年版，第 448 页。

[2] 保路同志会成立后，同盟会会员朱之洪以重庆股东代表至省，与曹笃、方潮珍、肖参、曾昭鲁、张颐、刘玉光、王殿飏、杨伯谦、刘泳闿、龙鸣剑、刘永年等及新军中党人密议，认为争路权不过是与政府通过法律争权益而已，政府体制不可改变。不如乘此机会，引导民众革命。重庆地方史资料组：《重庆地区史资料丛刊 重庆蜀军政府资料选编》，1981 年。

[3] 隗瀛涛等：《四川近代史》，四川省社会科学院出版社 1985 年版，第 521 页。《自保商榷书》的作者是否为朱国琛、杨允公、刘长述三人，不同资料所述不一致。阎一士曾主动承认自保书为他所做，但当时侦探所报则认为该书作者为王掞，也有人认为王掞才学无以单独做成此书，或是周善培、杨嘉绅、王掞三人合作所著。参见顾亚《四川辛亥革命史料》（上），四川人民出版社 1981 年版，第 357 页。

[4] 顾亚：《四川辛亥革命史料》（上），四川人民出版社 1981 年版，第 355—356 页。

《自保商榷书》对川事取川民自决主义，是近代川省第一次发布的地方自治宣言，为日后川省宪法的制定既做了理论上的铺垫，也为其奠定了民众基础。但该书的出现却让清朝统治者惊恐不安，在中国地方自治历来是补官治的不足，自治的主导权最终掌握在中央政府手上，而该书主张的川民自决主义，打破了统治者对自治的认识，故朝廷认定“其中条件隐含独立，尤为狂悖等语”。命令赵尔丰迅速查办，“如得有狂悖不法确据，实系形同叛逆，无论是否职官，即将首要人犯正法，并妥速解散协从，毋任蔓延为患。”❶ 川督赵尔丰上任伊始，因要求朝廷改变川路国有政策，早已遭到朝廷痛斥，此时亦认为川人保路运动“气焰嚣张，遂图独立”。“始则抗粮、抗捐，继则刊散四川自保传单，俨然共和政府之势，晓谕不听，解散不从，逆谋日炽”，同时以保路同志会图谋1911年9月8日（宣统三年七月十六日）聚众起事，火烧督署，杀害官员，抢占城池，然后宣布独立为借口，❷ 将保路同志会和股东会头面人物蒲殿俊、罗纶、邓孝可、颜楷、张澜、胡嵘、江三乘、叶秉诚、王铭新、彭芬诱捕，最终酿成“成都血案”。❸ “成都血案”后，人民对政府失去最后希望，自此川省全面失控，各地同志会纷纷组织同志军武装起义，直到川省完全独立。

1911年11月5日，同盟会党人夏之时在龙泉驿策动新军起义，起义军一路势如破竹杀向重庆，途中队伍不断壮大。重庆同盟会党人乘机与夏之时里应外合，兵不血刃便拿下了重庆。其实，夏之时的起义只是给重庆的独立提供了一个契机而已。1905年中国东京同盟会成立后，重庆同盟会支部便于次年宣

---

❶ 清帝令赵尔丰查拿首要先行正法谕，《大清历朝实录·宣统政纪》卷59。

❷ 川督赵致内阁请代奏电，载见《愚斋存稿》卷81。

❸ 川督赵尔丰逮捕蒲殿俊、罗纶等9人后，成都市民闻警，谓蒲、罗等将诛死，于是全城震动，各街坊传告各铺家户，不管男女老幼，每户派一人，手握香，头顶光绪牌位，前往督署请愿，要求释放被抓人员。当请愿人员来到督署请愿时，营务处田征葵指挥士兵开枪，打死32人。民众仍然没有离开，田征葵又命令开炮，成都知府于宗潼急忙站在炮口前拦阻，开炮才被阻止。第二天城外居民闻讯，也纷纷冒雨来到城下为蒲、罗等人请命，田征葵又命令开枪，死者达数十人。参见熊克武等撰，张颐批注：《辛亥革命纪事》；重庆地方史资料组：《重庆地区史资料丛刊 重庆蜀军政府资料选编》，1981年。此次事件具体死亡人数不是很准确，另有资料表明事件发生后临时慈善会要求前2天死亡人员家属认领死者，给每位死者资助银6元，计26人。商会代政府给予抚恤，每死者20元，共计24人，两者俱有名册。参见顾亚：《四川辛亥革命史料》（上），四川人民出版社1981年版，第374页。也有人认为是32人，即督署院内26人，各街死6人。参见彭芬《辛亥逊清政变发源记》；顾亚：《四川辛亥革命史料》（上），四川人民出版社1981年版，第339页。

告成立，会员以杨庶堪、朱之洪、朱蕴章等人为首，以教育界人士和学生为对象，积极开展革命宣传和发展组织的工作。1909—1910 年，重庆教育界机构几乎都被同盟会党控制，杨庶堪任重庆府中学堂监督，张培爵任学监，朱蕴章任巴县中学堂监督，杨霖任川东师范学堂监督，朱之洪任学监兼重庆教育会会长，其他一些学校的主要管理人员即使不是同盟会党人，但也与同盟会党人相友善，故同盟会党人在教育界得到极大发展。重庆同盟会党人除了在教育界极力发展力量之外，同时也在不断做新军的工作，掌握了一定的武装力量。保路运动发生后，同盟会党人乘势继续推动革命工作的开展，到 1911 年成都血案发生，各地同志军起义时，重庆已汇集了相当多的同盟会党人，众人一致推举杨庶堪主盟，分派党人工作，预备起义。只是由于端方领军驻扎重庆，同盟会在等待时机而已。恰同盟会党人夏之时率新军起义来渝，一时革命力量大增，同盟会支部立即决定采取和平方式宣布重庆独立。11 月 22 日，重庆宣布独立。杨庶堪在会上宣示革命宗旨，认为从前革命为英雄革命，而今为国民革命，所谓国民革命者，全国人民皆有自由、平等、博爱的精神，皆负革命的责任，军政府不过为执行的机关。从此以后，国民之责任，即军政府之责任，军政府与国民同心戮力以尽责任。宣示革命宗旨后，又颁布蜀军政府组织大纲。

二、《蜀军政府政纲》主要内容及评价

《蜀军政府政纲》的主要内容：政纲共 51 条，分为总则、都督、各部之通则、总务处、秘书院、审计院、庶务所、公民大会、附则 9 章。1. 确立了蜀军政府建立的主旨是谋“中华民国之统一与廓清全蜀”。2. 明确了军政府机构的设置，即设置一个都督府，为最高权力机关，总揽所有军务政务，立正副都督各一人，分别兼任正副总司令长；都督府内设总务处、秘书院、审计院、庶务所，分理都督府内一切事务；军政府下设参谋部、司令部、军务部、行政部、财政部、司法部、外交部和交通部。3. 规定都督职权范围，都督府为蜀军政府最高权力机关，都督即为其代表，主持所有军务政务。军官自管带以上，由都督亲自任命；督队官以下由军务部呈请都督札任；各部部长由都督亲自任命，职员、科长由部长遴选，呈请都督核定委任；其他部员由部长委任；行政、财政、交通各部下面的各局局长，由部长遴选，呈请都督核定委任，其

他各单位与各部下属各局相当单位的人选，照此办理；审判厅长、查长、庭长由都督亲任，以下至推事、检察官，由司法部长遴选，呈请都督札任；大汉银行正副办，由都督任命，正副办以下重要职司，由正副办遴选，呈请都督札任；各地方司令官，由都督任命，地方司令官以下所设各科官长，由司令官遴选，咨该管部长核定，呈请都督委任。财政之优绌，军官及各职员之俸给，由都督审定。都督有权随时召集公民大会，议定急要事件。对于司法审判不当之案，有令复审并减刑、特赦的权力。各种关防及职员之徽章、服制，由都督制定颁布。4. 公民大会的组成及权力。公民大会由各地公选代表组成，对于地方行政及各部办事，有建议改良的权力，对于都督及各部的咨询，都督及各部有详细陈述的责任。5. 规定了各部的通则以及各机关的组成和职权。6. 规定了政纲修改的程序及废止条件。此政纲如需修改，当由都督召集临时大会提议，四分之三同意方可通过。当全蜀廓清，中华民国统一，民国宪法及各种法律颁布后，此政纲自当废除。

从政纲条文看，整个政纲取都督至上主义，所有权力都集中于都督手中，立法、行政、司法三权合一，这种高度集权在战争年代可集中一切力量，但弊端同样突出，这种体制可导致独裁、专制，走上人民的对立面。湖北刚独立时，军政府即于 1911 年 10 月 17 日制定《中华民国军政府暂行条例》，该条例的内容与《蜀军政府政纲》基本相似，也是取都督集权主义，所有权力集中于都督手中。但该条例遭到人民的反对，认为都督权力过分集中，不利于人民权利保障，于是同月 25 日，重新制定《中华民国鄂军政府改订暂行条例》，对都督的权力进行了一定程度的限制，如第三条规定："军政府都督，代表军政府人民，施行职务，除关于战事外，所有发布命令关系人民权利自由者，须由都督召集军事参议会议议决施行。"第四条规定："军政府恢复土地，所有建设各事宜，暂由都督咨询参议会议决施行。"在人事任命上，修改后的条例规定："都督所属秘书、顾问各员，由都督自行任用，稽查员由起义人公推，请都督任用。各部部长，得兼充参议员。""各部部长，暂由都督委任，部长、副部长以下，由各部长、副部长分别请用或委用。"显然，修订后的《中华民国鄂军政府改订暂行条例》较《蜀军政府政纲》中都督的权力有了相当大的限制。但即使这样一个都督权力受限制的条例，也很快便被废止，湖北军政府很快就开始起草《中华民国鄂州临时约法草案》，实行三权分立制度，对都督的产生、职权、人民权利的保障做出了具体的规定。

在重庆蜀军政府建立前，贵州省于1911年11月4日便宣布独立，11月6日即通过了《贵州军政府组织大纲》。该大纲非常简约，全文只有9条，对军政府权力采取权力分立主义，如军政府分为都督、行政总理、枢密院三部分组成，都督专管军事，行政总理主办民政，枢密院赞画军事、指导民政。部长以上政务官，均纯尽义务，不支薪俸。1911年11月，贵州省立法院即拟定《宪法大纲》，准备取代《贵州军政府组织大纲》。

从这些军政府组织法来看，蜀军政府在立法意旨上与其他省份政府组织法的意旨存在差异。蜀军政府当时考虑的是如何站稳脚跟、取得政权，故而取都督至上主义。而湖北军政府与贵州军政府的立法意旨在于公民权利保障，故而对都督权力实行一定的制约。然而在当时那种战争状态下，究竟取都督至上主义还是取三权分立主义，哪一种效果会更好，恐怕也不是一时之间能说得清楚的事情。

立法作为国家或地方事务管理中的一个重要组成部分，此政纲中则根本没有涉及。公民大会作为民意机关，非常时期无法进行选举或立法，但其监督的职责不得缺席，用以防止政府权力滥用，但政纲中规定的公民大会完全与清朝时的咨议局类似。不能不说明重庆同盟会会党成员缺乏现代民主政治思想，以及法律人才的缺失。

三、蜀军政府的建立及其他立法活动

根据政纲的规定，都督及各官员由推荐而产生。此次重庆独立，主要参与人员俱为同盟会成员。蜀军政府都督人选，以党内资历、功绩大小而论，杨庶堪、张培爵、朱之洪、谢持几人最有资格。但杨庶堪、朱之洪坚决退让，表示尽力在旁协助，遂一致推张培爵担任都督。1911年11月22日宣布独立后，23日同盟会集合全党同志，全体公推张培爵任都督、夏之时任副都督，杨庶堪、朱之洪为高等顾问，其他机构人选，亦照支部事先酝酿拟定的名单，一一得以通过。顾问除朱之洪、杨庶堪外，还有王人文、宋臣；总务处正处长谢持、张习、黄金鳌，副处长董鸿诗、朱蕴章；秘书院长向楚；审计院长李时俊，参谋部长刘声元、方声涛；蜀军总司令林绍泉、但懋辛；军务部长方潮珍、胡忠亮、余继唐；行政部长王休、梅树南；财政部长李湛阳；司法部长张知竞；外交部部长江潘；交通部长杨霖；梯团长邹杰、徐可亭、卢锡卿、周国琛、石青阳、黄金镕；副官处张午岚、盘铭。[1]

11 月 23 日，军政府自都督及以下各级负责人员确定并宣布就职后，即宣告蜀军政府正式成立，发布蜀军政府对内、对外宣言。在对内宣言中，阐述此次革命性质、宗旨及施政之步骤。

军政府建立的宗旨，取孙中山的三民主义，即民族、民权、民生。一是驱除鞑虏，“即首重扑灭虏建伪清政府”，“其余满人，只要剪辫投诚，即行宽待，决不过加杀戮”。二是恢复中华，即恢复各民族一律平等、共同决定国家事务的国家。三是建立民国。即建立一个人人平等，凡国民皆有参政权，大总统由国民公举，议会议员由国民公举的国家。同时制定人人遵守的中华民国宪法，对敢有帝制自为者，天下共击之。四是平均地权，即现有之地价，属于原主所有，今后社会进步之增加价值，则归于国家，为国民共享。

军政府施政的步骤，分为三期进行，第一期为军法之治。各地义师，起而反正，军队与人民同收治于军法之下，军队为人民戮力破敌，人民供军队之所需，一切地方行政，均归军政部总摄之，扫除旧社会和旧政府一切积弊，建立一个全新社会。每一县以三年为期限，凡未及三年而有成效者，皆解除军法之治，实施约法。第二期为约法之治。每一县解除军法之后，军政府以地方自治权归之地方人民。地方议会议员及地方行政官，皆由人民选举。所有军政府对于人民的权利义务，都规定于约法，军政府与人民共守之。以平定天下后六年为限，解除约法，颁布宪法。第三期为宪法之治。全国人民行约法六年后，制定宪法。军政府解除兵权、行政权，国民举议员组织国会，举大总统，组织政府，一国所有政事，依照宪法行使。此三期，第一期为军政府督率国民扫除旧

[1] 蜀军政府人选，后来资料所载虽然大部分没有差异，但也有一些不同。文中资料引自《中华民国开国五十年文献》，转引自顾亚：《四川辛亥革命史料》（上），四川人民出版社 1981 年版，第 573 页。有差异的地方如参谋部长不同资料不同，有认为是林绍泉总司令兼参谋部长的（参见罗国钧修向楚纂《巴县志》（卷二十二），1939 刊本；重庆地方史资料组：《重庆地区史资料丛刊 重庆蜀军政府资料选编》，1981 年，第 38 页），也有认为参谋部长为但懋辛（参见隗瀛涛等编：《四川近代史》，四川省社会科学院出版社 1985 年版，第 552 页），但其引注又是来自《重庆蜀军政府资料选编》。其他的差异如司法部长，多数认为是邓杰，副部长才是张知竞。另外在一份重庆海关（英）代理税务司呈北京海关总税务司的报告中，蜀军政府成员的名单又有很大出入，除都督、副都督、秘书长、司令官、财政部长、外交部部长、交通部长无出入外，另有行政部长梅树南、参谋长但懋辛、司法部长饶炎、军需部长江经沅。参见四川省档案馆编：《四川保路运动档案选编》，四川人民出版社 1981 年版，第 365—366 页。

污之时代；第二期为军政府授权人民地方自治，而自总览国事之时代；第三期为解除权柄，依宪治国时代。此三期划分就是孙中山军政、训政、宪政三阶段划分理论的最早实践。孙中山后来认为其所以在民国建立后即辞去临时大总统，其根本原因在于革命后，革命党人不能遵守他的革命方略。他说："民国建元之初，予则极力主张施行革命方略，以达革命建设之目的，实行三民主义，而吾党之士多期期以为不可。经予晓喻再三，辩论再四，卒无成效，莫不以为予之理想太高，'知之非艰，行之惟艰'也。呜呼！是岂予之理想太高哉？毋乃当时党人之知识太低耶？予于是乎不禁为之心灰意冷矣！夫革命之有破坏，与革命之有建设，固相因而至，相辅而行者也。今于革命破坏之后，而不开革命建设之始，是无革命之建设矣；既无革命之建设，又安用革命之总统为？此予之所以萌退志，而于南京政府成立之后，仍继续停战、重开合议也。"❶ 孙中山做此论时，固未料知民国后来之事。真如中山先生之革命方略，人民既可得幸福自由，恐未可知也。如他九泉之下能知在他发出此言后100多年中国宪政仍在建设之中，不知当做何感想。中国宪政之建设，固非一朝一夕能得成功，何来速成之宪政。如果从另一个角度而言，孙中山辞去中华民国临时大总统，换来中华民国的稳定，避免战祸的延续，实现政权的平稳交替，此既是宪政，何须革命方略三步骤。如每个人定要实现自己心中之理想，以此而求宪政犹缘木求鱼，实南辕北辙也。

在对外宣言中，声明"中国前此与各国缔结之条约，曾经宣布者，继续有效；偿还外债，照旧担任，仍由各省海关，如数分年摊还；所有外人之既得权利，一体保护；外国人居留军政府所占领之域内，其生命财产，本军政府自当保护；清政府与各国缔结条约允许权利及借国债等事，成立于鄂军第一次宣言之后者，军政府概不承认；外国人如有加助满清政府，以妨碍国民政府者，概以敌视；外人如有接济满清政府战时禁品者，一概搜获没收。"❷ 此对外宣言，实有媚外之嫌疑。以此对外政策，至多换来外国势力的不干涉而已，于国家和民族的尊严实与清政府无异。

此外，蜀军政府还颁布了一系列其他政策。如保护外国教堂及游历的外国教士。满清官吏，只要真心反正，将前清政府官印上交现政府后，仍然协同本

---

❶ 广东省社会科学院历史研究室等编：《孙中山全集（第六卷）》，中华书局1985年版，第205—206页。

❷ 重庆地方史资料组：《重庆地区史资料丛刊 重庆蜀军政府资料选编》，1981年版，第75—78页。

地绅民办事，不必惊疑。本地绅民，在弹压匪类时，不宜为难满清官吏。即使一些不明大义者，私自逃匿，由地方自治公所公举正绅，督办收解后，仍须禀明本军政府核夺。巡警稀少的地方，为防匪人滋扰，应酌加团勇，以资防护。学堂学生，应照常上课，各监学教习要承担管理的责任，不得解散学堂。各地方积谷，应照常认真存储，除因公使用外，不得耗散。各地应解地丁钱粮及厘税等项，照旧上纳，统解重庆军政府，转交新立财政部。凡本地所有官发公发册簿各文件等档案，仍着各界人等，竭力保存勿失备查。各地方商务，无论商会成立未成立，均应维持市面，照常公平交易，以利交通。[1]

蜀军政府建立后，除了制定一系列内外政策之外，还制定了一系列其他的法律，如《蜀军政府设置地方司令官施行细则》《中华民国全蜀地方议会联合会简章》等。

（一）《蜀军政府设置地方司令官施行细则》主要内容

重庆独立后，其他各县或前或后纷纷响应。于是川东所属36县及下川南川北两道的少数州县，共计57个州县，均次第有文电和代表到渝，表示接受蜀军政府的领导指挥。蜀军政府随即制定地方政府组织条例，于各州县来接洽时，即将条例印信颁发，并令将人事报请核委。该施行细则共41条，采取司令官至上主义，整个地方机构设置围绕司令官而设置，对司令官负责，主要规定了地方政府的机构设置、权限及其官员产生办法。

1. 司令官的设置、权限及产生办法。规定各地方设司令官一人，军事较繁的地方设副司令官一人。司令官的任职要求是既必须具有军事知识经验又必须能总览地方一切政务的人才，其任用方法分为两类，一类是军政府从克服该地的人员中择能委任，另一类由该地人员公推，上报军政府委任。其职责为服从军政府都督的指挥和命令，统揽地方军事及一切行政事务。副司令官赞襄地方军务，协理一切地方行政事务；司令官有事调遣时，副司令官代替司令官，对地方军事及政务负完全责任。

2. 各处、科的设置及产生办法。司令官之下设内部组织和外部组织两部分，即内部组织负责军事，外部组织负责地方行政事务。内部组织分为军谋处、军政处、军需处、军书处，各设处长一人。外部组织也分为四部分，即行政科、财政科、司法科、学务科，各科设科长一人，副科长一人或酌设；每科

[1] 重庆地方史资料组：《重庆地区史资料丛刊 重庆蜀军政府资料选编》，1981年版，第74页。

下面再设若干课，设课长一人，课员若干人。各科科长由军政府直接委任或由地方公选呈请军政府委任；各科科员由该地司令官商同该科科长选任。

3. 各处、科分工及权限。军谋长凡关于军事之筹策悉由其主持而任其责；军政长凡关于军队之编制调遣训练皆由其制定而任其责；军需长凡关于军用之出纳及粮饷兵械之供备皆由其规划而任其责；军书长凡关于军事警密之文件皆由其专司而任其责。行政科长凡关于民政实业警务统计及地方行政一切事宜皆有组合之责任；财政科长凡关于清算收入支出及地方财政一切事宜，皆有筹核统一之责任；司法科长凡关于审判违警律编制及地方诉讼一切事宜，皆有主张办理之责任；学务科长凡关于教育行政及教育经费一切学务事宜，皆有倡导维持之责。地方议会有监督地方行政，核查地方经费，改良地方学务之权。地方审检厅各法官除由本军政府委任外，得由地方议会暂时推选公正贤明之人为陪审员，任期由地方议会公定，但陪审员没有工资，仅为一名誉职；当陪审员与案件及相关当事人有利害关系时，应当予以回避。各地方司令官在机构人员充实后，前清政府时期的工作人员必须马上设法裁除，以免增加人民负担。旧有学堂局所办事人员中，如有明白大义且胜任本职工作者，在改变名称后，呈报本军政府直接进行委任，仍旧照常从事原来日常工作。[1]

《蜀军政府设置地方司令官施行细则》作为一部地方政府组织法，蜀军政府与下级州县取地方自治主义，地方事务除人事上司令官由地方产生由蜀军政府任命外，其他事务都由地方自主。这符合当时川省各地反正的实际情况，即各地的反正都是各地自发的行为，各地为了自身的安危，自愿选择归附某个势力，自行占队，自愿服从蜀军政府领导。蜀军政府本身也无力他顾，这种规定是对当时现实的一种确认。

(二)《中华民国全蜀地方议会联合会简章》主要内容

为畅通民意，了解地方情形，指陈各厅州县工作利弊，协谋地方治安，以扶助完全共和政府的成立，决定组织中华民国全蜀地方议会联合会。其主要内容为以下几个方面。

1. 该会的性质。该会为联合军政府已经收复的各厅州县地方议会组织，也是各州县的统一议事议决机关。

2. 该会的权限与义务。每次正式会议召开时，得恭请蜀军政府都督莅临

---

[1] 重庆地方史资料组：《重庆地区史资料丛刊 重庆蜀军政府资料选编》，1981 年版，第 41 页。

会场；该会有权对政务员及各厅州县、各法团反对共和政体建设的行为进行监督并纠正；有提出议案的权力，有权议决地方议会移请建议的事件及该会认为各地应提请议决的事件；蜀军政府及各部交付的议案，由该会常会开会期间议决，但不在常会开会期间提出的紧要议案，可由该会常驻会员召开特别会议议决。该会议决的决定，由该会咨请蜀军政府都督核定执行，如有异议得限期进行答复，交该会进行复议，复议以一次为限。

3. 该会组成与设置。该会设置正议长 1 人，副议长 2 人，由议员相互选举产生。各县议员名额分配为大县 4 人，中县 3 人，小县 2 人，其产生办法由各厅州县议会选举产生。除正式会期所有议员出席外，闭会期间各地方议会也必须有人轮流驻会。

4. 会所地点、会期及经费。会所暂假定巴县三里公所，会期为每年常会 2 次，每次会期 20 日，由议长定期召集，会议期限后，遇有紧急重要事件，由常驻议员开会议决，或由议长受多数人请求，召集临时大会。该会一切经费，由各厅州县平均负担，每会期终时，由庶务列表报销。

5. 其他事项。该会存续期间，以中华民国全蜀法定议决机关成立之日为终止日期。本简章修改，由本会全体议员 2/3 以上多数赞成，即可随时增改。❶

《中华民国全蜀地方议会联合会简章》完全是清末咨议局章程的简化版，议会的作用仅仅是议事讨论的作用。

1912 年 3 月，中华民国全蜀地方议会联合会正式召开，各州县代表前后报到的议员约 100 人。开会的第一日，众议员选举铜梁代表杨霖为议长，巴县代表杨芬、邻水代表甘均为副议长，共开会 10 多日，议决了省及地方问题的议案多件，其中又以有关禁烟治匪等议案较多。❷

第二节 《四川独立条约》的签订与大汉四川军政府的成立

“成都血案”后，各地同志军起义不断，清政府为稳定四川局势，斥责王人文、赵尔丰“既不能裁制于前，复不能弭患于后”，“均著交内阁议处”，

❶ 《国民报》1912 年 3 月 2 日。

❷ 重庆地方史资料组：《重庆地区史资料丛刊 重庆蜀军政府资料选编》，1981 年版，第 40 页。

下令释放蒲殿俊、罗纶诸人，要求他们“分头开导，迅速解散”同志军。❶1911年11月6日，清政府令端方署理四川总督。18日，端方领兵抵达资州。此时，隆昌、荣昌、资州、资阳、简州、威远一带俱为同志军占领，成都官绅两方又在酝酿独立，端方进退两难，于是派代表朱山、刘思培赴成都与川绅商洽四川自治事宜。赵尔丰与端方早就相斗，互相参劾。❷端方此举更让赵尔丰不以为然，并且令各官员断绝与端方关系。❸11月14日，赵尔丰将关押了70天的蒲殿俊、罗纶等人释放，但形势并未向有利于清政府统治的方面发展，整个社会人心动摇，成都同盟会党人与新军，日夜策划倒赵。清朝驻成都将军玉昆对川路国有早就表示反对，此时更宣布不与革命军队作战，愿交出武器，一切和平解决。❹滇黔独立后，其新政府也给川省发电，促其早日独立，以免地方糜烂。川绅领袖徐炯、周凤翔、邵从恩、罗纶、廖治等认为全国大部分省已独立，川省独木难支，何况现川省政府在川民中早已失去信用，应谋新办法以

❶ 戴执礼：《四川保路运动史料》，第472页。

❷ “成都血案”后，同志军各处起义，端方认为此次川事糜烂，实质上是官民交哄所造成。事先王人文、赵尔丰就赞同蒲殿俊、罗纶等保路行为，同时又用人不当，误信田征葵、周善培等人之言，陷蒲、罗罪名以叛逆，并枪毙顶香赴督署请愿人员，路潮才一发不可收拾，人民怨毒以致日深。赵尔丰之过在于“始则纵放，继则操切，措置乖方”。“身为封圻，既不能裁制于前，复不能弥变于后，亦属咎无可辞。”奏请朝廷酌予惩处。同时认为蒲殿俊、罗纶等人对于路事异常激愤，但并未参与非法之事，要求清廷即予释放。（参见“端方致内阁请代奏劾王人文、赵尔丰始则纵放，继乃操切，请于惩处并释放蒲殿俊等九人电”，载戴执礼：《四川保路运动史料》，第447页）赵尔丰则认为端方在路事并无不法行为之时，则一再电令严办，他自己并未轻相附和，并恳求其代为转圜路事，以防激变。等到罢市以后，那些不法士绅反叛迹象逐渐明显，进行抗粮、抗捐，后又探闻那些不法士绅定于7月16日起事，才将他们拿获。拿获之后，一天之间，既有赴署请愿及围城之暴动，这些人阴谋勾结，不问可知。证据昭然，无可遁饰。大臣端方在渝，对于此案前后情形，没有详加调查，也没有进行电商的情形下，就请求将不法士绅释放。“若竟不究虚实，旋拿旋释，不徒有伤政体，抑亦无此办法。”（参见“赵尔丰致内阁请代奏讦端方济乱电”，载戴执礼：《四川保路运动史料》，第473页）清廷此后即就端方所奏，将王人文、赵尔丰均著交内阁议处，总兵营务处总办候补道田征葵著即行革职，发往巴藏，责令戴罪立功；署提法使劝业道周善培、候补道王掞、王梓均著即行革职，候补道饶凤璪著以同知降补，以昭炯戒。蒲、罗等人均著即行释放。（参见“清帝准释放蒲殿俊等九人责成迅速解散同志军谕”，载戴执礼：《四川保路运动史料》，第472页）11月，清帝令端方在岑春煊未到四川接任总督之前，暂行署理四川总督，赵尔丰毋庸署理。同月，大理院奏请清帝下旨四川总督端方将赵尔丰、周善培、王掞、田征葵、饶凤璪派妥员一并押解来京，送交大理院讯取证据，再行按律分别拟定。并由总检察长电饬川省高等检察长，将激变情形详细调查，并将全案卷宗齐送院，俾免狡卸而重宪典。（参见“大理院请将赵尔丰解京审讯折”，载戴执礼：《四川保路运动史料》，第484页）

❸ 杨少荃：“四川革命小史”，载顾亚：《四川辛亥革命史料》（上），四川人民出版社1981年版，第520页。

❹ 孙震：《参加辛亥革命见闻录》，载顾亚：《四川辛亥革命史料》（上），四川人民出版社1981年版，第503页。

保全地方。于是，这些川绅领袖人物便齐赴赵尔丰府上，讨论四川如何善后问题。赵尔丰也明白清廷早已大势已去，且自己不被清廷信任，端方领大军在资洲，与自己不睦，川省独立自治乃自己的唯一出路。于是赵尔丰令周善培及其表弟吴钟镕出面，与绅士邵从恩、陈崇基等商议对策，即他赞成和支持四川自治，也同意放弃川省政权与军权，只要独立后的川省给予他最优待的条件。❶川绅认为只要能够通过和平解决川省问题，答应提供赵尔丰要求的优待条件，并给予他相当的尊重。

一、《四川独立条约》的签订及主要内容

赵尔丰得到川绅允诺的优待条件后，即准备交出政权。于是由川绅拟订军政府办法 11 条，交予赵尔丰。这 11 条的主要内容大意为：首先由赵尔丰宣告川人自治，一切行政事务暂由咨议局代表蒲殿俊行使管理；川人择期宣告四川独立；军队移交以前由赵尔丰进行合编，以便统一调度；西藏作为四川的屏蔽，仍由赵尔丰领兵驻防，所有兵饷及一切行政费用仍由四川省负担；言论自由，政府不得干涉报馆议论；满、蒙、回与汉各族人民一律平等；四川宣告独立之后，赵尔丰暂缓赴边，以便新政府遇有疑难问题而能给予指导；以前军队官员，可与新政府协商，独立后仍愿意留在四川的，由政府保留相当的待遇，如想要回原籍，由川政府给予厚资回家；驻防满族官兵，先照旧享受原待遇，今后再由政府妥为安置生计；行政司法官员，独立后仍照常任职办事，有不愿留任者，听从其意愿；现有文武官员，新政府将给予全力保护，不得侵犯他们的自由，民众不得寻仇报复。❷

11 条出来后，赵尔丰召集官员进行讨论，将军都统暨司道等认为局势危急，表示认可 11 条。但全省营务处官员田征葵❸对 11 条表示反对，认为政权移交后，他们这些官员以及财产等都将置于他人管辖之下，他日生命没有保

---

❶ 参见彭芬：《辛亥逊清政变发源记》，载顾亚：《四川辛亥革命史料》（上），四川人民出版社 1981 年版，第 340 页。

❷ 戴执礼：《四川保路运动史料》，第 504 页。

❸ 田征葵入川前在山西，1900 年在山西官从巡抚毓贤，支持义和团运动，仇教杀洋人。八国联军侵华，曾指名田征葵为战犯，潜逃三年。后来四川，在赵尔丰抓捕蒲殿俊等人后，民众上督署请愿，田征葵指挥开炮击杀请愿民众，酿成“成都血案”。四川独立后，成都兵变，田征葵亦参与。兵变失败，田征葵化装乘小船逃跑，经过涪陵时，被重庆军政府俘获，即被宣布罪状，斩首示众。顾亚：《四川辛亥革命史料》（上），四川人民出版社 1981 年版，第 465 页。

障，今后死在哪里都不知道。赵尔丰对田征葵的意见表示赞同，于是由官方主笔，又继续议定善后事宜19条。❶

19条的主要内容，可简称为“8不8保3要”。“8不”即不排满人、不排外省人、不仇官及有其他侮辱言行、不报复、不仇杀、不劫狱、不抢劫、不烧杀。“8保”即保障旗民生计、保护外国人、保护商界、保护大局、保护秩序、保障边务经费（边务常年经费及兵饷共120万两，由川负责担任）、保障边务因需扩充（军备、饷械、子弹）的款项、保障给济藏款。“3要”即旗军现练3个营，归陆军统制管理；所有一切军队，除选带边军外，要悉交第十七镇统制朱庆澜管理；边军除原有武装外，要再选带8个营。❷

1911年11月22日，官方代表布政使尹良、提学使刘嘉琛、提法使龙愚溪、盐运使刘嘉绅、巡警道于宗潼、劝业道胡嗣芬、陆军统制朱庆澜、兵备道总办吴钟镕，绅方代表蒲殿俊、罗纶、张澜、邓孝可、叶秉诚、王铭新、江三乘、彭兰村、颜楷、邵从恩、陈崇基在成都寰通银行签订《四川独立条约》30条，❸ 并决定于1911年11月27日宣布四川独立。

二、条约签订后的反响及评价

《四川独立条约》（以下简称《条约》）披露后，川省舆论大哗，重庆蜀军政府同盟会党人立即对该条约予以批驳。首先批驳的是赵尔丰提出的蒲殿俊等同意的后19条，认为《条约》所说的“不排满人”是“亡国之奴，转立于主动之地位”。“人谓四川独立，吾则曰‘赵尔丰独立’”。“安置旗民生计”“是视我四川汉民直不旗民若也”。“同志军为兴汉首功，死者钜万。赵奴视之，固为仇人，不为代筹生计，仅为旗民筹之，分也。蒲罗诸人，乃公然认可；而于同志各军，十一条中无一语及之；”“谓为独立，谁其信之。”“不准仇官及有他项侮辱言动”“是官仍可施压力，民转不得自由”。“蜀中官吏，草菅民命，十恒八九。民族复兴，报以相当手段，固无何等之罪。乃曰‘不准仇官’，即使‘侮辱言动’，亦在所必禁”，“蒲已都督，民犹奴隶，又何贵有此独立？赵主之，蒲、罗即承认之，殆直要求之第九条力为保护文武官吏，不得

❶ 顾亚：《四川辛亥革命史料》（上），四川人民出版社1981年版，第545页。

❷ 戴执礼：《四川保路运动史料》，第505—506页。

❸ 隗瀛涛等：《四川近代史》，四川省社会科学院出版社1985年版，第564页。

侵犯自由，不许人民挟忿寻仇，相为表里。”故“此次独立，非民族独立，乃官绅一气之独立”。“蒲、罗割我汉土，死我川人，全体视为公仇，固无日不思报复。”乃规定“不准报复”“不准仇杀”“不准劫狱”，是防止人民起来伸张正义，禁止人民清算他们的血债。赵尔丰提出的这几“不”条款，而蒲、罗两人竟然接受，“是直宗主国对于保护国之宣言；不谓大汉民国，尚受此等大辱。受辱于强邻，犹可说也；今受辱于亡国大夫，其将何以自解？且严行惩办，赵执行乎？蒲执行乎？如由赵执行，则其权已失；由蒲执行，则俨然下级官厅受长官之命令也者，四川独立之都督，固如是乎？”

其他如“边务常年经费及兵饷共银一百二十万两，由川担任”，“边务如须扩充，军备、饷械、子弹由川协济”这两条，革命党人认为“认费认饷，俨援战败赔款之例，赵竟居之不疑，其视蒲、罗殆犹阶下囚耳。其为都督，赵假之耳。民党战胜，结果乃复如此”。“总按三十条协约，无一字可通，无一条无弊。”

接着，革命党人又对蒲殿俊提出的11条进行批评。“今观蒲之十一条，一则曰‘请帅’，再则曰‘望帅’，措辞何其卑。赵之十九条，一则曰‘不准’，再则曰‘不准’，措辞何其傲！一卑一傲，俨然宗主国与保护国之状态显露于条文。至于割地供饷，年供岁朝，则又保护国之不如，直视四川为赵奴之属地。”而赵尔丰有地、有兵、有饷，“吾敢谓满清政府依然存在”。“边务大臣任由满清政府。彼政府既经推倒，已无所谓边务矣。赵奴再假之曰‘由川担任’、‘由川协济’，且欲扩张军备，并无一定范围，究为川人筹边务乎？抑其自为扩张乎？由前之说，吾自有人，何须满族；由后之说，则赵实自为之计，何待吾川之担任协济。借寇兵而赍盗粮，蒲、罗实躬蹈之矣。”

对于外界舆论，而蒲、罗方面做出解释，认为条约之成，有三个方面的原因。一是迫于外界之潮流。传闻总军政府有令，各省如不自行独立，他省代为独立者，本省人既不得享有种种之权利，蒲、罗迫于事势，不得已出此策。二是迫于赵尔丰之兵力，不忍川祸蔓延。于是委曲求全，借以纾川民之困。三是对付赵的手段，不必照约履行。“夺其权而图之，赵尔丰未必能行；即行矣，兵未必从；兵从矣，藏民未必服；即使一切无虑，而进藏之后，四川不与饷费，终亦无能为。”

对于蒲、罗之解释，革命党人亦逐条进行批驳。对于第一项解释，革命党人认为汉族大兴乃大势所趋，“成都即无蒲、罗，未必无独立之人；蒲、罗即不与赵协约，亦未必无为都督、为部长之一日，各界运动，皆推蒲、罗。乃利令智昏，迫不及待，身败名裂，贻祸全川”。

对于第二项解释，革命党人认为赵尔丰的兵力确实雄厚，然而大势所趋，其兵人心不一，疑则生变，即使不变，与革命党相比也是少数，在此基础上加以运动，赵尔丰将不战自毙。然事实却与此相反，反而委屈求和，使赵尔丰满足其非分欲望，让人不能不怀疑蒲、罗与赵尔丰讲和，并非是害怕赵尔丰的兵力，实际是感激赵尔丰将其释放；所签订的条约不是定于释放之后，而是定于释放之前。即使是害怕与赵尔丰相战会有死伤，然而与赵尔丰讲和则失去西藏，其利害轻重不啻千万倍。蒲、罗诸人与赵尔丰讲和不成，不过一死而已。当保路运动时，川西南同胞为蒲、罗拼命死战，不惜以数万有血性之头颅以求免少数保皇助满反对民党的无任何价值人的性命，其愚诚之态既让人可怜，又让人可敬。蒲、罗诸人处必死之境，因数万人拼命死救而得以生存，从大义来说，蒲、罗诸人当感恩相报，处死宰割屠杀川人的赵尔丰为川人报仇雪恨。即令事不得当，亦足以表露自己受数万人死救当图报之恩。即使以一死报千万人之死尚觉有所不足，更何况这等关系全川、关系全国存亡的问题。乃竟见利忘义，贪生畏死，以巧滑之手段，掩天下人之耳目，忘恩负义，何以对全川数万人出死力相救之恩。

对于第三项之解释，革命党人认为，赵尔丰的手段远非蒲、罗诸人所能及。他以朱庆澜作为保障，谁敢不服；多给军饷，无人敢说二话；以赏赐来收买藏民，藏人必定会服从，四川若不供给军需，立地可以兴师问罪，加上朱庆澜作为内应，川省就处于危险境地。“且既认西藏为赵之所有物，则赵自有其处方之权，举而送之外人，夫谁得而追问之？盖至此而始悔理想之不足凭，亦已晚矣。”“赵入藏而川危，大汉亦危，蒲、罗诸人种此祸胎，使我川人为中外所指摘，诚牛马奴隶之不若也。吾愿与七千万同胞，起而共击之，吾愿与大汉联邦军政府，起而共击之。”[1]

纵观《四川独立条约》，全文31条，后面19条的内容，不过是对前面11条内容的具体化而已。该条约之签订，固有其瑕疵，如军队应该掌握在人民手中，如仍掌握在旧官员手中，是换汤而不换药而已。对赵尔丰的称呼用语极躬，不符合条约用语规范，俨然上下级之关系，有损民治政府尊严。但不能因此而全盘否定其进步意义。各省独立，有流血而成者，有地方主要官员主动反正者，四川这种反对势力与立宪派妥协而成者同样可以作为一种模式。在四

[1] 戴执礼：《四川保路运动史料》，科学出版社1959年版，第504—509页

川，赵尔丰忠于清廷，且其手中还掌握着强大的军事力量，固然通过武力，革命派最后能够将赵尔丰打败并消灭，但民众必然会付出巨大的代价，能够以最小的代价换来四川的独立，这才是上上之策。后人认为辛亥革命最大的贡献是推翻了封建帝制，“结束了长达两千余年的王朝时代”，实现了民族平等。❶ 但从宪政观点来看，辛亥革命最大的贡献在于实现了宪政上的妥协，实现了中华民族的利益最大化。从 1911 年 10 月 10 日武昌起义爆发至 1912 年 1 月 1 日共和国成立，其间仅有 83 天。以至于有学者说，“这样迅速的胜利之世界上其他任何伟大的革命中是罕有其匹的。”❷ 除了时间因素外，一个朝代的崩溃与一个新生政权的建立，其伤亡人数也应该是——至少在中国的改朝换代中是最少的。因为战争中所受伤害最大的就是无辜的民众，战争无论是胜利者，还是失败者，都是对人权的一种极度践踏。川省这种换代的模式应该是非常值得肯定的。

“不排满人”，这是民族平等的表现。孙中山为之奋斗的三民主义，其民族主义并不是打倒满人，而是推翻少数满族贵族专制的政府，“民族主义非推翻满族主权便了，须使各民族平等”。❸“夫汉族光复，满清倾覆，不过只达到民族主义之一消极目的而已，从此当努力猛进，以达民族主义之积极目的也。积极目的为何？即汉族当牺牲其血统、历史与夫自尊自大之名称，而与满、蒙、回、藏之人民相见于诚，合为一炉而治之，以成一中华民族之新主义，斯为积极目的也。”❹ 今将满人以“亡国之奴”看待，既与孙中山民族主义的意旨相违背，而且意味着革命党人灭了满族的国家，如此将革命党人自己置于何种地位。

“安置旗人生计”，是当时现实情况的需要，并非是四川汉族不如旗人。清朝旗人不事劳务，由国家财政供养。如今汉族光复，一旦立即断了旗人生计途径，岂不是将旗人逼向绝路。为防旗民铤而走险，暂时对他们的生计做出安排，然后再逐步恢复他们自食其力的能力，这是政府保障人权的体现。一定要

---

❶ ［美］徐中约：《中国近代史》（第 6 版），计秋枫等译，世界图书出版公司北京公司 2008 年版，第 379 页。

❷ ［美］徐中约：《中国近代史》（第 6 版），计秋枫等译，世界图书出版公司北京公司 2008 年版，第 379 页。

❸ 广东省社会科学院历史研究室等编：《孙中山全集》（第五卷），中华书局 1985 年版，第 460 页。

❹ 广东省社会科学院历史研究室等编：《孙中山全集》（第五卷），中华书局 1985 年版，第 187—188 页。

旗民为他们祖先的行为付出代价，此种冤冤相报，既不是历史进步的表现，同样也不会为将来赢得和平发展的机会。

“不准仇官及有他项侮辱言动”“不准报复”“不准仇杀”“不准劫狱”“不准抢掠”“不准烧杀”，是为防止公民无视法律，滥用暴力。固然“蜀中官吏，草菅人命，十恒八九”，但这些官吏犯法，自当依法律审判和处罚。如个人可以以暴力报复暴力，此乃野蛮社会之特征，非文明社会应有之行为，岂能“民族复兴，报以相当手段，固无何等之罪”。[1] 将“凡省中文武官吏，力为保护，不得侵犯自由，不许人民挟忿寻仇”与“不准仇官及有他项侮辱行动”视为“是官仍可施压力，民转不得自由”，则是当时人们对自由权利倡导的错误理解。自由并非任意妄为，想干什么就是什么；自由恰恰是指法律许可范围内的行动，他人不得干预，自由的前提是不得妨碍他人的权利。

西藏与四川接界，西藏贫瘠，四川富庶，历来西藏接济都靠四川，西藏作为中国的边界，西藏不保，中国亦危，四川更首当其冲。西藏能安是四川安全的保障。赵尔丰前为边务大臣，且有建树，川人让他继续担当边务，是人尽其用的表现，有何不可。而革命党人则认为：“边务大臣任由满清政府。彼政府既经推倒，已无所谓边务矣。”“究为川人筹边务乎？抑其自为扩张乎？由前之说，吾自有人，何须满族；由后之说，则赵实自为之计，何待吾川之担任协济。”从批驳亦看出是目光短浅之言。国家与政府本是两回事，国家指的是一个民族共同体，政府指的是由选举产生、受人民委托管理国家事务之组织。一个政府垮台，并不能否认一个国家不存在。西藏自然是中国的西藏，不是清政府的西藏。四川省作为中国的一部分，它与中国一荣俱荣、一损俱损，岂能言清政府既倒，中国就无边务。在当时中央政府几近于瘫痪，四川省能担当起防卫边疆的任务，自是其他省份的表率。川人戍边，既是为国，也是为己。戍边人人有责，岂止汉人，满人亦当义不容辞。赵尔丰戍边，固有为自己个人利益计，从大处着眼，亦是为国家利益，以个人利益而不顾国家利益，则为过了。

保障前清官吏的安全，目的也是为了政权的顺利交接，不致中间出现混乱。须知新事物总是在旧事物的母体中诞生出来的，没有旧的东西，新生事物也无产生的根基。欲想将旧事物全部铲除，重新建立新事物的想法，无异于自己抓住自己的头发，意欲让自己离开地球一样。一定要这么做，只不过是让民族的灾难多持续一段时间而已，后来的历史已经证明了这一想法的不切实际。

---

[1] 戴执礼：《四川保路运动史料》，科学出版社1959年版，第504页。

三、大汉四川军政府的建立

1911 年 11 月 26 日，四川咨议局开会，接受军权和政权，推举议长蒲殿俊为四川都督，陆军 17 镇统制官朱庆澜为四川副都督。27 日，大汉四川军政府宣告成立。赵尔丰发布《宣示四川地方自治文》，首先表明自己无能，不能救四川父老乡亲于水火，如再不筹通变，必至横挑外衅，重益人民之流离荼苦，故特与将军、都统、提督军门、司、道以下各官、绅商学界诸人，协商一致，以四川全省事务，暂交四川咨议局议长蒲殿俊，设法自治。先求救急定乱之方，再徐图良善共和政治。其次表明自己上爱国家，下爱人民。由于智虑不周，致为四川父老子弟所疑怨。在川九年，感情深厚，今当离别，难以自禁，如他的话被认可，实为四川人民将来的福分，如不认可他的话，他便把它当作临别的感情之言。第一是奉告人民，今日四川为破坏之四川，今日以后之四川为川人自治之四川。往日四川受制于国家，地方没有治理好，国家之责任；今后川人自治，地方没有治理好，川人之责任。但从今日大势来看，即使地方已经治理得很好的地方，仍然有许多恐怖刺激的事情，如果还加上有内患，四川能否长久安定，恐怕很难说得清。如果四川父老子弟不愿四川长久安定，那他就无话可说。要不然，请各位乡亲相互转告，所有人民“速复向日之秩序，慎守固有之家业，一心合力，视大势之转移，图四川之强固”。第二是奉告军人，乱起以来，将校士卒受苦已到极点。从今以后，川人自治，军队多为四川子弟，有保全四川全体的责任，捍卫四川全体权利的义务。目前的混乱局面如果能得到迅速稳定，军人可以稍稍休息一下，如其未能，加上有外患，以四川子弟作为军人的责任和义务，此后军人之劳苦，恐十倍百倍于今日。统制官朱庆澜，深受新旧军将校士卒的爱戴，希望所有军士，以尊重敬爱之心，听从统制官的命令，日后有敢于对四川境内人民的生命财产有丝毫损害的，全体军士视之为私仇，毁家之私敌，拼死以捍卫。必使四川境内人民，各无战火盗贼的恐惧。第三是治理疆土，安抚士卒，当事诸君子的责任。以诸君子之才识，内乱不难平定，外患不难立绝。在此多难之秋，望当事诸君，“一志合力，降心沉识，远观大势，深察乱源，博览人才，厚积兵备”，“必使内地百司庶人，皆各有安其乡土之心，才士各有发舒能力之地，而后基础可以奠安，事业可以发达”。❶

❶ 戴执礼：《四川保路运动史料》，科学出版社 1959 年版，第 509—510 页。

同一天上午，大汉四川军政府宣告成立。都督为蒲殿俊、副都督为朱庆澜、绥靖主任为罗纶、军事主任为尹昌衡、教育局局长为曾鉴、内政厅厅长为陈省吾、法院院长为颜楷、盐运使为邓孝可、外交司司长为蒋寿眉、交通司司长为郭开文、实业厅厅长为廖治、警察厅厅长为舒巨祥、都督署总秘书长为叶秉诚。❶ 在都督位置的安排上，形式上是咨议局推举，实质上在人选问题上，赵尔丰与川绅之间早就进行了多次协商。最先赵尔丰答应交出政权时，意欲将军权交予统制朱庆澜，政权交予邵从恩，邵从恩谦让，认为国体已改，共和政体首重民意，都督当由民选，在省民大会不能马上召开的情况下，以省民间接选出的咨议局议长担任比较合适。然后又议正副都督人选，赵尔丰援引湖北都督人选作为例子，欲以朱庆澜为正都督，蒲殿俊为副都督，邵从恩则援引湖南都督人选为例，谓谭延闿也是文人，可以担任正都督，如果以民选议长为副都督，恐怕不合民意，引起舆论喧哗，于是以蒲殿俊为正都督，朱庆澜为副都督。❷

第三节　成都军政府的重建及其立法活动

大汉四川军政府成立后，当时面临两个亟待解决的问题。一是如何处置哥老会。❸ 哥老会这个在清政府时期的地下秘密组织，在保路运动和四川独立时起了相当大的作用，固独立之后，由地下非法组织变为公开化的合法组织，成都各街道“公口”林立，盛极一时，哥老会本就成分复杂，各种势力各色人物都有，既有平民百姓，也有各类地痞流氓及江湖大盗，各类政府官员、防军及革命党人也混杂其中，在反清时，它是一支巨大的革命力量，革命成功后，它却成为政府治理的一道难题，根本原因既在于它的无组织性、无纪律性，每个人都认为反清有功，如今打下江山，天下就应该是他们的，一时得意疯狂，为所欲为。很多市民都争相参加袍哥，希图自保。袍哥们则日益跋扈飞扬，寻仇报复，滋事不断。对此，大汉四川军政府毫无办法，只好听之任之。二是军

❶ 隗瀛涛等：《四川近代史》，四川省社会科学院出版社 1985 年版，第 567 页。

❷ 顾亚：《四川辛亥革命史料》（上），四川人民出版社 1981 年版，第 496 页。

❸ 重庆蜀军政府在处置哥老会问题上比成都军政府果断，重庆同盟会党人张知竞主张公开哥老会，谢持力言军府不可与其事，于是召开同盟会大会讨论，争辩相当激烈，几至同盟会破裂，发生变乱，后来才达成了一致意见。顾亚：《四川辛亥革命史料》（上），四川人民出版社 1981 年版，第 498 页。

队如何整编。独立后，陆军、巡防军、同志军聚集成都的人数达 20 万之众，陆军、巡防军与同志军之间，相互作战数月，势同水火，如今共处一城，哄斗时有发生。如陆军与巡防军争妓斗殴，导致死数人，伤数十人。巡防军掠扰民众，毁坏报馆，警察退避，政府且封闭被毁者。蒲殿俊无军权，罗纶要他赶紧招选同志会编军队以应付局势，于是同志会入城者益多。这些问题纠缠在一起，加上蒲殿俊虽出任都督，但他作为川中名士，长于文学，却缺少行政经验，与副都督朱庆澜平时就没有多少联系，今一旦共事，自难同心共济。且朱庆澜以外省籍军人，统领四川所募官兵，清政府未倒以前，可以军纪号令军队，今一旦自治，川籍军人排外倾向就表现出来，故朱庆澜虽然领军，但却无法号令军队。军政府成立之初，一切百废待兴，旗兵愿意和平，自当为他们代筹生计。巡防军初归附，一再要求发给恩饷，同志军血战数月，纷纷入城要求收编。巡防军中大半皆外省籍，久戍思归。各种因素集中到一起，使独立后的局面更加复杂、严重。

一、成都兵变及四川军政府的重建

1911 年 12 月 8 日，蒲殿俊、朱庆澜两人为安慰军心，在成都东校场集合新旧军训话，准备训话之后发给一月恩饷，以示恩宠。但此次活动事先未作周密布置，集合时，新军在前列，巡防军在后列，训话才刚开始，后列巡防军即发出枪声，本来只是后列少数巡防军有异动，蒲殿俊、朱庆澜两都督只要镇定稍做处理，即可将事情平息，但两都督均无应变经验，一闻枪声，自己首先吓破了胆，下台四窜。正副都督一走，后列更是枪声四起。前列新军，初即张皇四顾，继见带队长官，亦随台上之人不见，全场秩序随即大乱，一些不肖士兵遂散入市区，肆行抢劫，一些陆军、巡警、同志会以及小户游民都参与到抢劫中来，秩序于是更乱，抢潘库、劫监狱、焚烧当铺票号，抢劫商家，无恶不作。计公私财产损失不下一千万，全省精华尽损失于此劫中，惟造币分厂侥幸保存下来。[1]

此次事件究竟是一次偶然事件还是一次有预谋的事件，众说纷纭，一时难以明了。或时过境迁，永远成为一个秘密。后来者大多认定赵尔丰为始作俑

[1] 秦枬："蜀辛"，载顾亚：《四川辛亥革命史料》（上），四川人民出版社 1981 年版，第 549 页。

者，一种说法是行劫军队几乎大多为赵尔丰统率的军队，❶ 另有说法是兵变发生时，赵尔丰没有直接出面，但他在事前曾嗾使党羽作乱。即赵尔丰交出权力后，得到清廷并未覆灭的消息，深自后悔，随即嗾令王掞、路广钟、李克昌乘机生事。而事变当天，路广钟即率教练所巡警 2000 余人，手持快枪，狂呼“此时不变更待何时”，煽动警兵叛乱；“王掞统领预备队，李克昌统领巡务军，路广钟统率巡警教练所学生，均似受其指挥以造成乱事，意欲遥应北庭，图谋复位。”❷ 然而不管此事件如何，在事件的发生过程中就可看出当时的人心不稳，领导者缺乏应有的处事能力，以及领导层之间的一盘散沙，没有凝聚力。

成都兵变后，军政部长尹昌衡迅速领兵平叛。因平叛有功，1911 年 12 月 9 日，新军将领周骏、彭光烈等约集士绅徐炯、邵从恩、张澜及同盟会董修武等开会，推尹昌衡为都督，罗纶为副都督，重新建立了四川军政府。军政府由都督领导，下设参谋部、军务部、军事巡警总部、总政务处、民政部、财政部、学务部、司法部、实业部、交通部、盐政部和外交部。

四川军政府重建后，首先面临的问题是稳定局势，恢复社会秩序。赵尔丰作为前清政府在四川的统治者，虽然在四川独立之时将军权、政权交出，但按照当时与川绅签订的条约，四川自治后他即退往藏边，主持边务，同时议定出发时，川政府派 4 人与之同行，然政府选派 4 人一事迟迟没有结果，赵尔丰也就一直待在成都。成都兵变后，军政府都督及官员逃跑，一些绅商害怕来至赵尔丰府前恳求救命，军政府中也有人前来谒请，赵尔丰哭着说：“此辈不服我号令久矣，军政府当可以救之。无已，姑与诸君试抚之。”于是手谕旧属，并牌示辕门，首写四川总督部堂调任边务大臣，结尾署宣统年月日，朱标一印字。大意为：“昨日之事不再提，如果能缴械归队即照旧给饷，若军官已去无队可归，即来署报名。同志会留省者万余人亦应妥为安置也。”继又树招安红旗，各绅首议设所招待。❸ 1911 年 12 月 22 日，赵尔丰被都督尹昌衡带兵抓获，

❶ 杨少荃：“四川革命小史”，载顾亚：《四川辛亥革命史料》（上），四川人民出版社 1981 年版，第 524 页。

❷ 彭芬：《辛亥逊清政变发源记》。对于此说，刘石甫在《尹昌衡传》中也认为：“十八日之变，田征葵、王掞外联匪徒，内煽赵尔丰，勾结巡防军作乱。是日，王掞于兵乱之际，在东较场作俑。”参见《武昌起义档案资料选编》（卷下），第 473 页。

❸ 秦枏：蜀辛，载《四川辛亥革命史料》（上），四川人民出版社 1981 年版，第 550 页。

随即被斩首示众。❶ 随着赵尔丰的问罪，同志军收编和遣散，局势慢慢缓和下来。

二、四川军政府的立法活动

新政府成立后，虽然没有颁布组织大纲或自治法，但也颁布了一系列法规，主要有:《总政处简章》《大汉四川军政府宣慰使职任章程》《集会结社律》《大汉四川军政府报律》《保安义勇队章程》《推荐章程》《文官礼节》《文官服务规律》《计开四川银行军用票简章》等。从制定的法规看，军政府对组织法或自治法的制定没有兴趣，但对官员的礼仪倒是非常注意，所制定的《文官礼节》对交往双方的行为举止做了细致规定，主要是针对下级谒见上级和都督时应行的礼节。《文官服务规律》主要规定了官吏应尽的义务，至于权利保障则没有提及。从发现的这几部法规来看，值得一提的是《集会结社律》与《大汉四川军政府报律》，这两部法的制定本来是用来保障民众权利的，但事实上这两部法却成了限制民众政治权利的法。

1.《集会结社律》的主要内容及评价

《集会结社律》共 31 条，除规定秘密结社一律禁止，非政治性结社集会不必呈报，按照法律准许的教育会、商会、农会、议事、董事等会，及经官批准立案的结社集会不在此限外，关于政治性的结社集会必须按照该律办理。政事结社成立前，必须由首事人开具宗旨、名称、社章、办事处、设立之年月日，首事人、佐理人和办事人的姓名、履历、住址，现有入社人数等呈报民政部或地方官署存案，有于他处设立分社者，应由分社首事人照前办理。政论集会，须先定倡始人，由倡始人于开会前一日将集会的宗旨或事由、会场、开会时间，倡始人的姓名、履历、住址，现有入会人数，呈报巡警总监。其在各府、厅、州、县地方开会者，呈报该管巡警或地方官署，若超过呈内所定时间 6 小时不能开会者，其呈报作废。凡关系公事之结社集会，虽与政治无涉，若

---

❶ 赵尔丰被杀的原因，是认为他自兵变后，统巡防军两营及亲兵约千人驻扎在公署中，又派人四处招兵，特别是在湖广会馆中聚集了大量的人。于是很多人就说“湖广馆军及赵军将攻都督”，以致民心震动。更有巡防军士查获赵尔丰发寄川边将领傅华封的一份电文，令其领兵进川助其反攻党人。尹昌衡认为:“赵不去，(傅) 华封兵至，必克成都。”且滇军以诛赵尔丰为名将大举入川，内外交困，祸且莫极。不得不对赵尔丰采取断然措施。参见隗瀛涛等:《四川近代史》，四川省社会科学院出版社 1985 年版，第 579 页。

巡警或地方官署为维持公安起见谕令呈报，应即遵照办理。僧道及其他宗教师、中小学堂教习和学生，妇女、未满 20 岁的男子、曾判监禁以上之刑者（国事犯不在此列）、不识文义者，不准参加政事结社和政论集会。非中国人不得列入政事结社和担任政论集会的倡始人。政论集会时，巡警或地方官署得派遣人员临场监察，该倡始人或监察员所指名的会员应提供协助。集会或游行之际，如有任意喧扰或迹涉狂暴者，巡警或地方官署得量加阻止，有不遵者，得勒令退出。集会讲演如有语言悖谬或滋生事端、妨害风俗之虞者，巡警或地方官署得饬令中止。所有集会或整列游行，不得携带军械凶器。无论何种结社、集会和游行，若都督或民政部或地方官吏为维持公安起见，有权饬令解散、暂时停办或量加限禁。违反以上规定者，可处罚金、拘留或监禁。

该律令实际上是《大清结社集会律》的翻版，二者的区别在于《大清结社集会律》限制的人员除了上述所列之外，军人、巡警、官吏同样被限制；此外就是人数的限制，政事结社以 100 人为限，政论集会以 200 人为限。从立法原意来看，一方面为了表示政府是人民的政府，人民是国家的主人，人民的结社集会权利应该得到保障，故制定这样一部律令来保障人民的权利。但另一方面又反映出，这种法律恰恰在对人民的结社集会自由权利进行限制。人民为什么要结社集会，固然有一些是因为大家的兴趣爱好一致，结社、集会便于大家交流、分享各种信息和成果。但为什么要将结社、集会自由作为一项宪法权利，更主要的在于个人作为单个的个体，无法与国家的公权力或某个强大的利益集团相对抗，当具有相同利益和诉求的个体联结在一起时，在一定的程度上可以保障自己的权利不被公权力或某个强大的利益集团所侵犯，因此结社集会是一种力量的宣示，它对抗的主要是公权力。人民作为国家的主人，作为国家就是要保障人民这种权利的行使。但大汉四川军政府的《集会结社律》恰恰规定的就是对政事结社和政论集会的限制，就是要让人民不能行使自己作为国家主人的权利。而在谁是国家主人的规定上，“僧道及其他宗教师”“中小学堂教习及学生”“未满 20 岁的男子”“妇女”“曾处监禁以上之刑者（国事犯不在此列）”“不识文义者”都不是法律规定的享有结社集会自由的所有者，也就是说这些人不配具有这些结社集会权利。如果这些人不配具有这些权利，那么革命党人推翻清朝建立共和的目的是什么，难道就是为了推翻一个满人政权，建立一个贵族政体？而该律所做的非中国人不得参与政事结社、不得担任政论集会倡始人的规定，也就意味着外国人在这个地方不得面对公权力主张自己的权利。军政府中不乏当年留学日本归来的革命者，日本当局在 1905 年 11

月颁布一部《清国留学生取缔规则》，该规则的规范对象主要是在日本的自费学生，故自费留日学生率先发起反对运动。留日学生先是集会演讲，接着罢课，要求取消取缔规则，当目的没有达到时，陈天华愤而跳海自杀，更有2000多名学生集体归国，以示抗议。[1]不知军政府这些立法的人是忘记了这件事，还是记得这件事，对这种法律大加欣赏，有意这样立法，以便现在有同样的机会来对付外国人。作为立法者，本应“己所不欲，勿施于人”，否则，制定出来的必然是恶法。而该律规定的无论何种结社、集会或游行，只要都督、民政部或者地方官吏为维持公安起见，饬令解散、限制或暂时停办，应即遵照办理的规定，无疑授权公权力可以任意剥夺人民的结社、集会自由权利，故该律的存在不但没有对人民的结社集会权利给予保障，反而是对人民结社集会自由权利的限制。

该律对集会和游行时的行为所做的规定，更是违反设定集会游行的宗旨。政治集会和政治游行，它的目的就是要引起民众对某事或某行为的关注，从而达到实现某种政治的目的。然该律规定：“凡集会或列整游行之际，如有任意喧扰，……巡警或地方官得量加阻止。有不遵者，得勒令退出。”首先这“喧扰”如何定义，恐怕是当局不喜欢的都可以划归到“喧扰”行为中。其次，该律规定“集会讲演之际，如有语言悖谬，……巡警或地方官得饬令其中止。”在这里，“语言悖谬”一词又是给当局禁止任何他不想听到的言辞提供了借口。

该律全文共计31条，其中有9条是关于如何处罚行政相对人的，这样的一部法规，完全就是禁止政治结社集会的，其制定出来的意义何在，难道就是为了标榜革命党的自由？清政府没有给人民权利和自由，所以人民起来推翻了它。但新政府制定的法律就是清政府制定的限制人民自由法律的翻版，民国政府与清政府的不同到底在哪里？

2.《大汉四川军政府报律》的主要内容及评价

该律共37条，主要内容有：开设报馆、发行报纸者，应在发行20日以前，将报纸的名称、体例，发行人、编辑人和印刷人的姓名、履历、住址，发行所、印刷所的名称、地址，呈由民政部存案。如在各府、厅、州、县发行者，呈由该馆地方官，申报民政部存案。担任发行人、编辑人的必须具备无精

---

[1] ［日］实藤惠秀：《中国留学日本史》（修订译本），谭汝谦，林启彦译，北京大学出版社2012年版，第322—337页。

神病，且没有因私罪处监禁以上刑罚的年满 20 岁以上的中国人，发行、编辑得以一人兼任，但印刷人不得兼发行人或编辑人。发行人呈报时应同时缴纳保押费，每月发行四回以上者，成都、重庆两处保押费 500 元，其他地方 300 元；每月发行三回以下者，成都、重庆两处保押费 300 元，其他地方 200 元。专载学术、艺事、章程、图表及物价等项之汇报，免缴保押费。确实属于开通民智的宣讲及白话等报，由官员鉴定认可，也无须缴纳保押费。每号报纸应载明发行人、编辑人的姓名和住址。军政机密事件、经审判衙门禁止旁听的诉讼事件、未公判以前的预审事件、挑激外交恶感的言论、淆乱政体的言论、扰害公安的言论、败坏风俗的言论，报纸不得揭载。所有政府命令禁止登载的内容、政府未公布或发布的政府往来公文、外交重要事件，报纸不得揭载。发行人或编辑人既不得受人贿嘱，颠倒是非，亦不得挟嫌污蔑，损害他人名誉。发行人或编辑人违反以上各条，分别处以罚金或监禁，对于挑激外交恶感、淆乱政体、扰害公安、败坏风俗的言论，情节严重的，将依照刑律治罪。

该律基本上就是《钦定报律》的翻版，但与《钦定报律》相比，它不但没有进步，反而有退步。第一，它对报纸发行人、编辑人的条件限制更严格。该律对曾经因私罪处监禁以上之刑的人实行禁入，而《钦定报律》则是被剥夺公权或停止公权的人，显然，前者限制的范围更宽。第二，发行人应缴纳的保押费过重。前者对每月发行四回以上者，缴纳保押费 500 元，后者只要求 300 元；每月发行三回以下者，前者要求缴纳 300 元，后者只要求 150 元。第三，因公益事件而侵害他人名誉权，前者没有免责条款，后者免责。第四，对诉讼事件或会议事件禁止揭载的，前者多以主管机关为依据，后者以法令为依据。第五，违法事件处罚过重。前者处罚的下限高于后者。第六，对永远禁止发行的决定，前者由官厅做出，后者由法院做出。

言论自由作为人民的一项基本权利，受到世界各国宪法的确认。宪法对言论自由的保障，主要是保障人民谈论公共事务的言论自由，确保人民作为国家主人的地位，故美国宪法明确规定议会不得制定削减人民言论自由的法律。但《大汉四川军政府报律》却对报纸以出版内容进行分类，专载学术、艺事、章程、图表及物价等项之汇报，免缴保押费；确实属于开通民智的宣讲及白话等报，由官员鉴定认可，也无须缴纳保押费；其他从事公共事务言论的报纸却要依据每月发行次数缴纳保押费，显然这里是对政治类报纸的限制，有违言论自由设立的初衷。革命党未推翻清政府以前，强烈要求言论自由，当革命党掌权以后，所做的不是保障民众的言论自由，反而是限制民众的言论自由，这种情况在中国一再出现，表明国人在要求民主、平等时，多数并未真正具备民主思想和平等意识，民主、平等在中国的启蒙还任重而道远。报纸是人民的喉舌，是人民监督政府的"第四种力"，而报律规定的"政府未发表以前外交重要事件""凡政府传谕禁止登载，及其他未经政府公布政府来往公文，"报纸不得揭载的规定，无异于政府想让人民知情的才可以报道，而不想让人民知情的则不得公开，这种规定让人民监督政府的权利岂不成了一纸空文？故《大汉四川军政府报律》并不是一部保障人民言论自由的法律，反而是一部极力限制民众权利的法律。

1912 年 3 月，民国临时政府内务部颁布《民国暂行报律》三条：

"（一）新闻杂志已出版及今后出版者，其发行及编辑人姓名须向本部呈明注册，或就近地方高级官厅呈明，咨部注册。兹定自令到之日起，截至阳历四月一日止，在此期限内，其已出版之新闻杂志，各社须将本社发行及编辑人姓名呈明注册，其以后出版者须于发行前呈明注册，否则不准其发行；

"（二）流言煽惑，关于共和国体有破坏弊害者，除停止其出版外，其发行人、编辑人并坐以应得之罪；

"（三）调查失实，污毁个人名誉者，被污毁人得要求其更正。要求更正而不履行时，经被污毁人提起诉讼，得着重科罚。"

该报律出台后，报界一致反对，并致电孙文总统表示万难承认。认为："今统一政府未定，民选国会未开，内务部擅定报律，侵夺立法之权，且云煽惑关于共和国体有破坏弊害者坐以应得之罪，政府丧权失利，报纸监督并非破坏共和，今杀人行劫之律尚未定，而先定报律，是欲袭清朝专制之故智，钳制舆论，报界全体万难承认。"❶ 另有学者则主张取消报律，以保护民众的言论自由。声明"对于内务部之报律，其所主张，乃根本的取消！无暇与之为枝枝节节之讨论！以后并灌输真正之自由理想于国民之脑中，使报律两字永不发于国会议员之口。"❷

《大汉四川军政府报律》对民众言论自由权利的保障还不如满清政府，这种情况既与民国共和的理想相悖，更不符合世界进化的潮流，对于这样的法律应该予以废止。

---

❶ 殷莉：《清末民初新闻出版立法研究》，新华出版社 2007 年版，第 85 页。

❷ 行严："论报律"，载《民立报》1912 年 3 月 6 日。

第四节 成、渝军政府合并及四川军政府成立

大汉四川军政府建立后，川西北各地隶属大汉四川军政府，川东南各地隶属重庆蜀军政府。但两个军政府的对峙，导致川省处于分治状态。一些有识之士纷纷致电两地军政府，谋求川省统一。如旅外川人组织的四川共和协会上书蜀军政府，“欲谋全国之统一，必先以一省之统一为始”。“近日以来，东南各省，能遇事协商，撑持大局，以建设临时政府者，皆此谋统一之效为之也。”故“宜速谋全省之统一”。❶ 川南军政府都督刘朝望认为：“时局危岌，川省非亟速谋统一，不足以谋进行，窃念重庆张、夏两都督，首举义旗，苦心经营，现在规模完备，具有统一之能力，是以决然明并，电商张、夏两都督，将此间事权规划统一。”“现当众宣布，即日卸职，俟川省统一之大计及早底定，而朝望保民之苦心，亦可告无罪于天下。”❷ 万县熊飞认为川省若事权不统一，则对内对外均不可为。对内而言，川省现今东南西北各有都督，若不急谋统一，则各府、厅、州、县必将纷纷而起，皆有帝制自为的想法，不知川省还将有多少都督出现，川省同胞受其扰害将到何种程度？对外而言，则尤其非统一不能达到目的。现湖北黎元洪都督在召集联邦，上海亦在召集国会，如果不急谋统一，则列强派兵干涉，如庚子联军，中国将以何抵抗？现在应赶紧要求各府、厅、州、县选举代表，迅速来省，一是议决蜀军政府究竟应设在成都还是重庆？二是推举都督，以定对内之策；公举去湖北的全权委员和去上海的代表，以定对外之策。❸

云南独立后，对于四川各地建立的政权，只承认重庆蜀军政府，并通电各省，“公认尊处为蜀军都督，其继起之成、泸各处，亟应联为一气，照各省成例，将都督名义取消，庶可统一事权，维持秩序。”❹ 称成都军政府为哥老会政府，认为该政府排斥外省人，日日演说排外，以横征暴敛为政策，“罗纶提倡哥（老）会，匪势大炽，其法以哥（老）会政府为最高机关。凡官于蜀之积有宦囊以及富商大贾，均勒令出银若干，务以罄尽为率，予以哥（老）会

---

❶ 李伟明：四川共和协会上蜀军政府书，《中国革命记》（第十五册），时事新报馆印行。

❷ 川南军都督刘朝望请渝蓉两军政府统一电，《民立报》1912 年 2 月 1 日。

❸ 上军政府都督书，《广益丛报》第 9 年第 27 期。

❹ 云南都督蔡锷致重庆蜀军都督声明滇军在川只协助平乱不干预内政电，戴执礼：《四川保路运动史料》，第 526 页。

大爷名目，始可以保其生命财产。如赵康时被杀于成都，方声涛拘于半边街，皆无金赎命之故。”“祈电告天下，大声其罪，由滇、黔、湘、鄂增发大兵，剿此乱逆，组织新政府之川人，然后退师，以达我援川目的。”❶同时派出滇军进入四川，这些滇军亦只承认重庆蜀军政府，对同志军采取剿杀政策。且致电鄂军都督，欲树蜀军声援，进窥成都。

时成都军政府自兵变后，府库空虚，财政极感困难，仅靠发行军用票维持，因自贡盐场被滇军占领，税款被截，成都军政府忍无可忍，乃出兵赴自流井，与滇军遇于界碑，相持不下，几至冲突。此时清政府以重兵犯潼关，将横截西北，以牵制东南民军。于是东南各省皆筹备北伐。为联合滇军北伐，重庆军政府首先礼聘王人文为联合北伐代表，但王人文有事谢绝。恰好此时胡景伊自广西来到重庆，军政府认为胡景伊与滇军将领熟悉，于是委托胡景伊为全权代表，并派刘声元协助，在自流井游家祠与滇军将领会商。滇军总司令官韩建铎，第一梯团长谢汝翼，第二梯团长李鸿祥，自贡支队长黄毓成等参与交涉订约，达成如下协定：以滇军全部北伐，蜀军政府拨筹备费 30 万元，出川后蜀军月给军饷 15 万元，后方勤务，由蜀军负责。但同行蜀军政府代表刘声元以胡景伊未请命擅自签约，不肯在协约上付署。会后，成都政府派联合北伐委员王馨桂、滇军交涉全权委员邵从恩、王祺昌也来到自流井。滇黔通电，推夏之时为北伐总司令官，张培爵为兵站总司令，准备出兵北伐。胡景伊与滇军签订北伐约定后，在自贡得到尹昌衡电邀，即径自去了成都，也不返渝复命。直到滇军自川南抵达重庆 3 天后，蜀军政府才得到胡景伊报告及条约全文。没过几天，蜀军政府接到南京陆军总长黄兴来电：“南北统一，罢北伐军。”于是蜀军政府以黄兴电令过目滇军，但滇军仍然按约索饷。蜀军政府与滇军反复商议，以滇军远道来援，愿给予数万元作为慰劳，但滇军仍然不满意。尹昌衡于是以胡景伊为军团长，命第三师孙兆鸾率兵赴重庆，欲以武力迫滇军出境。形势一触即发之时，重庆军政府为免战祸，极力调处，最后给予滇军 30 万元，滇军才同意撤离。

成渝对峙，对内政令不一，对外易授人以柄，引致外力干预。尹昌衡自认“渝兵强不及傅（华封）、赵（尔丰），而衡众已逾于曩时，武力相对，我备必

❶ 戴执礼：《四川保路运动史料》，第 528 页。

胜”。“树党组兵胡为者？果其关怀大局，请即联袂而来。”❶ 故初欲以武力统一川省，但该主张遭到成都同盟会党人董修武等人强力反对，认为“非协谋统一，无以昭示大公”。重庆蜀军政府方面，对于武力统一川省，亦持反对意见。即使在滇黔政府明确表态支持蜀军政府的情况下，张培爵认为，“会党诚足诟病，然吾人以大局为重，岂为位置而革命者？如此必大扰乱。”朱之洪、谢持、熊克武、但懋辛、黄崇麟等亦持此议，于是双方书电专使往返。1911年12月29日，成都军政府致电重庆军政府，提出成、渝合并的6个条件：1. 以成都为四川军政中枢；2. 重庆应置重镇，设镇抚使一人，领兵一镇；3. 据罗纶意见，拟以成都正都督为四川正都督，重庆正都督为四川副都督；4. 两处副都督，拟任重庆镇抚使，或枢密院长，或军事参议院长；5. 各部长次官，合两地人才组织之；6. 两军政府所派安抚宣慰使，应彼此速将合并之事知会，使相互联合，各以接触地为职务终了地。❷

1912年1月8日，重庆蜀军政府对于成都军政府提出的合并条件做出回应，认为成都“诸公此次改革，纯以保全大局，为父老子弟谋幸福为念，语语坦白，无丝毫权利思想，更能事事统筹全局，与培爵之时所抱宗旨不谋而合”，只是“全川问题事体重大，须召集各部，略与商量。已特派全权联络委员，即日赴省计议一切。以爵时之见，此事不难解决，惟为今日之计，论川局则统一为先，论大局则北伐为急”。❸ 1月中旬，蜀军政府派朱之洪，四川军政府派张治祥❹为全权代表，先在双方辖区边界荣昌烧酒坊会商，随后又来到重庆商谈，最后在成都军政府提出的6条基础上，蜀军政府也提出5条，进行讨论，最后达成合约11条。对于成都军政府提出的6条，蜀军政府针对其第1条和第3条提出了不同意见，即成都仍作省会，重庆作为四川都督的驻地，以蜀军政府都督张培爵为四川正都督，以四川军政府都督尹昌衡和蜀军政府副都督夏之时为副都督，四川军政府副都督罗纶为枢密院长或总顾问。重庆方面强

---

❶ “尹昌衡致张培爵主张统一川政合并成、渝两军政府书”，见戴执礼：《四川保路运动史料》，科学出版社1959年版，第534页。

❷ “成都军政府致重庆军政府电”，见《革命文牍类编》第七册，电报类。转引自顾亚：《四川辛亥革命史料》（上），四川人民出版社1981年版，第622页。

❸ 《重庆地区史资料丛刊 重庆蜀军政府资料选编》，1981年版，第93页。

❹ 据张颐回忆，先是张治祥以不满蒲、朱之独立方式，赴渝，迨蒲、朱倒，尹、罗出，蜀军政府即派治祥为代表来蓉商洽合并，结果蓉方反派治祥为代表赴渝商洽，渝方乃改派之洪为代表。参见重庆地方史资料组：《重庆地区史资料丛刊 重庆蜀军政府资料选编》，1981年版，第25页。

调，张培爵曾留学日本，学习军事，又是著名学者，比尹昌衡更适合担任都督一职，管理全省军政。尹昌衡是军队首领，作为副都督，他主管陆军及军事活动．尽管双方的态度是和解的，但观点相去甚远。❶ 正在这时，前护理四川总督王人文从成都到达重庆，于是外间纷纷传闻，如果双方相持不下，就推举王人文为四川军政府都督，作为摆脱谈判困境的办法。❷ 最后双方对这两条达成如下协议：将第 1 条中的以成都为四川军政中枢，改为暂认为政治中枢；将第 3 条的以成都正都督为四川正都督，重庆正都督为四川副都督改为认定成、渝两都督为全省正副都督，正副都督的产生以两地军政府合并的职员票选进行。这个协议的达成表明重庆蜀军政府做出了重大让步。

对成都军政府提出的 6 条，主要的修订有：

修改后 6 条的主要内容：（1）暂认成都为政治中枢。（2）重庆军政府取消后，认定重庆应设重镇，领兵一镇，直隶全省军政府，其名义、权限、区域、由蜀军政府组织设置。（3）认定成、渝两都督为全省正副都督。正副都督的产生以两地军政府合并所成的各处、部、院职员进行票选，以免彼此谦让。（4）两处副都督将来拟代重庆镇抚长、枢密院长或军事参议院长。现在重庆副都督曾经推定为北伐团总司令官，俟各方面认可时及成渝条约并附件宣布实行后，即完全担任北伐职务。附件主要是对北伐团及总司令官权限的一些规定。如总司令官为滇黔川总司令官，则应受中央政府命令，否则，受本省军政府命令。北伐团所需的军械、军饷、人员等应由四川承担的，当始终承担。其中兵力二镇左右，由成、渝共同负责；军饷首先准备 4 个月，以后随时按月给济；弹药、人员等竭力保障补充和调用。（5）各部长次官及各职员，宜合两地人员组织之。（6）两军政府所派安抚使、宣慰使，应速将合并之事知会各地，使相互联络，已接到此令为职务终了地。

重庆蜀军政府提议，经成都军政府承认之 5 条内容：（1）大汉军政府应改为中华民国蜀军政府，以符各省通例。（2）都督印文，定为中华民国军政府蜀军都督之印。各道、庭、洲、县印文，应即改为蜀军政府各种关防，以昭划一。（3）重庆既设重镇，领兵一镇，其不足之兵与军械，于条约宣布之后，应即由成都陆续补充。（4）蜀军政府与鄂、滇各军所订合同，成渝合并后，

---

❶ 周勇：《辛亥革命重庆纪事》，重庆出版社 1986 年版，第 137 页。

❷ 《英国蓝皮书有关辛亥革命资料选译》下册，第 246 页。

应继续承认有效。(5) 提议西藏为全国之西藏。

成渝合并草约签订后，两军政府召集特别会议，议决实行合并，以成都为政治中枢，重庆设重镇，成渝两正都督由两军合并之职员选定正副。成渝两副都督，拟推任重庆镇抚总长或枢密院长及军事参议院长，以1912年2月2日换约。随即，张培爵西上成都，行抵隆昌后，谢持、张习等人纷纷从富顺、成都等地赶来，举行了行营会议。会议认为，根据合并条约，由合并后军政府职员投票选举正副都督。但在合并后的军政府中，原成都军政府人数较多，举行选举，只会有利于尹昌衡，张培爵难以当选正都督，不如不选为佳。❶ 1912年3月3日，张培爵致电南京政府，表示“推尹昌衡为蜀军正都督，培爵随尹君之后为副都督，勉尽国民之责。”❷ 3月4日，张培爵又发表《成渝两政府合并后政见书》，再次表示尹昌衡担任正都督，自己出任副都督的主张，并对四川省今后的对内对外政策进行了阐述。表示对外应出师北伐并经营藏卫，对内则应设立代议机关、清剿匪患、整饬军旅、澄叙官方、慎选法官、清理款项、招纳贤俊、兴复学校、通商惠工、化除党见十项主张。希望父老兄弟、邦人诸友，“概念时艰，共维大局”，以“公仆视培爵”，“俟大局平定，即当召集公民，举贤自代，退归田里，为民国自由之民，以领略共和幸福之乐趣”。❸ 3月11日，尹昌衡、张培爵在成都就任“中华民国四川都督府”正、副都督。❹罗纶任四川省军事参议院议长，夏之时任重庆镇抚府总长。同时通电全国，成渝合并，四川统一。

成渝能够顺利合并，与重庆蜀军政府张培爵、夏之时的民主思想有关。“革命功成，革命党消”这句话在民国成立时争论甚烈，对这句话的赞成或反对事实上表明个人的民主宪政思想。革命的目的如果仅仅是“谁打天下谁就坐天下”，那么这种革命不可能实现宪政，只会产生一个更专制、独裁的暴力政府。革命也就会陷入中国历史上王朝的不断更替之中。革命如果是为了实现宪政，革命成功之后，谁来领导人民，要由人民说了算，而不是由枪杆子说了

---

❶ 《辛亥革命回忆录》(三)，第96页。

❷ 《民立报》1912年3月19日。

❸ 《大汉国民报》1912年3月11日。

❹ 按照成渝合并条约，新成立的四川政府应称“中华民国蜀军政府”，但成都军政府在张培爵赴省途中时，没有与重庆方面商议，便将大汉四川军政府改名为“中华民国四川都督府”，并改铸钤印，报告南京。张培爵到成都后，从大局出发，接受了这个既成事实，参见《国民公报》1912年3月18日。

算。凡是枪杆子决定出的统治者必然会陷入暴力的往复循环之中。因为宪政的规则是由民意决定统治者，只有专制、独裁制度下的统治者才由暴力决定。那种认为只有自己才是救世主的人最终会成为人们的梦魇，因为世上没有人是天使，所有的人都会犯错，专制政体之所以成为一种坏的政体关键是它的错误很难得到纠正。同时宪政又是一种妥协的制度，对立双方不会妥协的永远不会实现宪政。重庆蜀军政府的张培爵、夏之时能够退让，表明其对民主宪政的理解。

1912 年 4 月 1 日，重庆蜀军政府撤销，重庆镇抚府成立。根据《蜀军镇抚府组织大纲》规定，镇抚府直隶于四川省政府，其范围以蜀军政府与四川军政府未合并以前，重庆蜀军政府所管辖地区，其设置目的以协助省政府为宗旨，以期全蜀迅速统一，政令畅通。一待内治完善，再由镇抚府报告四川省政府予以取消。

镇抚府设总长 1 人，总长以下设政务处、镇兵组织、镇抚府议会、司法裁判所及秘书厅与审计厅。镇抚府练兵一镇，归总长统率，以为直辖地之镇守，自镇长以下，军官概归总长节制。镇抚府的政令制度，除本纲所规定外，皆遵照蜀军政府所定，以期一致。蜀军政府所有政令、文告，应交由镇抚府转饬区内各地方遵照。镇抚府在其直辖地区内，按各地方状况，得随时派兵分驻，或临时以兵力维持。镇抚府总长所率之部队，蜀军政府可以随时知会总长，在征得其同意的情况下，以相当的兵额与之互相调易。镇抚府内职员的黜陟，由总长任免后报告蜀军政府。镇抚府直辖之下的地方司令官，将来名称权限如何设定，由镇抚府准照蜀军政府所规定者改易之，其黜陟概由镇抚府委任后报告蜀军政府。镇抚府直辖地内之财政，应由镇抚府经理定期册报汇转蜀军政府。其征税查验各员之黜陟，得由镇抚府任免后报告蜀军政府。镇抚府直辖地方所有审判人员之黜陟，得由镇抚府任免后报告蜀军政府。凡镇抚府直辖地之行政诉讼，即由镇抚府临时设行政审判所判决之。镇抚府区域以内之立法权属镇抚府议会，议会由各地方代表组织而成。镇抚府如遇外交事件，当缔结条约者，须由蜀军政府决定。镇抚府之公费，不得于预算总额外自由浮用。如遇外有急要正当之开支，得于开支后以其理由报告蜀军政府。

从镇抚府组织大纲来看，原蜀军政府所辖地区实行高度自治，拥有自己独立的军队、立法、行政、司法系统，人事权、财政权独立，不受蜀军政府节制，仅外交权属于蜀军政府。也就是说原蜀军政府除了外交权不享有，军事上兵力仅限于一师外，其他一切照旧。这种规定的目的在于确保重庆同盟会革命党的利益，将原蜀军政府所辖区域置于同盟会的领导之下。这种安排从革命党的策略来看有着其重要意义。"二次革命"时如果原蜀军政府所在区域能全部掌握在革命党的手中，川省反袁世凯的斗争也不至于一击而溃。可惜镇抚府的留守人员不能将这种策略贯彻到底，轻易交出了自己的地盘。

根据重庆同盟会党人的安排，最初决定以夏之时为总长，张习为政务处长，向楚为秘书厅长，刘植藩为军政分司长，王休为民政分司长，李湛阳为财政分司长，江潘为外交分司长，马柱为司法分司长。然夏之时坚辞总长一职，认为当初义举后担任副都督一职，"惟因公仇尚存，北方不靖，川蜀之根基未固，民国之愿望犹虚，势不得不躬承其乏，与同志诸君协心组织，冀达完全之目的"。而今"清帝退位，南北息争，不数月间屏黜专制之余威，一变而为民国之共和。又值川中内难次第敉平，滇黔两军意见消融，成渝建设统一完成"。"此正之时避除贤路，脱卸仔肩之日矣。""明者处世，适可而止，宠利居功，哲人所戒。""之时之才，无异绵蕞。""渝城一镇，控纽东南形势，疆域几分蜀省之半，又系通商巨埠，全蜀藩屏，内政外交，事事棘手，佐治偶尔失宜，不免前途贻患，纵同胞谅而宥我，而抚衷自问，又将何以为心?"自己"学殖素荒，历练全无，既生文明之世，又值韶华之年，不乘此游观中外，力图进益，则荏苒光阴，瞬焉即逝，精神坐耗，长为世界畸人，后虽自悔，无能及已"。"他日学成归来，熙啤尧壤，复得自厕于公民，之时之身有余幸矣。"❶ 对夏之时的辞职要求，川省同盟会党人自是挽留，然夏之时去意已坚，明确表态，"如三月卅日以前，不派总长来渝接事，则轻舟一舸，不辞而去"。❷ 3 月 18 日，尹昌衡、张培爵接受了夏之时的辞呈，另委四川陆军军团长胡景伊任重庆镇抚总长，在胡景伊未到职以前暂代。同时赠夏之时 3 万元游学，以酬前劳。❸

夏之时辞职，胡景伊接任。然重庆同盟会人对胡景伊反感，在胡景伊未到任之前，夏之时任命同盟会党人熊克武为师长。为使胡景伊顺利接任，张培爵在成都电劝重庆同盟会党人，以大局为重，"共悯时艰，力持危局"，如最终"演成同室操戈之惨，川人何辜，岂能受此浩劫"。最终胡景伊顺利接任。

胡景伊接任后，重庆镇抚府还未依照组织法建立起来，他就提出建议，要

---

❶ 《国民报》1912 年 3 月 21 日。

❷ 重庆地方史资料组：《重庆地区史资料丛刊 重庆蜀军政府资料选编》，1981 年版，第 125 页。

❸ 《国民报》1912 年 4 月 1 日。

求取消重庆镇抚府的设置。1912 年 5 月 18 日，胡景伊召集镇抚府职员、各标营军官、各法团代表以及报馆新闻记者开会，认为以“现在情势而论，镇抚府亦当取消，取消后如何办法，是否可行？请大家解决”。同行的政务处次长谢持也说：“欲求政治上进行无阻，非取消镇抚府不可。”同时强调重庆绅民早已要求取消镇抚府。镇抚府取消以后，重庆仍旧称府，辖原来的 14 州县。❶

对胡景伊的提议，虽然有部分重庆同盟会党人表示反对，然重庆同盟会党人早已分化，无补于事。1912 年 6 月 10 日，胡景伊报告袁世凯，通令全国，重庆镇抚府即日取消。❷

重庆镇抚府的设置初衷一来是成都军政府怕重庆蜀军政府不同意合并，设置这样一个府便于安慰蜀军政府的人，二来是重庆同盟会党人也认为有这样一个府存在，有利于保存他们的力量，大多数重庆蜀军政府的人还是会留在重庆的，去成都的也就是那么几个人而已。等到两军政府合并后，成都即有人谓其组织庞大，与都督府俨然敌体，倡议撤销，以实现真正统一。同盟会党人中有许多人亦赞同此议，认为谋川局统一，本党具有诚意，革命非为职位地盘，主张明白表示，以示大公。同盟会党人川南总司令宋辑先（绍曾）遂首先通电撤销镇抚府。另有一些重庆同盟会党人则认为胡景伊担任镇抚府总长后，镇抚府的存在只会有利于胡景伊，对重庆同盟会党人来说已经没有什么价值，取消其存在反而有利于打击胡景伊，故从当初的赞成设置转变到现在赞成取消，虽然有反对者如朱之洪存在，但没有得到大多数在渝同盟会党人的支持，并且张培爵也同意取消。❸

重庆镇抚府取消，两军政府实现合并，四川得到完全统一，两军政府当时所立的各种法令也随之取消。袁世凯当上临时大总统后，为了加强中央集权，对地方自治进行压制。川省的自治立法也随之告一段落。

---

❶ 重庆地方史资料组：《重庆地区史资料丛刊 重庆蜀军政府资料选编》，1981 年版，第 130 页。

❷ 《国民公报》1912 年 6 月 13 日。

❸ 重庆地方史资料组：《重庆地区史资料丛刊 重庆蜀军政府资料选编》，1981 年版，第 52 页。

第三章 民初川省立法机关的产生及立法自治主张

第一节 第一届川省议会的成立及其立法活动

武昌起义成功，湖北宣布独立。此后各省纷纷响应，不到1个月，就有湖南、江西、陕西、山西、云南、安徽、江苏、浙江、福建、广东、广西、贵州、四川、山东14省相继独立。但独立各省，互不相谋，对内对外，均感不便，于是江苏都督程德全、浙江都督汤寿潜于1911年9月21日（阴历）联电沪军都督陈其美，倡议仿效美国13州会议建国之事，要求各省公举代表，集议于上海，设立临时会议机关，磋商对内对外妥善方法，以期维护国家统一，实现国内和平。各省代表选派2人，由各省旧咨议局和各省当时都督府，各派代表1人。四川当时代表一为萧湘，一为周代本。同年12月，各省都督府代表联合会议议决宣布《中华民国临时政府组织大纲》21条，政府组织采用总统制。同月29日，各省代表在南京举行临时总统选举会，选举孙文为中华民国第一任临时大总统，并决议每省选择精通政法及富有经验者3人，前往南京组织参议院。

1912年3月11日，成渝两军政府合并，自此四川军令政令归于统一。

中华民国成立时，临时政府曾饬令各省都督将清末各省所设咨议局改组为“临时省议会”，作为正式议会成立之前的过渡机构。川省成渝两地军政府合并后，召集五道代表，商议办法，决定每厅州县各选代表2人，于1912年7

月 1 日开会。于是各府厅州县共选出代表 348 人，[1] 省咨议局中的多数议员进入临时省议会。会议地址设在成都纯化街原咨议局旧址。7 月 1 日临时省议会开会，选举骆成骧为议长，邓孝可与胡骏为副议长，秘书长姚弼宪。

临时省议会成立后，川省政府仍然将它当成咨议局一样对待，并未对其职权给予应有的尊重，但议员却依据《临时约法》《临时省议会法》所赋予的权力进行了一系列的立法活动。临时省议会于 1912 年 7 月 1 日集会后，根据大总统命令，将府厅州县自治章程中违背共和宗旨的法律法规进行了修改，以救当时之急。期间对民政长咨交的数起法律章程案进行了审查和修订，同年 11 月 17 日临时省议会通过了《四川省临时省议会法》，该法规定省议会为全省最高立法机关，省议会议决事项由都督府公布施行，省议会认为都督违法时，得以全体议员 3/4 以上出席，2/3 以上决议，向中央政府弹劾之。

1912 年 9 月，国会颁布《省议会议员选举法》《省议会议员选举法施行细则》，并规定了各省第一届省议员名额以及川省议员复选区等。选民资格要求年纳直接税 2 元以上，或有 500 元以上的不动产，或在小学校以上毕业，或与小学校以上毕业相当的年满 21 岁以上，且在选举区内居满 2 年以上男子。被选举权资格与选举权资格基本相同，但年龄要求在 25 岁以上。但剥夺公权尚未复权的、受破产宣告确定后尚未撤销的、精神病者、吸食鸦片的、不识字的不得有选举权及被选举权。现役陆海军人及在征调期间的续备军人、现任司法官吏、现任本省官吏及巡警、僧道及其他宗教师停止其选举权和被选举权。小学校教员及各学校肄业生、办理选举人员，承揽本省工程之人及承揽本省工程之公司办事人停止其被选举权。

民国第一届省议会议员的选举权与被选举权资格与清末咨议局议员的选举权与被选举权资格相比，还是存在一些明显的变化，总体来说，资格条件放宽了很多。首先选民年龄和被选举人的年龄要求下降。选民年龄从 25 岁下降到 21 岁，被选举人的年龄从 30 岁下降到 25 岁。财产资格要求下降，财产要求从 5000 元下降到 500 元，只有原来要求的 1/10。而学历资格从要求中学以上毕业到要求小学以上即可。对禁止性条件的要求也在下降，如从“曾处监禁

---

[1] 吕实强：“民初四川的省议会（1912—1926）”，载《近代史研究所集刊》1987 年第 16 期，第 252 页。临时议员人数不同版本出入较大，有认为议员人数是 289 人。参见许友书：“1912—1927 年四川省议会述略”，载《文史天地》。

以上之刑者”放宽到“剥夺公权尚未恢复者”，而“品行悖谬，营私武断者”“身家不清白者”条款的废除，更是防止了地方选举官员滥用自由裁量权的弊端。各学校肄业生也从停止选举权和被选举权到后来只停止被选举权。

但“承揽本省工程之人及承揽本省工程之公司办事人停止其被选举权”的规定却较前清时严格。选举权资格的放宽使选民人数较清末咨议局选举时增加。由于省议会议员选举资格与众议院议员选举资格基本相同，1912 年登记选民总数为 1 729 368 人，❶ 相较于咨议局选举时的选民数 191 500 人，二者相差 9 倍。

四川省各复选区于 1913 年 1 月 26 日，全省分 7 选区进行选举，选出第一届省议会议员 140 人。❷ 议员中，共和党 78 人，国民党 51 人，共和建设讨论会 9 人，民主党 1 人，不详 1 人。❸

现代宪政国家最大的一个特点就是政党政治。由于政党具有汇集选民利益及服务选民、提名候选人、组织政府、监督政府的作用，因而与议会政治很好地结合起来。哈耶克认为，如果民主政府要卓有成效地践履监督政府治理的责任，“那么它就必须按照党派的路线进行组织。如果想让选民对政府的表现做出评判，那么就必须在代表当中形成一个被认为对政府行为负责的有组织的群体，而且还必须存在一个有组织的反对派，以监督和批评政府，并在人们对执政政府感到不满意的时候向人民提供一个可以替代它的新政府。”❹

清末以前，中国无结社自由，具有政治性质的社团大多在地下活动，不可

❶ 张朋园：《中国民主政治的困境（1909—1949）》，吉林出版集团有限责任公司 2007 年版，第 80 页。

❷ 吕实强：“民初四川的省议会（1912—1926）”，载《近代史研究所集刊》1987 年第 16 期，第 253 页。但议员人数及成员不同资料上均有出入，四川省文史档案馆认为第一届川省议会人数为 152 人。参见四川文史档案馆编：《四川军阀史料》（第二辑），四川人民出版社 1983 年版，第 526—530 页。

❸ 吕实强：“民初四川的省议会（1912—1926）”，载《近代史研究所集刊》1987 年第 16 期，第 256 页。民初政党名称变动频繁，共和建设讨论会成立于 1912 年 4 月，成立后即感于当时小团体纷纷合并，组织大党，亦派汤化龙、林长明、孙洪伊三人为代表，与各团体商谈合并问题。1912 年 9 月，共和建设讨论会与统一共和党、共和促进会、共和俱进会、国民新进社合并为民主党。1913 年 5 月，共和、统一、民主三党合并为进步党。另有学者认为第一届川省议会议员党派情况为国民党议员 70 人，共和党议员 60 人，进步党 10 人。但第一届川省议会成立时，进步党还未组建，故该数据应当不是指刚成立时的党派情况。隗瀛涛：《四川近代史》，四川省社会科学院出版社 1985 年版，第 600 页。

❹ ［英］哈耶克：《法律、立法与自由》（第二、三卷），邓正来译，中国大百科全书出版社 2000 年版，第 303—304 页。

能存在政党政治。清末立宪，政党政治成为可能，西方政党制度及活动情况便被介绍进入中国。民国成立后，原来的革命团体和立宪团体纷纷改名为政党，一时政党成立之多，叹为观止。1913 年四川成立政党多达 10 个，其中最主要的是共和党、国民党、共和建设讨论会、民主党等。共和党四川支部于 1912 年 8 月成立，以胡景伊为主席，成员多立宪派人士，得到袁世凯及袁系军人支持，在四川占据相当的优势，前咨议局正副议长蒲殿俊、罗纶、萧湘，川军第一师长周俊、第四师师长刘存厚等均属此党。国民党四川支部于 1912 年 9 月在成都成立，原同盟会会员张治祥、董修武为正副部长，谢持、唐宗尧、杨维、黎靖瀛、董鸿诗等为理事，分掌总务、财务、交际、文书各事，并办有机关报《四川民报》。

第一届省议会议员选出后，首次集会由民政长胡景伊以选举总监督的资格主席，到会议员 119 人。议长选举时，共和党议员朱大镛得 54 票，国民党议员杨庶堪得 54 票，民主党议员胡骏得 10 票，均未过半数。二次选举时，朱大镛得 53 票，杨庶堪得 57 票，胡骏得 9 票，仍无人过半数。在国民党与共和党对峙下，若无外党结盟，两者谁都难以取得半数。民主党议员当时虽是少数派，但无论它与谁结盟，谁都会在两党竞选中胜出。本来在这种情况下，国民党与共和党要主动去做民主党议员的工作，争取与民主党结盟而在议会上胜出，但情况却恰好相反。1913 年 2 月 27 日再行选举，共和党人认为议长一席如出之本党，国民党议员必不甘心；若由国民党议员出任，亦害怕难以控制国民党人的专横，于是有人主张由民主党议员胡骏出任，但开始时也没有获得共和党内多数议员的支持，于是共和党人均缺席。2 月 28 日，经民主党人剖析利害关系，共和党议员基本达成一致意见，于是在午后出席，但国民党议员却又退出，出席议员人数不能过半，选举仍然不能进行。3 月 1 日，123 名议员出席，国民党人以胡景伊为共和党，援引咨议局细则，请前届议长骆成骧为临时主席，获得多数通过。选举结果，胡骏以 63 票当选议长，杨庶堪以 60 票落选。本来这个结果对国民党和共和党而言应该都是一个可接受的方案，因为民主党是小党，它的政策、纲领必须得到其他两大党的支持才能通过，同时它又可以避免其他两大党的专横，可以说是一个理想的结果。但国民党议员对结果不满，乃集体退席。于是胡景伊以兵力封锁议会，国民党议员虽然退出会场，却无法离开议会。剩下的议员因不足法定人数，无法继续开会，副议长选举也就陷于停顿。3 月 2 日，前议长骆成骧居中调解，国民党议员仍未出席。次日，继续调解，没有效果。

社会各界对议会的党派斗争非常不满，于是教育总局、教育团、蜀学会、农会、工会、商会及报界约定在商务总会开法团联合会，商议解决办法。并发表书面意见："省会议员选举议长，争执党见，连日均不到会，以七千万人民生命所托，徒为意气之争，夫何贵此议员，各法团于明日临场请求开会，恐再固执党见，借假迁延，拟集合各界同胞，实行催促。窃查吾川省会成立已逾法定期间旬有余日，开会迄今约一星期，仅选出正议长一人。近因争选副议长党见不合，又复抗不到会。似此挟党营私，忍心害理，殊负七千万同胞委托之重。凡我伯叔兄弟均可到场质问，如明晨开会，祈于午后二鸣，齐集铁路公司讨论对付方法。"❶

1912 年 3 月 4 日，国民党议员仍未出席，直到 3 月 7 日，方选出朱大镛、唐宗尧为副议长。由于正副议长选举时的矛盾及对胡景伊派兵包围议会会场的不满，3 月 31 日第一届川省议会正式开会日期，却因多数议员缺席无法开会。此种情况一直持续到 4 月 10 日。于是议长胡骏电请北京改选，但北京政府认为议长既已就职，即属责有攸归，应速接续开议，不得率意放弃职权，致妨议事。此后直至 5 月 5 日，议会方得再行开议。即使开议之后，议会依然争议居多，难以达成一致意见，更遑论立法。不久"二次革命"爆发，国民党与袁世凯走上全面对抗的道路，国民党议员资格被取消，议会因不足法定人数无形瘫痪。

国民党议员因参与"二次革命"被袁世凯取消议员资格，剩下来的议员因不足法定人数难以开会。但袁世凯真正要做的就不是要这个议会来监督他，他想要的就是专制独裁。故袁世凯通过议会选举为正式总统后，其权力的行使就具有了正当性和合法性，就不再需要议会这个工具。而中国民主政治的不成熟，议员素质较低、议会经验的缺失也给袁世凯打击议会提供了借口。于是政治会议议决，认为"国会阅四月余，一法未经议决，延长会期以后，迟迟至于上年九月，始议决一议院法案，其余应有职权，初悉为挟持党见者所蹂躏，几酿成暴民专制之局……立法机关既无法可议，行政机关亦无法之可行，应请

---

❶ 《时报》1913 年 3 月 25 日。

宣布停止两院现有议员职务”。❶ 遂于1914年1月10日宣布停止国会议员职务。接着，各省都督民政长电称：“各省议会成立，瞬及一年，于应议政事不审事机之得失，不究义理之是非，不权利害之重轻，不顾公家之成败，惟知怀挟私意，一以党见为前提，……一般舆论，佥谓地方议会非从根本解决，收效无期，与其弊所目前，不如暂行解散，所有各省省议会议员，似应一律停止职务。”❷ 照样由政治会议决议，即于1914年3月1日宣布，各省议会一律解散。至此，川省议会解散，省议会活动中止。

黎元洪继任大总统后，1916年北京政府下令由各省行政长官召集省议会，川省议会重新召集开议。但川省议会由于时局动荡，在立法上并无多大建树。按照《省议会议员选举法》第2条规定，选举年限以3年为一届。第一届省议会议员自1913年2月当选，不计算袁世凯解散省议会中止时间，到1918年时已经期满。由于川省战乱，选举无法进行，至1919年川省才稍微平静，由于这一年国民党在全省取得绝对优势，因此当选的议员几乎都为国民党党员，进步党、共和党所得选票甚少。但国民党内部又分为两派，一派与熊克武接近，一派与孙中山接近。议会选举结果，议长李少甫，副议长熊嶂、郭崇渠均属于熊克武一派，熊克武一派与桂系岑春煊接近，而桂系与孙中山的矛盾自然在川省内部表现出来，于是孙中山决定倒熊，倒熊运动失败，亲孙中山一派的国民党势力遂在议会失势。

按照《省议会暂行法》规定，省议会有关立法的事权包括“议决本省单行条例”“议决省税及使用费规费之征收”“议决省债之募集及省库有负担之契约”“议决本省财产及营造物之处分并买入”“议决本省财产及及营造物之管理方法”“其他依法律命令应由省议会议决事件”，“但以不抵触法律命令为限”。从以上规定看，川省议会具有很大的立法权限和管理事项。但第一届川省议会存续期间，地方立法并无多大建树，其原因固然有多个方面，但议员民主政治素质较低、议会政党政治的不成熟不能不说是主要原因。

对于当时政党乱象，曾有人进行总结：“今者党之问题，可谓披靡全国矣，一般之贤愚不肖，既尽驱率入于此围幕之中，旗帜分张，天地异色。又有一群矫异自好或无意识之徒，以超然为美名，以党为大恶，相戒以勿争党见为

---

❶ 《蜀风报》第六期第六册。

❷ 《蜀风报》第七期第七册。

爱国。党人之视己党，则神圣之；其互相视，则仇雠之；无党人之视党也，则蟊贼之。攘往熙来于通衢大道之中，指天画地于密室之内，目有视视党，耳有闻闻党，手有指指党。”“于是乃有党与党之争，有党与非党之争，更有一党之中一部分与一部分之争。”[1] 省议会自 1913 年 3 月 31 日集会，到 8 月 4 日熊克武、杨庶堪在重庆宣布独立，前后历时 4 个月，在这 4 个月的时间里，4 月份因出席人数不足，基本没有开议。6 月、7 月两月因尹昌衡平定川边叛乱回川，支持尹昌衡的国民党与支持胡景伊的共和党一直在为谁主川局而相斗，自不可能坐下来讨论立法事宜。正如一位学者评论国会成效，“自两院开会以来五阅月矣，语其成绩，但闻灌夫骂座，角力履行，以破坏议场之秩序；私改记事，捏电各省，以颠倒事情之是非，而于国家之大本大计，则未闻有所建白。”[2] 张朋园则认为“民二国会议员无实际议会经验，此所以在议会中不知如何运用议论技巧，彼此意见不合，动辄冲突殴打。对于政府，一味强调责任内阁，不知进行协商；大言限制袁世凯的权力，岂知袁氏拥有武力后盾。这是中国民主政治失败的原因之一。”[3] 川省议会何尝不是国会的一个缩影。在民主国家里，各政党基本上是处于竞争性状态，它们最大的目标就是想取得执政的机会。政党在竞争过程中，必须遵守三项原则：遵守法律规范；优先考虑国家、社会及人民的利益；尊重与包容不同政党的意见。但民初政党却不可能遵守这样三项原则。一是中国没有法治传统，权力自古以来就不受法律约束。在权威与法律二者的关系上，权威远远大于法，法律服从于权力并为权力服务。二是中国以前没有国家观念，只有地方利益和家族利益，四海一统于天子。民国建立后，议员所考虑的并不是国家利益以及人民的利益，而是个人利益和党派利益。看问题不是从是非对错出发，而是以立场为根据。议员常为“意气所激，往往举天下万事，而悉纳之党争范围之中”。[4] 一人入某党，即为某党辩护，言他党之不是；持人论事，心不能平，甲党指为大奸大恶者，乙党则赞为至圣先贤。[5] 甲党之所是，乙党必以为非；乙党之所非，甲党必以为是。[6]

---

[1] 黄远庸：“铸党论”，载《远生遗著》（卷一），台北，1962 年影印本，第 209—210 页。
[2] 吴贯因：“今后政治之趋势”，载《庸言》（一卷十二号）。
[3] 张朋园：《中国民主政治的困境（1909—1949）》，吉林出版集团有限责任公司 2007 年版，第 103 页。
[4] “政党与选举”，载《民国报》1913 年 1 月 7 日。
[5] 周善培：“词穷”，载《庸言》（一卷四号），1913 年 1 月 16 日。
[6] “国事维持会宣言书”，载《独立周报》（二年七号），1913 年 2 月 23 日。

三是没有宽容精神。每一个人都认为只有自己才掌握真理，即天无二日，事无二理。故民国初年的政党，“问有政治上的结合乎？无有也；问有道德上的结合乎？无有也。既无政治上、道德上的结合，其所谓政党，非真如欧美各国之政党以福国利民为主旨者。盖不过一二野心家借政党名目以为争权夺利之具也。其凡列名党籍者，亦非真以政治为职志，以道德为要务也，亦不过借此以为营利之阶级、终南之捷径耳。”❶

第二节 川省地方立法自治的主张

地方自治自清末广泛开展以后，各地方相继成立了地方自治机构。民国建立后，地方自治仍然得到继续发展。袁世凯执掌民国政府后，1914 年 2 月 3 日令停办地方自治会，6 日停办京师自治会，28 日解散省议会，县议会亦宣布解散，地方自治进入低潮。12 月 29 日，北京政府颁布《地方自治试行条例》，1915 年 4 月 14 日又颁布《地方自治试行条例施行规则》。袁世凯所规定的地方自治的最大特点就是取消了清末地方自治法中议事会的设置，将地方自治区域设置规定在县以下的行政区域，受县知事管理。这种自治类似于秦始皇统一六国以后中央集权制下的乡村自治，只不过自治机关采用民选方式产生而已，并且将古代传统的乡村自治法律化和制度化。这种自治或许适应当时的民众素质要求，但当民权思想已在中国生根发芽的情况下，而且清末地方自治搞得这么轰轰烈烈，民国议会制度已成为一种国家制度的情况下，袁世凯所要求的这种自治显然是对清末地方自治制度和民国地方自治制度的一种倒退。这种倒退不但给反对者提供攻击袁世凯的口实，而且也让其支持者产生袁世凯意欲专制独裁的忧虑，这种自治当然得不到人民的支持和响应。

川省地方自治自袁世凯宣布解散省议会和县议会后，地方自治基本陷于停顿。袁世凯称帝，1915 年 12 月 25 日，蔡锷宣布云南独立，出兵四川，四川进入护国战争时期。护国战争胜利后，四川接着又发生罗佩金与刘存厚之战、戴戡与刘存厚之战，滇黔军战败，退出成都。接着滇黔军与熊克武宣言护法，川省护法战争打响，刘存厚退出四川。靖国军控制四川后，熊克武以靖国各军总

❶ 王灿：“党论”，载《谠报》第三期（东京），1913 年 6 月 20 日。

司令名义发布《四川靖国各军卫戍及清乡剿匪区域表》，要求各军各驻原地，分区卫戍。为谋军令政令统一，熊克武曾规定各师军官均须由督军委任，各县行政官吏，均须由督军委派；各项税款，均须报缴督署，统筹统支。但滇军对于盐税，仍然把持独吞；对于驻防区域内行政官员，未通过督署，擅自撤换，并自行委任官吏。熊克武命令不能行之于滇黔驻军区域，川军继起效尤，渐成尾大不掉之势。1919 年 4 月，熊克武又颁布《四川靖国各军驻防区域表》，明确规定滇、黔、川各军就防划饷，各军饷款，即在各军驻防区内就地划拨，川省防区制正式形成。[1] 防区制并非地方自治，而是各军阀割据。各军阀在各自防区内任予任取，人民成了待宰割的羔羊。

1919 年，孙中山与熊克武矛盾激化，倒熊战争发生，战争持续到 1920 年。1920 年 10 月，四川局势发生了根本转变，以熊克武、刘湘为首率领的川军取得了战争的决定性胜利，滇黔客军及孙中山一派的势力退出川省。同月 24 日，广东军政府总裁岑春煊、陆荣廷、林葆泽、温宗尧等明电宣布撤销军政府，且令西南护法各省亦取消自主。30 日，北京政府下达全国统一令。

一、省议会主张川省立法自治

南方军政府宣布取消，北京政府宣布统一。川省何去何从，就成了摆在川省七千万人民面前的一个抉择。1920 年 11 月 1 日，省议会即通电主张川省自治，接着议会又于 11 月 6 日通电各县，促各县发动自治。7 日省议会议长李肇甫、副议长熊晓岩等，又在皇城内演说自治，很多民众到场听取讲演。对于川省屡遭战乱，人们生活不幸的原因，议会认为主要在于川省地理位置介于南北之间。故自民国成立以来，兵乱不止，到处一片废墟。不是北方来侵，就是滇黔来犯，每次政变，川省就成为南北战场，所受兵祸之深，历世所罕见，他省闻所未闻。从前南北双方主张和议，而滇黔却搞阴谋，以护法为旗帜，行侵略的野心。幸川省将士用命，力争人格，历时 8 月，将滇黔军队驱逐出境，为川省赢得一线转机。客军出境之后，川省现状，省内大政无主，省外则恶潮不断，情势复杂。川省欲休养生息，跳出南北政争旋涡，除了宣言自治外别无他

[1] 隗瀛涛：《四川近代史》，四川省社会科学院出版社 1985 年版，第 846 页、第 848 页。

法。就省内现势观察，领军各将领同属川人，保境息民，固此后第一要务，然当此和议尚未告成，南北各自为政，主军者志趣虽同名义微异，如不主张自治，恐难趋一致。而事实障碍，恐亦有形格势禁欲罢不能之苦，万一部署误会，政客挑拨，破绽一生，险象立见。况军政既不统一，民政势必停滞，蜀民孔毒，何日复苏，此为对内计。就省外环境来看，北庭自皖系战败，奉直起而代之，曹张互竞，暗斗甚烈，对于川事，久置不问，今若北庭得坐收川省主权，诚恐滇黔虽败，残余尚能成军，而又无宿粮，非外竟无以自存，彼知川军形式参差，势必又诬川省为北庭辖境，伪托护法，整军反攻，祸害川民。唯有宣言自治，脱离南北羁绊，完全中立，若川省对南北既无偏见，或许南北对川省也无口实，彼此战祸或可稍纾。否则左牵右掣，稍一不慎，即引起南北之战，而川省再当其冲，劫余黎民，何以堪此。现南北政府，内容同一腐败，实力亦均薄弱，自顾不暇，哪里还能希望他们福佑川省人民。据两方政情推测，恐一二年内和议无成，战局再启，也是意料中的事情。川省若再偏倚南北，不急图自拔，一误再误，噬脐何及，此为对外计。就根本言之，中国改建共和，迄今九载，自治制度，犹未实施，有人认为此种共和，如建楼阁如云霄，毫无基础，等诸幻象。久已引为深忧，年来政变迭起，国内大势，中央之威信亦堕，地方之割据渐成。各省有识之士，大悟前非，遂因势利导，打破集权者的迷梦，顺应民众自决的潮流，变军阀的分裂为民意的分治。数月以来，湘人治湘，粤人治粤，苏人治苏，鄂人治鄂，自治之声，洋洋盈耳。察其趋势，自法治方面言之，以前地方权限，系由中央列举赋予，余皆保留于中央，以后中央权限必由地方列举赋予，余皆保留于地方。实为中国宪法史中，由单一过渡到联邦的一大关键。自政治方面言之，以前地方政治，悉仰赖于官僚武人，不知利害之切已。以后地方政治，务操持于民众自身，不甘暴弃以坐亡，实为中国政治史上，由阀族变为民治的一个新纪元。川省地大物博，富庶甲于各省，今幸外寇已去，内治可图，不于此时起而应之，力筹自治，以奠国基，以立民极，以谋经济文化的发展，以期公德群沾的养成，而犹欲徘徊于南北军阀间，乞怜苟活，岂非川人之羞。由此可知川人自治，为现时救川唯一良剂。[1]

议会成为川省最早倡导自治的团体，其原因在于此界议会的议员绝大多数

[1] “川省最近之自治呼声”，载《大公报》1920年11月29日。

为国民党议员。[1] 国民党的政治主张，渊源于清末革命时代的同盟会，以三民主义为中心思想。清末时，同盟会在中央与地方关系上主张联邦制，建立合众政府。民国建立后，同盟会改秘密为公开，标榜以“巩固中华民国，实行民

---

[1] 1912 年 8 月，同盟会联合其他五个政团改组为国民党。1912 年 12 月上旬到 1913 年 3 月，全国进行了第一次国会选举，国民党获得了参众两院 392 席，占议席总数的 45%，而共和、民主、统一三党所得议席总和只有 223 席。国民党取得大选的胜利。1913 年 3 月 20 日，宋教仁前往北京，在上海火车站遇刺身亡。宋案发生，全国震惊。孙中山认为袁世凯已经背叛了民主共和，决心重新举起民主革命的旗帜，推翻袁世凯，并主张以国民党人所控制的南方各省立即起兵讨袁。“二次革命”爆发后，南方国民党不敌袁世凯，“二次革命”失败。国民党控制的南方各省和军队全部丧失，孙中山、黄兴、李烈钧、胡汉民等流亡日本。袁世觊借口国民党议员与“二次革命”有关，遂于 1913 年 11 月 4 日下令解散国民党。

为了捍卫民主共和，孙中山认真地总结了“二次革命”的经验教训，认为失败“非袁氏兵力之强，实同党人心之涣”。指出国民党改组以来，“徒以主义号召同志，但求主义之相同，不计品流之纯糅。故当时党员虽众，声势虽大，而内部分子意见分歧，步骤凌乱，既无团结自治之精神，复无奉令承教之美德，致党魁则等于傀儡，党员则有类散沙”。孙中山还从经验教训中清楚地认识到“欲竞辛亥之功”，首要是建立一个比国民党纯洁、信仰一致、纪律严格的新的革命党。（参见《孙中山全集》（第 3 卷），中华书局 1984 年版，第 92 页、第 165 页。）

1913 年 9 月 27 日，孙中山在东京发起成立中华革命党，他亲手拟定入党誓约，吸收了第一批党员，随后组党工作全面展开。为了吸收党员，建立了通信机关，联络流亡各地革命党人。

1914 年 7 月 8 日，在日本东京筑地精养轩召开大会，正式宣布成立中华革命党。孙中山在大会上带头当众宣誓加盟，并就总理职。大会通过了《中华革命党总章》。随后发表了《中华革命党宣言》及《誓约》等文件，并任命了本部职员人选。总务部正副部长陈其美、谢持，党务部正副部长居正、田桐，财政部正副部长张人杰、廖仲恺，政治部正副部长胡汉民、杨庶堪，军事部正副部长许崇智、邓铿。党员人数最达四五百人之众。

袁世凯死后，黎元洪继任总统，《临时约法》恢复，召开旧国会，继续制宪。孙中山为表示他本人和中华革命党“息纷争，事建设”的真诚愿望和决心，由中华革命党本部向各地支、分部发出通告，宣布“今约法规复，国会定期召集，破坏既终，建设方始，革命名义，已不复存，即一切党务亦应停止。将来如何改组，有何办法，应征求海内外各支、分部之意见”。由于国会中国民党仍占多数席位，为了发挥国民党议员的作用，孙中山曾考虑恢复国民党名称。1916 年 10 月 13 日，他致函全国各同志，表示：“国会议员隶国民党籍者尚居多数，虽间有不健全之分子，但经此次变乱后，竭诚悔过者亦多。”“现弟为党务扩张计，应徇众议，为复党之准备。”（参见《孙中山全集》（第 3 卷），中华书局 1984 年版，第 333 页、第 377 页。）1917 年 8 月 30 日，孙中山发出通告，准备将中华革命党改组为中国国民党。但不久护法运动开始，改组中华革命党一事只好暂停。

1919 年 10 月 10 日，中华革命党正式改组为中国国民党。国民党前冠以“中国" 二字，是为了与民国初年五党合并而成的国民党相区别。13 日，孙中山以总理身份委居正为总务主任，谢持为党务主任，廖仲恺为财务主任。中国国民党总部设在上海，总理全党事务。关于将中华革命党改建为中国国民党的原因，邹鲁解释说，中华革命党成立以后，在“国外因居留国政府立案关系，仍然多沿用国民党名议。国内亦未明白：党已改组为中华革命党，原国民党员，不少还在本党旗帜下奋斗。是国外有名实不符之病，国内有实至而名未归之嫌。遂于 8 年 10 月 10 日正式通告，改名为中国国民党焉。加中国二字者，所以别于元年之国民党也。其性质，则元年之国民党，为五者所合并者。今之中国国民党，则中华革命党递嬗而来者也。且除中华革命党党员外，入党者仍须依章加盟，则二者更判然可明矣”。邹鲁：《中国国民党史稿》（第 1 册），第 287 页。

生主义”为宗旨，在其政纲中提出“完成行政统一，促进地方自治”。[1] 在中央与地方关系上主张单一制，实行地方自治。同盟会联合其他五个政团改组为国民党后，在其政纲中提出“保持政治统一，将以建单一之国，行集中之制。发展地方自治，将以练国民之能力，养共和之基础，补中央所未逮”。在中央与地方关系上主张单一制，实行省自治，反对中央集权。[2] 宋教仁曾言：“吾人谓今日之中国，中央集权制固不宜，偏重地方官治之地方分权亦不宜，谓宜折中。以对外的，消极的各政务，归之中央。以对内的，积极的各政务，归之地方。其地方制中，则尤注重于地方自治一途，使人民直接参与施行，以重民权。”[3] 国民党强调省制在我国已实行了数百年，已经成为政治上的重心，欲图谋国家政治的发达，不得不注重省制。它主张省长采用民选制。国民党的一些人还提出以政务的性质及施行的便宜为标准，把政务在中央与地方间进行分配。王宠惠在其所拟定的中华民国宪法中把省的事项分为四大类：省有权办理的事项，此类事项省议会得议决省内单行规则；可以按照政府划一法令办理的事项；经政府的允许才可办理的事项；受政府的委任而办理的事项。其中也规定了省长由省议会选举。[4]

宋教仁被刺后，国民党发动“二次革命”。“二次革命”失败，袁世凯解散国民党。孙中山于是在日本将国民党改组为中华革命党，中华革命党以推翻袁世凯为旗帜。袁世凯死后，国会恢复，孙中山于是停止中华革命党的活动，准备恢复国民党。此时的国民党系在国内的势力已经不同于民国初年，“二次革命”后曾经拥有的数省地盘全部丧失。国会重开后，中央政权被北洋派把持，国民党系对拓展地方势力非常重视。1919 年，孙中山将中华革命党改组为中国国民党，原来的国民党党员又加入中国国民党。

民国川省第二届省议会。第一届议员自 1913 年 2 月当选后，扣除袁世凯解散期间，至 1918 年已经届满。1918 年，四川“护法战争”结束，刘存厚被赶出四川，国民党势力全面控制川省。故于 1919 年选出的第二届省议会议员

---

[1] 张玉法：《民国初年的政党》，岳麓书社 2004 年版，第 176 页。

[2] 1912 年 12 月 21 日张继在南昌国民党支部演说，阐述国民党政纲，认为：“中央集权，万不可行……地方自治，须就一省着手……着手之法有三：一调查户口，二修筑道路，三研究卫生……至省长一事，本党主张民选。”参见张玉法：《民国初年的政党》，岳麓书社 2004 年版，第 178 页。

[3] 罗家伦：《革命文献》第 41 辑，（台北）“中央”文物供应社 1967 年版，第 271 页。

[4] 李国忠：《民国时期中央与地方关系》，天津人民出版社 2004 年版，第 34 页。

绝大部分为国民党员，其他党派如进步党、共和党的议员寥寥无几。国民党议员虽然又分为两派，一派与熊克武接近，一派与杨庶堪接近，杨庶堪可以说是孙中山在川省的代言人。而到了1920年时，孙中山已基本失势，而南方军政府取消，孙中山欲重建的南方政府还未成立，川省国民党整体失去依托，实行自治是国民党最好的选择，故南方军政府一宣布取消后，川省议会即首先于1920年11月1日站出来通电主张川省自治。

1921年2月10日，省议会通电，决定于1921年3月1日召集开会，讨论省宪问题，在省宪没有制定，所有自治内容没有明告全国以前，川省进行自治主要遵循以下4点：1. 四川省于中华民国合法政府未成立以前，完全独立自治，不加入南北政争，无论何种官吏，亦不受南北政府任命。2. 废除督军及类似督军之制度。3. 实行裁兵。全川军费至多不超过1915年度的预算。4. 民选省长。以为实现民治的开始，并宣布凡有违反以上4项内容的，人民共弃之。❶

二、川军将领宣言自治

省议会于1920年11月1日主张川省自治后，11月5日，刘湘与但懋辛两人牵头，在重庆会同川军各将领，商定解决川局善后办法6项：

1. 在国家未统一以前，本川人治川之精神，实行地方自治；

2. 在施行自治期内，暂由军政各界推选督军、省长，行使职权；

3. 厘定军队收束标准；

4. 统一财政，量入为出，除行政、教育、实业等项经费外，所余税款，由各军均匀分配；

5. 每年举行各军将领会议一次，商定应兴应革诸大端；

6. 积极筹备地方自治，在军事纠葛未结束以前，保持现状。❷

1920年12月13日，刘湘等将领又发出征询刘存厚、熊克武对四川自治的意见电。从理论和省情两个方面阐述川省实行地方自治的需要。认为“人民

❶ “四川省议会宣告川省自治内容电”，载四川省文史资料馆编：《四川军阀史料》（第3辑），四川人民出版社1981年版，第193页。

❷ 乔诚、杨续云：《刘湘》，华夏出版社1987年版，第24页。

为共和国之主体，自治实组织政治之精神”，中国必当“先有良好之民治，而后有良好之政府，必先有巩固之地方，然后有巩固之中央”。同时，川省地处西陲，交通不便，“以地理事实之关系，犹当保留地方特别政情，扩大人民自治权限”。“实行自治，情感利害无时不可商量，权利义务一律平等。使事事有公道之可循，人人得自由之发展，化一己权利之私，谋多数公共之利益。”同时，川省自治，能使川省脱离南北战争之旋涡，立自己于超然地位，调解双方纠葛，促成国家统一。最后，要求刘存厚和熊克武明白表示政见，速解川局，并联衔通电全国，以定川省施政方针。❶

故此电一发，熊克武立即回电响应。认为国家统一要完成，必先地方团体巩固。此为保持安宁自由的政治消极条件。而最终的目的，乃在鼓励人人具有创造力，以改进社会。故今日川省谋政治之革新，一面确定制度，一面即应让川省七千万人得以直接间接行使或参与前此少数人所专擅之政权。前者巩固国家之基础，后者实践民治之前提，而后一点尤为重要。大家此次能顺任舆情，主张正论，以发展自治为根基，不但能安定乡土，国家前途，实也靠它维系。❷

刘存厚作为北京政府任命的督军，自是赞成统一，服从北京政府领导；同时其自身实力不足，又得不到川军多数拥戴，需要北京政府为其撑腰。宣言赞同自治，无疑与北京政府决裂；反对自治，又与川省民众要求相违背。在当时川省自治声浪高涨的情况下，刘存厚亦不敢逆潮流而动，故当刘湘等将领就自治公开发电征询刘存厚意见时，亦不得不表面表示赞同，只是提出四点意见，要求大家考虑：一是联邦制度，外交权在中央，前南方军政府就没有得到西方国家的承认；四川自治，万一发生外交问题，如何解决？况且现在川边骚乱，如果牵动国防问题，四川能否独立支持？二是四川地处偏僻，各省主张不一，川省闭关自治，如各省封锁，今后兵工厂、造币厂所需原材料，如何购买运输？三是川省财赋，罗掘已穷，以后需饷，端赖盐款，川省自治，宣布脱离，军饷立窘，何以保障民生？四是滇黔近年多次假西南旗帜，侵略川省，现在虽然被打败，但唐继尧侵川野心不死，且南方军政府又将复活，如果滇黔趁川省

❶ “刘湘等征询刘存厚、熊克武对四川自治意见电”，载四川省文史资料馆编：《四川军阀史料》第 3 辑，四川人民出版社 1981 年版，第 183—184 页。

❷ “熊克武复刘湘等赞成川省自治电”，载四川省文史资料馆编：《四川军阀史料》第 3 辑，四川人民出版社 1981 年版，第 185—186 页。

自治孤立无援的时候，联合湖南、广东谋之四川，川省以何法抵御？除了此四个问题之外，自治政体，需要遵从民意，应先将自治问题向全省机关法团父老兄弟征求同意，然后由军界一致进行，这样才合乎程序，以便今后自治进行时，可以减少障碍。❶

刘存厚此电一出，川省反对声立起。首先是刘湘针对刘存厚提出的几个问题，一一通电予以反驳。❷ 而熊克武针对刘存厚的疑问，则是从宪法及时局两者立论，强调川省有不得不独立自治的理由。❸

面对川省自治呼声，刘存厚不能不有所动作，一方面通电催促筹备自治，认为共和国家以人民为主体，非提倡自治，无以促国家之进步。"不意民国建元，成规甫具，洪宪易号，迭被摧残"，刘存厚率护国军队，立志维持民治。后来一直蹉跎戎马，然耿耿未忘民治之志。现在川省外患已去，诚宜及时倡导民治。"前接渝中将领元电，即于铣日覆电赞成，并披露鄙怀，切商办理，以排除障碍。策勉前途，惟兹事体大，审核不厌精详，稍有未惬民情，即有妨于进步，即今日之川局，审现在之国情，应采何国法规，应取何种制度，并应若何组织，若何设施，庶几适合时宜，推行进利，除由厚敦请元儒耆宿，法学名家，恺劝绅民，催促筹备，迅速举办外，尚望嘉猷惠赐云云。"对刘存厚此番表态，有评论认为自治是人民共同的事业，不是少数人所能支配、所能包办的，只要将政权还诸人民，怎样进行，怎样惬民情，人民自然会共同酌定，无须踌躇，也无须少数人代谋的，所以刘存厚尽管在那里说筹备自治，究竟实际上有没有决心，还不能断定。❹

另一方面在成都设立四川省自治筹备处，召集成都少数团体理事，公推筹备处长，结果推定前清状元骆成骧为处长、前敌各军总司令部高等顾问李德芳、靖川军总司令部高等顾问朱大镛为副处长，由刘存厚函聘。但成都人士颇不满意，认为刘存厚此举有包办自治的嫌疑，虽无任何反对的表示，而一时物议、讥诮之声不绝于耳。骆、朱、李等人见势不妙，遂相属却步，不敢就职。

❶ "四川自治期成会向刘存厚提出七点质疑电"，载四川省文史资料馆编：《四川军阀史料》第3辑，四川人民出版社1981年版，第186—187页。

❷ "刘湘复刘存厚论四川自治电"，载四川省文史资料馆编：《四川军阀史料》第3辑，四川人民出版社1981年版，第189—190页。

❸ "熊克武与刘存厚论川省自治：解答刘存厚怀疑之电"，载《大公报》（长沙）1921年1月18日。

❹ "刘存厚之态度"，载《大公报》（长沙）1921年2月17日。

骆成骧、朱大镛致函刘存厚，表示有病难以就职，李德芳自然亦不敢就职。刘存厚亦见情势不佳，决意将筹备处取消。从表面看，似乎有主张自治由全省人民自办，军人不得包办且不得干涉的意思，并含有赞成废督的意味。

1920年12月30日，北京政府发表有关川事命令，特任熊克武为四川省省长，刘湘为重庆护军使。接着又对“四川督军刘存厚，着传令嘉奖。省长熊克武，特授以勋三位。重庆护军使刘湘，晋授勋四位。其余在此事出力的各将士，着该管院部查明功绩，分别呈请奖励”。[1]

但北京政府的人事安排却招致川省将领的不满。熊克武首先通电驳斥北京政府通电，认为他自己作为护法团体一员，此次不顾全体军民挽留，毅然解除四川督军职务，是因为护法中途夭折，他应该承担责任下野，对于护法主张，始终不渝。自从南北议和以来，他坚持正义，从未替自己谋取私利，而北方政府却以个人权位相许，虽经屡屡拒绝，却一直没有觉悟。这种情况固然是他德行未修、信义未立所致。然而如果认为他易为权位所动，当知他二十年如一日投身革命，即使粉身碎骨，也在所不辞，如何敢绳营权位，而污辱其清白。又何至以全省军民一再挽留而不顾，毅然辞职，而必以非法政府的任命和授勋为宠荣。这不但是不了解他的为人，更是对人格的污辱。川省此次仗义兴师，原为反对联军统治，保持川省自主资格，实现川省自治。川省将士所做牺牲，是为公理、为主义、为民众，而不是为私利、为党派、为少数人。这种牺牲虽然未加登记、奖励，然这种精神自足以永垂不朽。北方政府对于此次战争，究竟有何关系？又以何种资格来进行奖励？如果是将各将士认为是少数人的工具，想以非法权利利用他们，那么名义上是对他们奖励，实质上是对他们进行了诬蔑。是非法政府不但没有了解此次战争的意义，并且污辱了全川将士的人格。川省此次反对联军统治，更进而反对特殊阶层，民气如此激昂。近来一段时间，各机关法团要求独立的函电，多至不可胜数。刘湘、但懋辛两军长庚电，声明中华民国合法统一政府未成立前，川省完全自治。所以此次北方政府命令，在川省没有丝毫效力。川省认为护法统一，都是属于抽象名词，不能解决实际问题，不若根据事实自求解决方法。现今国家制宪问题，南方与北方都没有召集宪法会议的能力，不如直接由各省自制省自治根本法，以济其穷。今日各省割据的局面，南方与北方都没有打破的能力，不如由各省人民收回政权，直接推翻少数人专制，间接打破各省割据的局面。川省不为南北方左右袒护，

[1] 四川省文史资料馆：《四川军阀史料》第3辑，四川人民出版社1981年版，第235页。

也不对南北方敌视。对于各省，不仅维持亲睦的友谊，更要加强联络，使省与省之间的关系日益密切，或许他日联省建国，根据各省宪法以制定国家宪法，最终组织联省政府。❶

熊克武发电驳斥北京政府通电之后，1921 年 1 月 21 日，第二军军长刘湘又联名第一军军长但懋辛、第三军军长刘成勋，师长陈洪范、杨森、赖心辉、余际唐、何光烈、喻培棣、潘文华，旅长唐式遵、袁彬、邱华玉、刘文辉、张冲、蓝世钲、张成孝、李萼、邹有章、李树勋、王缵绪、傅常、胡家政、蒋福康通电拒绝北京政府任命电。在电文中，首先表示对于北京政府任命电，不胜骇异。其次阐述川省骇异的原因：一是川省自民国成立以来，一直遭受战乱，幸川省人民团结一致，驱除劲敌。于是川中将领一再召开会议，决定完全自治，以此安顿地方，促成国家进步。当此全川一致趋向自治之时，北京发布任命令，是直逆举国政治的潮流，阻碍川省自治。二是川省前被滇黔军队蹂躏，人们呼号不绝，南北双方不为川省人民苦难所动。北方政府且承奉滇黔，授唐继尧以川滇黔三省巡阅使之职。当川军战败，成都被围之时，没有听到北方政府西顾川省的艰难，加以救援，而是弃川省于不顾。当川省平定之后，北方政府却不问人心之向背，不体察地方的内情，随意以命令相加，不惜引起纠纷，是欲置川省重新陷入内乱之中。三是川人不计成败、不借外力，凭着七千万人的热情，力争省格。此等高尚纯洁的精神，应给予尊崇和爱护；而北方政府不加爱护和珍惜，只以官爵位置来操纵川军，似乎川人此前作战的目的，皆是为利禄名誉而来，这样对川军人格及此次战争所争取的正义的诬蔑，是川省人民所不能接受的。四是废督裁兵之声，响遍各地。川人本欲乘此时机，灭除兵祸，为天下倡。然而北方政府不收束军队，反而变本加厉，一省之中，设置镇守使 9 人，有些地方，甚至一道就有 5 个镇守使，一县一镇守使。不独地方难以负担，对名器也过于轻亵。此前川省兵额只有 5 个师，今各镇守使即使只领 1 个师，已较此前增加了一倍。此次作战，所部军人克著勋劳，总其所部一律与 9 镇守使同在，已有 10 余师兵力，几乎占全国兵额的一半，试问四川财力如何支撑？即使没有其他用心，利用名位操纵川省，必将挑起川省内部纠纷。最后诸将领表态：从前川人自立自救，现在决定以川人自力自治，不受何方支配，不任外力干涉，顺应潮流，尊崇民意，内以巩固地方基础，外以促进国家

❶ “熊克武驳北京政府通电”，载四川省文史资料馆编：《四川军阀史料》第 3 辑，四川人民出版社 1981 年版，第 236—238 页。

统一。只有中华民国合法统一政府成立后，川省方承认其命令效力。❶

三、社会团体对川省立法自治的主张

川省议会主张川省自治与川军将领通电川省自治后，自治潮流一触即发，各种自治组织纷纷出现。在川省当时出现了多个自治组织，如四川自治期成会、全川自治联合会、自治协进会、川江船民自治共进会、四川自治学会等自治组织。一些县城也成立了自治会，新都有“自治研究会”；荣昌、江津有“自治期成会”；长宁、庆符、高县、筠连、兴文等县成立了“自治策进会”；奉节、威远、南川、涪陵、合川、万县等县也纷纷建成自治组织。❷其他如川北善后会议、川东善后会议等组织。而在省外的川人也积极行动，如旅沪川人组织的旅沪四川自治期成会等。这些社团、组织成立后，纷纷参与各种自治活动，并通电主张自治。如四川工党开会主张自治，并派代表到省议会旁听自治案，同时通电各法团请一致主张。各学校学生，亦有组织从事自治运动者；成都亦成立自治会，并已开会一次，均主张加入自治运动。❸

在省内的自治团体中，对川省影响最大的当属全川自治联合会，该团体的前身是在重庆设立的四川自治期成会。1920 年 11 月 2 日，吴玉章邀集渝中各法团各界人士组织四川自治期成会，设办事处于夫子池教育会，并于当日正式宣告成立。同年 12 月，吴玉章宣告该会宗旨，即发起该会的目的主要在于“征集多数人意，草拟提出一种四川自治法草案，藉供大众采择”。因为川省要图长治久安，唯有自治。而自治以促成省法为先务。“邦人君子，如肯念乱日望人之我治，何如起而自治。尚冀即时就地创立斯会，务期吾川自治根本法早日制定实行，则吾人即可早日享有民治之幸福。”❹

四川自治期成会成立后，虽然其提出的该会主要任务是草拟一部川省自治法，以供公众采择，但同时它也在全省各地进行广泛的宣传教育，对川省自治活动提出自己的看法，对一些反自治的行为提出批评和谴责。针对北方政府对

---

❶ “刘湘等拒绝北京政府任命电”，载四川省文史资料馆编：《四川军阀史料》第 3 辑，四川人民出版社 1981 年版，第 238—240 页。

❷ 戚如高，潘涛：《张澜与中国民主同盟》，广东人民出版社 2004 年版，第 56—57 页。

❸ “川省最近之自治呼声”，载《大公报》1920 年 11 月 29 日。

❹ “吴玉章为重庆四川自治期成会草拟致各界、各法团、各学校、各报馆电”，载《国民公报》1920 年 12 月 7 日。亦载《四川文史资料选辑 · 第 2 辑》，四川省志编辑委员会 1980 年版，第 170 页。

川省的人事安排和嘉奖，四川自治期成会一面在重庆巴县图书馆开会决议致电熊克武等，劝其拒绝北方政府的任命，一面发表《四川自治期成会警戒北庭电》，对北方政府进行谴责。在谴责一文中，首先对任命省长熊克武、护军使刘湘等职位及嘉奖四川督军刘存厚等的行为，表示不胜惊异。认为四川自联合西南各省宣布护法自主以来，与北方政府久成对抗之局，南北双方在上海对等议和，早为中外所共见。虽军政府屡有变迁，而川省一直没有取消自主。上年唐继尧、王文华肇乱，川省为争人格，不惜喋血与战，乃驱除残暴，非依附北方政府而背离南方政府。刘存厚带领部队回川，也没有听到用北政府任命的督军名义，表明川省并不受北方政府统治。及客军出境，军政府解体以后，屡闻北方政府恳请前督军熊克武取消自主，而以督军兼省长相饵，熊克武没有为北方政府的名利所动，亦没有怎么样的结果，北方政府也知其命令不能行使于自主省份。等到熊克武一宣布下野，北方政府的命令立马而至，难道是因为熊克武强势，他在位的时候则自主存在，他解职则自主马上取消吗？川省自主乃是川人公意，非熊克武一人所得而私，川省的自主地位，不以熊克武去留为存废，则熊克武虽然离职，而川省自主地位仍在。试问北方政府以何资格在川省行使其命令？其次认为川省频年战祸，有一半是因为滇黔野心所致，有一半是因为北方政府挑拨所致。“刘罗”之役，由府院相争所造成；“刘戴”之役，由张勋以刘存厚为四川巡抚使所造成；护法之役，由段祺瑞以吴光新为长江上游总司令所造成。川省所创剧痛，难道还不能停止吗？最后表明自治是川省目前唯一的选择。现在北方政府所谋全国之统一，是全国人民都迫切盼望的事情，但北方政府既属非法政府，又无统一能力，西南诸省欲谋统一，其能力就更不用说了。而北方政府所辖数省，有一个能听其命令的吗？征一吏而不能，置一官而不得，分崩离析，祸已烈于藩镇。举国人民痛惜国家发展的艰难，知道只有倡言自治，健全地方以图自保，然后再图全国统一。以致独立自决废督裁兵之说，无间南北，风动一时。这是因应时势要求的结果，非人力所能阻遏。川省自省议会主张自治以来，全省景然从风，复以督军制不合时，咸思废去。熊督解职，一以自践前言，一以促成自治，文电俱在，其意甚明。[1]

四川自治期成会自成立以来，虽然对自治运动促进最力，发出很多有关自治文电，但该会会员，认为该会没有什么具体的办法，难有较大的作为，于是决议组织全省自治联合会。1921 年 1 月 30 日（星期日），该会假重庆川路轮

[1] “四川自治期成会警戒北庭电”，载《大公报》（长沙）1921 年 2 月 4 日。

船公司开会。是日至渝赴会者有20余县，各县代表30余人，四川学生联合会会员10余人。会议决定了该会今后的名称，同时决定以四川学生联合会地址暂作自治联合会筹备处。接着又推定各部职员：总务部由吴玉章、杨子培、李正矩及学生联合会全体担任；文事部由刘泗英、秦树风、罗子方、黄武子、邓懋修、周文钦担任；交际部以到会全体人共同任之。同时又发出传单，定期2月3日，仍假川路轮船公司开紧急临时会，筹议关于自治各事务。❶

在筹备全川自治联合会期间，发表了全川自治联合会宣言，表明该会促进川省自治的决心。宣言从自治原因、自治理论、自治作用三个方面进行阐述。第一个方面是强调自治是川人解决目前困境的唯一方法，也是川人的共同声音。川人创痛巨深，老弱逃亡无门，壮者散之四方，士、农、商、贾，无人不在水深火热之中，当前解决此问题的唯一办法，"唯有自治而已"。实行自治，已经成了当下川人的一致呼声，无论农人、小康之家、商贾等莫不认同。

第二个方面阐述自治的基本理论。"人之初生，本为自由的自然社会，无所谓人治。其后，生齿日繁，人事日纷，往往有逞一己自由、妨害他人自由者，不能不有所限制，于是制约国人之自由，当以不侵他人之自由为限。而虑其无以昭信守，乃各将其权利让与人群，组织一种道德的及聚合的团体，以行社会的制裁，而维社会的秩序。以群众之力还制群众，在道德的劝勉者为礼仪，在强制的劝勉者为法律，所谓礼尽未然之前，法施已然之后是也。"❷ 自卢梭创民治论，民治主义遂深入人心。世界次第革命以力图恢复民权及自治权，如法国1789年、1848年、1871年三次革命，不惜绝大牺牲皆欲恢复自治，实行民主主义。中国受此潮流影响，亦推翻数千年专制制度，而建设共和，期待可以恢复民权，实行自治。而少数独裁者却动以民智民德未开，认为天下事宜以少数人操其权，强多数者以服从，然后可收整齐划一之效。强调主权宜集而不宜分，这是一种倒行逆施之论。社会之进步，必有待于少数贤且智者提倡而指导之，不独中国是这样，所有社会皆是如此。然国人生于今日，非用激进主义，将无以与世界之文明同进。而以大多数人的愚蒙，如果没有少数贤且智者为扶掖，必不能以自达。从前那些诋毁革命的人，谓人民程度不及，故非实行专制不可。但专制未去，人民的程度必无由进。现在专制被废除了，人民的程度可以有进步而逾上的机会。但前面论者之言，不过易一人之专制为

---

❶ "四川自治运动之进行"，载《大公报》（长沙）1921年2月20日。

❷ "四川自治运动之进行"，载《大公报》（长沙）1921年2月20日。

少数人之专制而已。不意为革命所流的鲜血，乃为此少数人溉其强权。且少数者使用其强权，又以为平民谋幸福为其借口。一旦大权旁落，窃据频兴，则人民流转哀号而无告，政府则风雨飘摇而难存，全国悉陷于无政府状态，这就是现今中央集权、少数人专制所造成的后果。

第三个方面说明自治的作用。“惟自治乃可以脱南北旋涡；惟自治乃可以免客军蹂躏；惟自治乃可以肃清盗匪；惟自治乃可以整理庶政；惟自治乃可以改良经济；惟自治乃可以普及教育；惟自治乃可以振兴实业；而地方分权，全民政治之实现，亦将以此肇其端。”“愿合全体人民，求人类最大之幸福”，“力以赴之，百折不挠，以期有一日之效。区区此志，愿共勉之”。[1]

1921 年 4 月 3 日，全川自治联合会在重庆总商会成立。各县代表百余人、中外来宾及各界群众千余人出席。熊克武、刘湘、但懋辛、张澜和湖南省代表欧阳振声先后在大会上做了讲话，吴玉章作主题发言。[2] 主题发言内容主要包括以下几项：

一是报告该会性质：（1）该会是一种人民自动、有系统、有办法的群众运动。这种性质不但是空前的、破天荒的、不特为川省历来所无，即以中国全国论，亦属创举。因为该会最初由少数人自由倡导，以人民公意，谋人民幸福，其形成不受何种命令，不受何方驱策，自然地结合而成一坚牢的团体，既非某人一手一足之劳，又非谁用权用术所致，乃人民有理、有知识、又合乎时势的要求。这种自动的精神，非任何势力所能强迫。（2）该会有组织有系统。该会由各县法团，或各乡村及各团体的代表或推出的代表所组成。（3）该会以人道主义、世界主义为最大多数人谋最大幸福为宗旨。（4）该会不尚空谈，切于实用。

二是宣读该会的 12 项主张。强调川人饱经患难之余，才意识到非自觉自治，无以保现在之生存，图将来之幸福。该会誓当竭其愚诚，以社会民生主义，实现下列主张：（1）创立联省制度，实行职业的全民政治。（2）主张男女平权，实行直接的普通选举。（3）废除现有军制，实行划一的编练民军。（4）扫除司法弊害，实行切实的保障人权。（5）力谋教育普及，实行免费的义务教育。（6）制定累进税率，实行公平的分配负担。（7）力图发展实业，

[1] “全川自治联合会宣言”，载四川省文史资料馆编：《四川军阀史料》第 3 辑，四川人民出版社 1981 年版，第 194—197 页。

[2] 谢增寿编：《张澜年谱新编》，群言出版社 2011 年版，第 74 页。

实行协社的平民银行。(8) 组织各种协社，实行经济的互相扶助。(9) 减少无业游民，实行适宜的强迫劳动。(10) 制定保工法律，实行公共的保险救恤。(11) 设立劳动机关，实行工农的改良补助。(12) 组织职业团体，实行坚牢职业组合。

除了全川自治联合会外，其他团体如川北善后会议，亦在当时发挥了重要影响。该会议组织是张澜为响应全川自治联合会的主张，在南充成立的有 24 县代表参加的川北善后会议。张澜被推为会长，卢廷栋任副会长。会议要求尽快改变军治现状，给人民以真正的自治，呼吁人民，如不裁兵，即不纳粮税。1921 年 4 月 16 日，川北善后会议发出主张裁兵通电，认为川局善后的先决问题，首在裁兵。如兵不裁减，不但自治成为空谈，而且民众也无法生存。最近三年以来，军队在川北地方搜刮财产，除正副税外，有所谓预征，而到时又不准抵纳；有所谓款垫，而实际上从未见过有归还的；有所谓有奖储蓄券、有奖公债等，实际上是变名巧取强夺；有估提附加税项，使地方各行政停废的；有变卖官产公产，并定高价勒人承买的；有变卖常社各仓义积谷等，使数百年备荒储蓄，裁尽一空的；有临时勒筹军饷，每次数十万或数万，每年数十次或数次的；有借端勒索，倾人之家，逼人至死的；有强种烟苗，先征重税，一县逼纳至百余万的；有所谓亩捐、门户捐、粮秣捐，并不分别贫富，而只令按亩按户出银的。至于其他种种刮钱之法，更是难以数清。这些都不是正式军队而是土匪所为。但土匪被军队赶走后，这些费用仍然不可能停下来。今天来一令，饬筹饷八万，明天又来一令，饬筹饷十万。一县之地，数师军队争驻；一日之税，数师派人争提。驻在本地的旅团营长尚未取足，而远在外地的军长师长又复严征。最近在遂宁征局成立川北筹饷处，1921 年、1922 年等粮税已经预征抵垫的，作为悬案，无人理会，又从 1921 年 3 月 1 日起，重征 1921 年粮税。养兵不清乡，又令各县加筹清乡费，以川北最贫瘠的地方，犹尚如此，其他地方则可想而知。实则征敛重的原因是由于兵多，非实行裁兵，人民断难苏息。最近半年以来，全川军队多至二十余师。天天喊要裁兵，实则裁减别人的兵而增加自己的兵。天天严令禁止招匪，实则归附自己的就不认为是匪。天天宣言自治，实则只见军治而不让人民自治。最后忠告军人，请各就所部，即日切实裁汰，至多留五师左右，或先尽快以枪数为标准，以符前日宣言裁兵的本意。若仍拥众自大，以人民的生命财产供军队的刀俎鱼肉，是军队既不以人民为人民，则人民固不当以军队为军队。自今以后，不惟一切估派勒捐之款，概不承认，即人民应纳一切粮税，久已预征，勒取无余，当然不能重纳，即将来扣还清楚时，亦各截留各县各乡，用来作为振兴团练的费用。只有等军队裁减之后，始能继续完纳捐税。养兵本来用于保卫人民，如养兵反而成为民害，则不如不养。❶

1920年11月，在京川人周昌鸿、罗承烈、何恩枢、范复诚、刘纬、舒启元、孟寿椿、李文熙、鄢祥禔、肖湘、罗纶、傅平章、周世伟、鲁若曾等134人联名通电，主张川省自治。❷

电文首先强调川省自治乃时代潮流，即“表现今日之时代者，厥为民治之精神。潮流所趋，大力莫抗”。中国前亦曾顺应世界潮流，将延续了数千年的专制政体推翻，建立了人民共享幸福的共和国。然而共和国建立九年以来，祸乱相寻，民生憔悴，国本动摇。所得结果实在与人们原来建立共和的期望相反。辛亥之后，川省首先发难，到今日受祸最深的，莫过于川省，推究其原因，固然是军阀专横，兵匪肆虐所造成，而川省民众放弃公权，不关心国家大事也是原因之一。当今垒卵之秋，为亡羊补牢之计，川人果欲解除纠纷，及时修养，求永久安治，实现民治，舍川省自治外，没有其他道路可走。其次阐述川省自治的理由：

一是当前形势所需。认为中国国体虽号共和，然大权实集于少数军阀之手。军阀之间攘夺私利，动寻干戈，以致数年来政变迭兴。全国既有南北两政府的对峙，南北两政府内部又各自存在部分分裂。中央威信扫地，地方割据分裂。中央集权的后果，大家都已看到。国人痛定之余，思解决的良方，遂欲因势利导，借武人地方割据分裂的现状，实行地方自治，求得民治的实现。地方自治，既有法理依据，又有现实的必要。从法理而言，共和国家的主权在于人民，中央政府的基础在于地方，故中央一切权限应由地方列举赋予，地方自治的权限不应由中央规定颁布。从事实方面来看，中国幅员辽阔，各省风士亦异，如欲强行置各地方人民于一种制度之下，其扞格而难行可想而知，故不如由各省区各自制定一种自治法规，实行自治。军事、外交及关于各省公共利害的事务，交归中央处理；省内事务的管理及设施全由各省人民自主。如此则对外可保存国家的强大，对内亦不失统一的形式。今自治潮流汹涌澎湃于全国，而川省正陷溺于水深火海之中。川人如尚不于此时顺应潮流，幡然变计，力图

---

❶ 龙显昭：《张澜文集》，四川教育出版社1991年版，第44—45页。

❷ “旅京川人主张四川自治意见书”，载四川省文史资料馆编：《四川军阀史料》第3辑，四川人民出版社1981年版，第200—204页。

自治的良方，而是听任少数人的宰割，则将永远无见天日的时候。

二是川省介于南北之间，为双方所争夺。川局当政者时而托命中央，时而附和护法，或南或北，徘徊莫定，一误再误，民不堪命。今惟力图自治，或可避免前此所遭遇的祸患。何况现今川中领军诸将，咸属川人，前此兴师，大家激于义愤，虽信誓旦旦有不争权利之宣言，而牵于事实辄无具体的规划。如不主张自治，即使大家想要从此共济前途，泯然无间，亦难以实现。

三是四川素称天府，然兵灾之下的川省实等同于地狱。从川省财政来看，每年收入实达三千万两以上，以如此巨额的收入，而在教育、实业方面的支出，不过三百万两左右，且大多数时候无钱停搁。军费支出最多亦当不出一千二百万两，所余之款既未解送中央，究竟用途如何，人民不得而知。从吏治来看，则贪官墨吏，随在皆有。民众的脂膏被吸尽，而官吏的贪婪无穷。吏治腐败，司法不独立，往往使不法之徒逍遥法外，而良善反遭冤狱。长此以往，川人的生命财产无从保障？且教育、实业为立国的基础，按清末预算，全省教育经费四百七十余万元，学生名额就中央统计，当时实达四百万人，学校数目亦为全国之冠。实业自设立专司以来，经费日事扩充。最近征收中资捐，每县收入数千元至三五万元不等，以为开办实业之用。今考其实，校舍占为营房，学款挪作军费，以致各地学校或停或废，其成立者不过1/5。实业亦徒有具文。坐视数百万青年失学，百业凋敝，言之可为痛心！至于各县积谷至少均在五百石以上，多至千石，今均被卖罄。其善堂、三费、恤孤、育婴各局亦俱撤销无遗。设有凶年，何以备饥馑？以上诸端，非人民自治，利害切己，不足以扫除积弊。

故自治即为顺应时势的要求，又为挽救川局危机的唯一良方。虽然自治事宜，千端万绪，但目前应该进行的，主要是以下几件事：

一是废督裁兵。督军制度各国皆无，中国设立此制，源于袁世凯立意自私。此制既破坏国家军事统一，又为南北分裂创造条件。督军大权在握，举凡一省之行政、司法、财政、教育、实业等，无不在督军掌握之下。势利之人，无不觊觎此位。以致兵连祸结，举国沸腾，而四川受督军之祸最深。故在今日民治时代，绝不容此种制度尚有存在的余地。督军制一日不废除，则人民一日不得安宁。督军既废，则其拥有的军队自应亟谋裁汰，以减人民的负担。清朝时，川省军队仅有巡防三十余营，清末改编为陆军时，亦只有一镇的规划。1915年川省军队亦限于二师一混成旅，1916年仅扩充至五个师，1919年增至八师。今则动以二十师计。以之保卫国家则不足，以之扰乱地方则有余。川民虽愚，也不会出血汗之资，养兵害己。纵然借口省防的必要，然现今滇黔败归，边防情况，与过去完全不同。故军队亟应裁汰，至多亦不得超过1915年时二师一混成旅之数。至于如何裁汰，或者由地方公吏执行，或另组裁兵委员会均可。总之自治运动重在裁兵废督。而自治运动能否成功，亦专视二者为转移。

二是不许客军留驻，并不许他省干涉本省一切民政。川省近年受客军蹂躏，创巨痛深。以后无论何方军队以何名义，均一概严予拒绝。协饷名目，亦应取消。一切行政由全省人民完全自主，不受他省的干涉。

三是自动的自治。政治的轨道，不外由上而下与由下而上这样两种道路。前者为被动的，后者为自动的。今日川省要求的自治即为后者，既无待于中央颁布自治章程，亦不受任何方面的操纵利用。惟本自决的精神，以从事于根本的组织。

四是广义的自治。自治范围须为广义的，实业、教育诸事当然由地方处理。民团编练，地方有绝对自由。捐输津贴统归地方自治经费。

五是彻底的自治。既本自下而上的精神，当自乡镇自治开始，以推行于省自治，然后自治的基础可得巩固。

六是全民自治。一切行政、立法、司法人员悉由人民普选。被选人不称职时，人民行使召回权。关于全省重大事件，人民有复决权与提案权。这些事项，本为人民当然的权利，但鉴于往昔军阀专权及防止今后劣绅的操纵，故在这里特提请人民注意。

在省外的自治组织中，旅沪四川自治期成会多次通电赞成川省自治。在旅京川人通电赞成自治后，旅沪川人立即响应，电旅京同乡会赞成川省自治，并于1920年12月30日致电川军将领赞同川省自治。认为川省自治主张，符合其组织宗旨。川省自民国成立以来，内忧外患，无一年能得安宁，其根本原因都是南北两政府所造成。南北两政府所争的就是少数人的权力，对川省七千万人的苦难无动于衷，实在让人寒心。中央集权，是当权的野心家所极力主张的一种制度。这种制度无视地方人民的意愿，实施的最后结果必定遭到失败。从袁世凯、段祺瑞等实施来看，无不如此，最后将整个沦丧于国将不国的地步，实在让人痛恨。熊克武与刘存厚联手，肃清滇黔客军，对川省来说，功劳很大。如果二人能继续同心同德，消除意见分歧，共同着力于川省治理，四川局势，就可稳定下来。如果有人只争个人权力得失，不顾民众的安宁，一旦内政混乱，外敌即会入侵，川省就会又一次大祸临头，前面所做的一切将会尽付诸东流，这是当前极让人忧虑的事情。所有这一切利害所关切的，都以地方自治为中心。此前的川滇战争之所以取得胜利，客军得以驱除，桑梓得以捍卫，关键在于各位将领互相团结，同心戮力所致。前不久的重庆会议，大家以极高的政治觉悟，解决川省如何治理的难题。现在既然已经安宁，外敌便无从入侵。地方如能自治，全国统一即指日可待。他们远在外听到这个消息，无不感到高兴或钦佩川军将领。希望诸位将领继续努力，团结向前，如有敢破坏川省大局者，愿意与诸位共同声讨，同时也愿意与川省全体人民联合起来，以发展平民自治的精神，实现平民自治的幸福。❶

第三节 南充地方立法自治的实践

正当川省上下一致努力推动川省自治时，南充却走在了川省其他地方前面，率先立法实行地方自治。南充地方自治立法及自治的实现，与当时住在南充的川省名流张澜❷有着直接的关联。张澜早年留学日本，回国后，主要从事教育。曾被选为民国第一届国会议员。1914 年 1 月袁世凯解散国会，张澜回到南充，与地方人士一起创办南充实业学校和果山蚕桑社。袁世凯称帝，他响应蔡锷的讨袁活动，联合驻南充的川军混成旅旅长钟体道起而反袁，成立川北护国军总司令部，钟体道任总司令为，张澜任政务长。护国战争结束后，张澜被任命为嘉陵道道尹。1917 年 10 月，被北京政府任命为四川省省长。1918 年“靖国之役”中，刘存厚失败，退出四川。张澜作为北京政府任命的省长随刘存厚离川，在京设四川省省长行署，至 1920 年 9 月为奔母丧返回南充，年底

❶ “旅沪四川自治期成会致川军将领赞同重庆会议自治主张电”，载四川省文史资料馆编：《四川军阀史料》第 3 辑，四川人民出版社 1981 年版，第 204—205 页。

❷ 张澜，字表方，四川省南充县人，生于 1872 年 4 月 2 日。自幼随父读书，1894 年中秀才，1897 年补廪生，1902 年到成都尊经书院学习，1903 年被选送日本留学，入东京弘文书院师范科，1904 年因发表要西太后退朝还政于光绪的言论被清驻日公使送回国内。由此开始了他毕生从事的教育事业与政治生涯，历经清、中华民国、中华人民共和国三个不同时代，当过学校校长、国会议员、省长、国民参政会参政员、中国民主同盟中央委员会主席、中华人民共和国中央人民政府副主席、全国人民代表大会常务委员会副委员长、中国人民政治协商会议全国委员会常务委员、副主席等职务。参见王桧林等编：《中国通史 · 第 12 卷 · 近代后编（1919—1949）》（下册）第 2 版，上海人民出版社 2013 年版，第 1029 页。

卸省长任。

一、张澜对川省自治的主张

当熊克武面临南北复杂形势，不知何去何从时，即电张澜，询问川省善后事宜。[1] 张澜认为，川省迭次祸乱，没有一件不受到北京政府的影响，如要解决川事，必须先明了当前大局情形。早年南北之争，如今已变为徐世昌派与段祺瑞派之争。广东岑春煊、陆荣廷与徐世昌联盟，而孙中山、唐继尧与段祺瑞联盟，南方势力随北方而转移。陈炯明得浙江、福建之助而攻取广东，刘存厚回川而滇黔军迅速退出川境，就是一个很明显的证据。虽然直皖战争将段派在京势力铲除，但西北的四川、陕西、甘肃三省都督，东南的浙江、福建二省都督，湖北张敬尧、吴光新的旧部，安徽倪冲之的旧部，都是段祺瑞一派的势力，他们想要报复徐世昌的想法，没有一天会忘记。只是其刚刚失败，只得暂时潜伏，以待时机东山再起。将来只要有机可乘，徐世昌与段祺瑞二派之间的战争必将出现。徐世昌倚靠张作霖和张勋为左右臂膀，一味助其发展势力。现张作霖占据东三省，又以重兵屯据北京，野心极大。直皖战后，奉直已有间隙，且直系势力全在吴佩孚掌握之中，而吴佩孚主张废督裁兵，实行民治主义，与张作霖所持主义相对立，同时与徐世昌所主张的官僚政治也不相容。如果段派再从中挑拨，南方此时无所作为，则奉直之战为时不远。现今北京政府主要为亡清的官员、洪宪帝制的余孽、复辟闹剧的罪魁祸首所占有，而权力则集中于二三武人之手，这些人把持大权，违法乱政，早已威信扫地，民心尽失。总统命令，如果没有征得督军同意，则其效力不能出于都门。总理组织内阁，如果没有数省督军拥护，无论贤良与否，皆不能登台。政府统治的根基，极其脆弱。在当今民治主张得到多数拥护、民众觉悟不断提高、人民自决之声和省区自治潮流高涨的情况下，估计不用三年，中国必将发生大的政治变革，出现军阀官僚政府与人民的战争。

国家大局形势如上所述，而回顾川省，张澜认为虽然滇黔军队已退出川境，但各军、各师、各旅、各支队等，仍然将川省割据为支离破碎的局面，就现在的形势看，无论谁来做督军，都无法收拾川局。其原因有三个方面：第一

---

[1] 张澜："与熊克武论四川自治书"，载四川省文史资料馆编：《四川军阀史料》第3辑，四川人民出版社1981年版，第5—7页。

个方面是川军势力明显分为两派。从川军几年来活动情况看，一部分川军朝秦暮楚，早晨才跟着甲方，到了晚上就跟着乙方了。今日服从乙的领导，明天就改服从丙的领导了。所以要收拾川局，必先收束军队。而在两派对立的情况下，逃墨归杨，想要加以收束，势必不能实现。第二个方面是川军名义上有20多个师，然每个师的实力都非常单薄，而且意见不统一。不管谁做督军，其确实可靠的军队，都没有多少，难以作为必要的制裁一切的基本力量。第三个方面是川省军人当头的欲望非常强烈，常常是才担任团长，便想做旅长；才做旅长，便想要做师长；才担任师长，更加想做督军。每个人都在觊觎更高的官位，于是便各自拼命扩充势力。而担任督军的，由于实力单薄，无力进行制裁，于是只能敷衍迁就，听任各部分川军所为。国家大局形势危如累卵，而川局形势也如此糟糕。当今政府对川省事务的管理，无非是决定谁担任督军、谁担任省长而已。而担任督军省长的人，又无非是希望与北京政府的某位重要人物拉上关系，借此以巩固自己的地位。今暂且不论川局是否纷乱难以收拾，即使各部川军勉强服从领导，地方也暂且能获得安宁，只要国家大局一旦变动，则川省必定会受到影响，而战乱必将发生。故就张澜个人意见来看，川事如果不能找到根本的解决办法，而只去争夺督军位置，或依赖北京政府，这些都不能解决川局问题，也不会对个人有利。

张澜强调根本的解决方法就是四川对外独立自治，对内废督裁兵，实行民治。若四川为独立的自治省，则无论南北两政府或徐世昌、段祺瑞两派，无论他们之间再有什么事，川省不至于受到牵连。废除督军职务，则川军内部争夺的目标没有了；裁减兵员，则民众的困苦可以逐渐减轻；实行民治，则地方的实业可以得到发展，尤其不会受到全国政治革命的影响而致四川复起动乱。更何况中国的统一，早就被北京政府所破坏，川省自治，完全具有正当理由。从四川近几个月的情况来看，那些称督军、称川军总司令、称兼总司令的，他们所管辖的范围，都只是他们直接领导的少数军队，哪里能谈得上是真正的四川督军。同时实行民治的主张日渐高涨，督军一职不可能长久存在。实行民治，在今日来说已经没有什么疑难，如果不赶紧实行民治，那些主张社会主义的过激分子，必将出现而先之于民治的进行，各地方将不免更加扰乱。故与其拖泥带水，贻误川局，不如快刀斩乱麻，将所有纠纷一齐解决。

最后，张澜寄语熊克武，以后如能训练所辖各师长官，让官兵明白自己也是人民中的一员，成为扶助民治进行的军队，则民治的基础必将巩固，军队也将成为有主义的团体，专以靖乱制敌，而不会再有骚扰人民以及叛变之事发生。这时候就需要一面联合川军将领中志同道合的人，通电全国，主张川省废除督军，民选省长，实行地方自治，一面督率所辖各部川军，为地方靖匪安民，先做自己力所能及的事。如能这样，则将军有一天必将名震全国，川人也将心系将军。

从川局事后的发展来看，张澜对形势的分析可谓非常中肯。他的话对熊克武主张川省自治应该说起到了积极推动的作用。

二、拟订《四川南充县暂行自治大纲》

张澜认为川省要自治，首先要从地方开始着力进行，而川北南充可以作为一个实验地点，将来取得成功经验后，再推广到其他地方。于是张澜于 1921 年 1 月 20 日在南充与绅、学界发起成立南充自治筹备处，公推县绅盛克勤为筹备处主任，并推定胡汉民、何先觉等 12 人为参议员。同时派邹有章等 10 余人，驰赴各邻州县及成渝各处，与各方面接洽，运动联络一气；又选派演说员周秩宗等 24 人，除每日在筹备处召集人民随时演说自治大纲外，并赴各乡场镇发表演说，以提高人民的自治意识。❶ 同时创办了《民治日报》周双刊与《实业半月刊》，宣传自治知识及自治新闻稿件，发展县乡实业。每期赠阅日报 400～500 份。❷ 除此之外，改组南充县各事业机关，选出新任负责人为自治筹备员。开办川北地方自治讲习所，邀请吴玉章讲地方自治理论，宣讲全川自治联合会的宗旨和纲领，强调实行地方自治对改良经济、普及教育，振兴实业、反对军阀专制的重要意义，并将南充地方自治经验在川北推行。

1921 年 3 月，张澜根据各地代表关于自治的意见，拟订了《四川南充县暂行自治大纲》。大纲共 22 条，取职业团体主义，实行议事、执行二权分立原则。

首先规定自治大纲制定的目的在于图人民之福利，奠自治之基础。即通过宣传民治主义，使普通民众都产生参与政治的兴趣，并了解个人与国家之间的权利义务关系；废除社会、事业方面存在的首领制度、阶级制度，使人人有自由发展本能的机会，以养成健全之人格，实现人的自由发展；提倡劳动主义，使人人有独立生活的能力；发挥互助精神，使社会有秩序地公平地进步；实施平民教育，使人人有足够的知识，以为实行民治的基础；振兴地方事业，实现

❶ “四川自治潮流波动之地方”，载《晨报》1921 年 3 月 15 日。

❷ 四川省南充县志纂委员会纂：《南充县志》，四川人民出版社 1993 年版，第 762 页。

社会经济发展。要实现上述目的，从事社会各行职业的人必须组织成社会职业团体，通过实行普通选举和直接选举，产生地方自治委员会，以议决并执行地方自治一切事业。

职业团体划分为教育、农、商、劳工四类。教育团体包括县教育会、市镇教育会，以从前自治区域为范围。其成员包括公私各级学校的教职员、中学校以上已毕业和未毕业的学生、曾任教育及其他从事于教育的研究者。农业团体包括县农会，市镇农会，以从前自治区域为范围；村农会，以场为范围，场区过大者得因地势之便利分区设之。其成员组成为土地农、自业自耕或佃耕作者。商业团体包括县商会，市乡商会，以从前自治区域为范围。其成员包括资本商——以商店主人而自行营业者或应用资本而雇人营业者，雇佣商——以受雇或代理他人营业者。劳动团体包括县劳工会，市乡劳工会，以从前自治区域为范围；村劳工会，市乡以外，得于各场分设之。其成员构成有：工人，包括资本工和雇佣工，即以工厂之主人而自行工作或应用资本而招人工作的资本工，以工作劳力取得报酬的雇佣工；劳动者，包括没有固定劳动的力夫一类以及有固定劳动的雇工一类。各团体之组织，另以专章规定。

自治委员会组织包括议事部和执行部。议事部以议员 15 人组成，县自治议员名额分配为教育会 4 人、农会 5 人、商会 3 人、劳工会 3 人。凡年满 20 岁以上的各职业团体成员，除患精神病及被夺公权或停止公权者外，皆有选举权。凡年满 20 岁以上的各职业团体成员，除现职军人、在校未毕业的学生、失财产信用者、有嗜好者外，皆有被选举权。议员有非法行动时，得由原选举团体正式投票撤回另行选补。

执行部由执行部委员长、教育股股长、实业股股长、财政股股长、内务股股长、总务股股长、审计股股长组成。自治委员会议事部议员由县属各职业团体分举若干人组成，议事部委员会成员议员互选确定。自治委员会执行部委员长，由县属各职业团体选举产生。自治委员会执行部各股股长，由执行委员长就县属各职业团体中分别提出，由议事部议决；议事部不同意时，得分别另行提出。凡提出的各股股长，不得兼任议员。各股股员由各股股长就各该职业分别提出，请执行委员长核定。执行委员长认为不适当时，得由各股股长另行提出。各职业团体 1/5 以上的成员，认为执行委员长所提出各股股长及各股股长提出各股股员有不适当时，得分别要求另行提出。如因前项发生争议时，股员由议事股部开会解决，股长由各该团体开全体会议决定。

议事部的职权包括：建议及议决关于地方自治事项，交由执行部执行，并监督执行；关于各项事业的重要议案，应先向执行部及各职业团体咨询意见。审查执行所属各机关之预决算。

执行部的职权有：（1）执行部依议事部所议决之事项而执行之。（2）执行委员长提出关于地方事业应兴应革之议案，交由议事部决议，并得派员列席，但不得参加表决。（3）执行委员长有指挥并监视各股职员之权，如所属各股职员有溺职时，得撤换之。（4）各股股长有指挥并监视所属各股股员之权，如各股股员有溺职时，得商承委员长裁销之。（5）各股员对于所任职务各负其责。

执行委员会议由执行委员长及各股股长联席召开，由委员长主持，委员长缺席时，由首席代理；关于执行部各股权限，或进行上有争议时，由执行委员会决定。县属各职业团体提出关于该职业范围内的议案，议事部必须以之付议。此项议案开议时，提案者得派员列席，但不得参加表决。议事部议决的议案，执行委员长须于10日内公布。执行委员长对于该议案不同意时，得交还议事部复议。如议事部仍执前议，得由委员长分别付各职业团体开全体会议解决。

已举办的自治事业，视其内容及办理之必要，酌定合并或分设；未举办者的视社会需要及经济状况，分别次第增设。自治事业经费包括：公款公产、地方税和公益捐。各款已筹定者，仍照原案征收管理。新筹者，须经议事部议决交由执行部执行。❶

《四川南充县暂行自治大纲》作为南充县自治的一部根本法，它的制定和实施对川省自治具有重要的示范作用。它的民主制度构建也相当具有特色，即它将选民组织成各个职业团体，由各个职业团体各自选出代表，组成自治委员会。这种选举办法相较于普选而言，具有成本低、效率高的特点，而且这种职业团体制也便于保障职业团体成员的权利，有利于制约公权力。这种制度在民众对民主政治一片茫然、民主政治素质较低时，它具有相当积极的作用。且民主政治的发展既具有历史性，也具有阶段性。人人一票的普选民主虽然很美好，但实施的条件也是相当高的，它要求民众普遍具有较高的民主政治素质。职业团体选举民主制的弊端在于，不是每一个人都会加入职业团体，而且这四种职业未必能将当时所有的职业概括，因此，实行这种职业团体选举制势必会剥夺很多人的选举权和被选举权。这种制度相较于清末的《城镇乡地方自治章程》《府厅州县地方自治章程》与1919年制定的《县自治法》，并未有进

❶ “四川南充县暂行自治大纲”，载《晨报》1921年3月10日第六版，11日第六版。

步，相反，无论是从地方立法理论还是立法技术来说，都无法与之比肩。但国人对“名”的重视远远超过了“实”，即所谓“名不正，则言不顺”，这种情况走到极致，就变成了“宁要社会主义的草，不要资本主义的苗”。然而无论在资本主义社会还是在社会主义社会，人靠吃草是难以生存的。

三、南充县自治内容

南充县实行自治的几年间，主要推行了以下几方面的工作：（1）县公署实行改组，知事由地方法团推选聘任，行政与司法分立。行政设两课：第一课办理教育、实业，第二课办理警察、团练与其他事务。课长亦由地方法团公举，由知事聘任。顺庆县公署采取合议制度。（2）创新教育，科学教授，校内设置完备，从学之徒日渐增多。截至1924年南充自治三周年时，全县已有国民学校450余所，模范国民学校40余所，高等小学11所，男女中学各一所，成为全省教育机构最多的县份。南充教育有一个显著的特点，即十分重视实业教育。南充中学除文科班、理科班外，还设有中医班、工业班、农蚕班，每班均有实习工厂或农场，学习与实践并重。❶（3）司法改革，司法处由知事聘承审二人，书记长一人。凡初审及轻微案件，由承审一人单独审讯，凡复审及重要案件，由知事及承审会同审讯，并采取“公开主义，任人旁听”。惟遇特别案件必须守密者例外。司法收支处主任，亦由法团公选。（4）建修模范街道，补筑沿河堤坎。（5）改良监狱，改善监狱生活。（6）其他如贫民借处、贫民消费协社、贫民工厂、通俗图书馆、讲演社、儿童图书馆、公园、模范市场、编译局、地方银行等亦相继设立。各种社团组织已具基础，❷ 一切自治应有设施和组织都粗具规模。

对南充自治成绩，有评论认为：四川宣布自治转瞬两年了，自治运动失败，效果令“做自治运动的人羞愧”，但“政治前途一线底光明就是南充底自治”，“假使南充底人民继续地照这样做去，南充将来必定要成为四川各县县自治底模范，假使四川各县底人民都照南充这样做去，四川将来必定要成为中国各省自治底模范”，“这真是四川前途一线底光明啊”！❸

---

❶ 戚如高，潘涛：《张澜与中国民主同盟》，广东人民出版社2004年版，第26页。

❷ “川北实行自治之成绩”，载《晨报》1922年2月13日。崔宗复：《张澜先生年谱》，重庆出版社1985年版，第59页。

❸ 鄢祥禔：“评四川底自治运动”，载《晨报》1922年4月6日。

第四章 川省自治法的制定

第一节 刘湘省政府制宪主张

当时川省势力中，刘存厚是北方政府任命的督军，熊克武是南方军政府任命的督军，两人之间关系复杂，但更多的是冲突和分歧。“癸丑讨袁”之役，熊克武在重庆独立，刘存厚却奉命前来进攻，结果熊兵败出川，第五师瓦解。“靖国之役”时，熊克武联合滇、黔军，将刘存厚赶出四川。双方积怨，不共戴天。但熊克武督川后，与唐继尧及孙中山之间的矛盾不断激化，最后双方兵戎相见，熊克武被打败；面对生死存亡，熊克武不得不与刘存厚联合起来，共同对付滇、黔军。而刘存厚也在被赶出四川后，一直希望有机会卷土重来，东山再起，得熊克武相邀，立即响应，并对熊克武、刘湘两部给予饷械援助，❶于是川中形势急转，滇、黔军最后被赶出四川，孙中山领导的吕超、石青阳、卢师谛等部溃败，最后为各军所收编。

本来熊克武与刘存厚约定，战事未决以前，双方都不用督军名义，以刘湘为前敌总司令。熊克武一入成都，立即任命刘成勋兼成都卫戍司令。1920 年 9 月 10 日，刘存厚由绵阳入成都，在成都打出四川督军公署招牌。10 月 30 日，熊克武到达重庆，设立四川督军公署。于是成都、重庆两地出现了分属南北的

❶ 1920 年 7 月，熊克武为吕超所攻，自成都率部退守保宁后，前无去路，后有追兵，兼之保宁一带为四川缺粮地区，大军屯集，军民恐慌万状，熊克武与刘湘乃联电致退守汉中之刘存厚请求援助，并派专使请其挥军自川北南下，主持驱滇军事，并恳从速先给予弹药及粮饷，刘存厚逐组织“靖川军”，以四十一旅旅长田颂尧兼靖川军第一师长，四十二旅旅长赖心辉兼靖川军第二师师长，二十二师唐廷牧兼靖川军第三师师长，王鸿恩兼靖川军第四师师长，于当日率军南进，另运步机弹 80 万，银币 20 万、粮食 10 万石，于占广元后，送保宁接济熊克武、刘湘两军，于是川局又起巨变。参见罗刚：《中华民国国父实录》（第五册），正中书局 1988 年版，第 3639 页。

两个督军公署，两者之间新的矛盾再次产生。

刘存厚回川后，自己委任了11个师长、许多司令，然部队大多系招安收编，无作战能力，故实力有限。且其手下的刘成勋、陈洪范虽为其部属，但此时已归附熊克武。邓锡侯、赖心辉、田颂尧为其得力部下，但也与他不一致。❶ 刘存厚势力最弱，但他并不甘心，除了大肆招兵买马，扩军备战外，又企图分化瓦解对方阵营，派人秘密联络刘湘的部属师长陈能芳、旅长张毅崛，许诺陈能芳代刘湘为军长、张毅崛升任师长；❷ 又拉拢刘成勋的师长陈国栋，许诺代刘成勋为军长。唐继尧未下台时，刘存厚派周杨前往昆明，劝唐反攻四川，自己愿为内应，周杨经过嘉定时被第八师师长钟体乾捕获，搜出刘存厚的亲笔信和密电本，即将周杨解交重庆"联合办事处"处理。❸ 刘存厚这些行为让刘湘、刘成勋、熊克武等深为愤怒。于是一场川军驱除刘存厚的战争拉开了序幕。

1921年2月28日，熊克武与但懋辛、刘湘、刘成勋联名通电，宣布刘存厚自居督军、扩充军队、倾心北方非法政府、阻挠川省自治等罪名。接着但懋辛、刘湘等23名将领联衔通电刘存厚十大罪状：一是拥戴非法北方政府，提倡包办非法国会选举，侮辱省民；二是勾结唐继尧反攻四川，企图祸乱川省；三是私自主张护军使及9名镇守使的人事安排，并由其代理人吴莲炬在京贿买，北方政府非法任命，视川省将士如家奴，启川省分裂之祸端；四是当前废督已成社会潮流，刘存厚口头赞同废督而又居督军之位不退，崇尚军治，反抗社会潮流；五是滥任师长、旅长、司令、队长无数，增兵勒饷，纵匪殃民；六是凭恃强权，破弃公约，派兵占据兵工厂，自由提取枪弹，而其他各军不得接济；七是擅自委任官员，滥造钱币，破坏金融，剥削人民；八是摧残教育，灭绝人道，屡纵军士殴打学生，致使省垣学校全行解散；九是令秘书张仲孝率兵

---

❶ 在1920年12月13日征询刘存厚、熊克武对四川的自治意见电联衔署名，当时刘存厚为北方政府任命的督军、熊克武为南方军政府任命的督军，两人又同时打起督军的牌子，该电却称刘存厚为成都刘总司令，称熊克武为督军，显然联衔署名军官并不认同刘存厚的督军身份，而认同熊克武的督军身份。

❷ 四川省文史资料馆编：《四川军阀史料》第3辑，四川人民出版社1981年版，第19页。对于刘存厚拉拢陈能芳与张毅崛一事，在《刘湘》一书中被认为是熊克武拉拢陈能芳与张毅崛。参见乔诚，杨续云：《刘湘》，华夏出版社1987年版，第31页。

❸ 陶菊隐：《北洋军阀统治时期史话》第6册《"联省自治"运动和第一次奉直战争时期（1921年1月至1923年6月）》，生活·读书·新知三联书店1958年版，第10页。

围逼四川高等检察长程莹度以自代，蹂躏司法；十是利用私党邹宗鲁纠集多人，伪造民意，破坏议会。❶

于是一、二、三军联合，分路向刘存厚发动进攻。刘存厚孤掌难鸣，不得已于1921年3月22日发出养电，宣布下野。❷

刘存厚下野，被逐出四川，熊克武暂时不愿出山，剩下的川军将领中，资望最深的当数刘湘。于是刘湘等召集川军将领商议川局善后办法，发表解决川局善后意见电。该电文包括七个方面的内容：一是川省地位。川省于国家未确实统一以前，切实整理内政，实行川人自治的行动。二是军民两长推戴。在施行地方自治期内，督军、省长由军政各界推戴。被推戴者的资格，以现任最高级长官者为合格。无论何人被推，均应遵守各军议决通过的信条。三是军队收束。军队收束的标准，以此次前敌作战出力及有军事上历史关系，结合现存快抢实数为准则。前敌作战出力者，占标准数6/10；具有军事历史关系者，占标准全数3/10；有快抢者，占标准全数1/10。四是兵工厂械弹的分配。此后兵工厂生产公开，由各军师旅派员驻厂，所出械弹，各按预定成数，均分给领，并于每月月终署名通报，惟一年以内，须先尽数补充此次前敌作战最力而消耗最多的军队，以后始按程序分配。五是财政统一。将盐款税收财厅所入，按照兵工厂办法，由各军师旅长派员视察，除关于行政教育实业经费，仍暂照前年度预算支出外，其余所有款项，尽数匀配。有余则全体皆增，不足则全体皆减。六是会议规定。每年由督军召集开军事会议一次，一切应兴应革诸大端，都取决于多数。有特别事故时，或得混成旅长以上之官长三人以上同意请求时，得临时召集。七是民治建设。原有教育实业，竭力保持原状，一方积极筹备，为实施地方自治之进步。❸

从军方此电来看，川军何想要自治，不过是维持各自地盘现状而已。川省实行自治，不过是实行军治，而不是实行民治，因为军民两长只与军政两界有关，与民众无关，自治内容只与军人有关，与民众亦无关系，财政、民治尽力

---

❶ “川军将领列举刘存厚十大罪状”，载四川省文史资料馆编：《四川军阀史料》第3辑，四川人民出版社1981年版，第247页。

❷ “刘存厚解除靖川军总司令电”，载四川省文史资料馆编：《四川军阀史料》第3辑，四川人民出版社1981年版，第250—251页。

❸ “刘湘等对解决川局善后意见电”，载四川省文史资料馆编：《四川军阀史料》第3辑，四川人民出版社1981年版，第248—249页。

维持现状，其余军队均分，这种情况哪有自治可言。

刘存厚一走，刘湘实力大增。虽然刘存厚与熊克武、刘湘之间的矛盾已去，但新的派系矛盾随之产生，主要矛盾集中在熊克武的一军系与刘湘的二军系之间。川军作为川省政坛的决定性力量，它对川省的自治起着举足轻重的作用。但川军内部意见不一，自治也就停留在口头上而难有实质性的进展，且川军各派主要人物既不了解自治是什么，更没有实行自治的打算，只是都希望能借着自治的这块牌子来扩充或保存自己的力量而已。

1921 年 6 月 6 日，川军将领在重庆召开善后会议。当时到会的有一军军长但懋辛、二军军长刘湘、三军军长刘成勋，到会的师长有喻培棣、唐式遵，邓锡侯、潘文华、何光烈、余际唐、陈国栋、陈洪范、杨森、田颂尧、唐廷牧，到会的旅长有刘文辉、张冲、李树勋、袁彬，张成孝、刘炳勋、兰世钲、刘斌，连同川北边防军司令赖心辉、川边镇守使陈遐龄，共为 24 人。刘湘以 22 票被推选为四川各军总司令，即日由以上将领联名发出通电，向省内外正式宣布。24 日，四川省议会和川军各将领又推选刘湘兼任四川省省长，并向刘湘送达证书。

1921 年 7 月 2 日，刘湘在重庆就川军总司令兼省长职，通电宣布政见五端：实行自治、收束军队、举办清乡、整理财赋、澄清吏治。重申四川自治，与南北政府脱离关系；各军联合办事处旋即撤销；至于各军饷糈，仍沿用熊克武督川旧例，各就防区自筹。成都、重庆各地，均开会庆祝，各机关休假一天。委任向楚为四川政务厅厅长、暂代省长职务，王暨英为省警务处处长，兼省会监察厅厅长，薛仲良为四川高等审判厅厅长、刘灿为四川检察厅厅长，刘成勋为成都卫戍总司令，曾宝森为四川财政厅厅长等。由于刘湘并不去成都履职，于是在渝设立政治讨论会与财政讨论会，凡关于民政、财政上重要事项，由该两会分别讨论后，始付执行，并备省长随时咨询。聘请沈宗元为政治讨论会主任。❶

针对当时社会存在的各派制宪争论，刘湘提出三种主张，征求各方意见：（1）按照浙江制宪的办法由省议会制定；（2）各自治团体消除意见隔阂，由多数自治团体共同拟制；（3）按照湖南筹备制宪的办法，由省署设立筹备处筹备一切，始以容纳各方意见为初步，终以实现全民意思为依归。刘湘认为这三种主张虽各有不同，但期望省宪早日制定的想法是一样的。虽然制宪不是小

❶ “川省政治财政讨论会组织”，载《申报》1921 年 8 月 22 日第 11 版。

事，需要各方反复讨论，不可仓促。然而社会百废待兴，治理必须积极抓紧进行，不可贻误时机。但川省自一年前开始制宪以来，各方争执不止，制宪至今没有取得多大进展。制宪的这些程序，究竟应该如何进行，始可期于敏活？要求大家献计献策，群策群力，与大家一起完成制宪这一伟大事业。❶

川军第九师师长杨森通电赞成第三项主张，认为制宪的程序，最好由省署设立筹备处，以省议会及各法团推举若干人，外聘省内外硕学通儒若干人，共同组织起草。制宪时间不妨长一些，务求条文精当，内容注重大多数人的公意，千万不要为各党派所把持。❷

就在川省军人意欲制订省宪时，1921 年 6 月 4 日，浙督卢永祥通电主张各省自定省宪，实现地方自治，并邀请各省派出代表至杭州讨论“联省自治”有关问题。此议得到西南各省响应，川省刘湘所派代表甘均（甘子言）、粤省陈炯明的代表李国凤，滇省顾品珍的代表杨晋、黔省卢涛的代表邓汉祥以及湘、闽、陕、鄂、甘、新、鲁、晋均覆电即派代表，唐继尧、熊秉三亦有赞成电报，促浙江积极进行。6 月 8 日，广州孙洪伊、汪兆铭、吴敬恒等，通电西南各界，大倡联邦制度，认为国内乱机四伏，非由联邦自治，无以图存，主张以湖南为发源地，仍推国父为联邦首领，请由各处承认。其目的在于顺任各省自治之势，以谋西南各省承认在广东成立的中华民国政府。6 月 20 日，浙江“联省自治”会议召开，做出如下决议：(1) 召集省自治会议，研究省宪，组织委员会，实行起草；(2) 筹备联防，每省出兵 5 ~ 10 营共编联防军；(3) 共筹会议用款及招待费。❸

熊克武亦知川省孤掌难鸣，有意与湘省赵恒惕结盟。赵恒惕亦感湘省自治独木难支，因与熊克武一拍即合，准备川湘一致图取湖北，进而实现联省自治的主张。刘湘在就职川军总司令兼省长后，鄂西总司令潘正道于 1921 年 7 月 3 日抵渝，请求川军援鄂。于是刘湘召集所部亲信会商，一致认为援鄂有五大利：(1) 川军出境远戍，可无哗变之虑；(2) 宜昌商界，川人占 1/3，去岁今年两遭蹂躏，无人顾恤；兼之楚岸开放，川中数十万盐场工人行将失业，若进驻宜昌，不仅足以保护川商，并可维持四川盐岸；(3) 南北扰边已久，双方

❶ “刘湘促进省宪之通电”，载《申报》1921 年 8 月 29 日。
❷ “川省制宪新趋势”，载《大公报》（长沙）1921 年 8 月 22 日。
❸ 罗刚：《中华民国国父实录》（第五册），正中书局 1988 年版，第 3818 页。

将自觉其非，曾无主正义者从中调融，川军外出相机因应，于促进民国之统一，必有助益；（4）驻兵宜昌，已占长江形胜之半，声威足以震动全国，进可以抑制群雄，退可扼江自守；（5）川省历为闭关主义所误，内讧时作，外患乘之，若及时出兵为各军先导，使军人咸知尽力于国家，既可免关起门来争权夺利，复不至授人以隙。❶

然而川军出兵迟迟，未能及时与湘军配合行动，以致川湘两军被吴佩孚各个击破。1921 年 9 月底，川军战败，与北军签订议和条约。川军攻鄂失败，一、二军矛盾再起，政府制宪即陷入停顿。

第二节　议会立宪的主张及推动

一、省议会的制宪主张及宪法会议组织法的制定

省议会为川省提倡自治最有力的团体，其主张川省自治的通电，先后得到省内外各方的赞同。于是有省议会议员 10 多人提出议案，认为自治的发轫，首先从编定省宪法做起。对于制定省自治根本法问题，特拟定两种办法，请议长召集茶话会，公决进行，以免徒托空言，无裨实际。第一种办法是省宪法由省议会制定，然后交由各县议会或由全体人民投票，过半数可决时，即发生效力；第二种办法是省议会制定宪法会议组织法，由人民直接选出代表制定。❷

1921 年 1 月 21 日，省议会特召集茶话会，讨论制定省宪法问题。按《省议会暂行法》规定，无论常会还是临时会，俱应由省长召集，川省省长一职，前南北政府都有任命，北方政府任命的熊克武拒不承认，前南方政府任命的杨庶堪也已去职，故省长一职虚悬已久，依法没有召集之人。与会议员认为川省既倡自治，已经是类似于革命的行为，则议会采取非常手段，自行集会开临时会，亦无不可，遂决定于 1921 年 3 月 1 日开临时会解决。

至 1921 年 3 月中旬，到会议员满足法定人数要求，始实行开会。在一般人看来开会目的就是专为解决制宪问题，则开会时首先讨论者，当即为制宪

❶ 乔诚，杨续云：《刘湘》，华夏出版社 1987 年版，第 33—34 页。

❷ “川省自治运动记”，载《大公报》（长沙）1921 年 2 月 17 日。

案。谁知开会将近10日，制宪尚未正式进入议题，日日讨论无关紧要的议员补选案。及补选案敷衍解决后，始议及制宪案。多数议员最初意见是认为议会对于制宪事业，只承担负责发动的责任，制定一宪法会议组织法即为完事，最初并非想要自行制宪。但一议及制宪，争持最烈之点，即为宪法应由何种机关制定。当时主张大约分三类：一类主张由人民选举代表，组织宪法会议，制定省宪；一类主张仿照湖南先例，省宪由学者制定，另组机关审查，后付人民总投票；一类主张省宪完全由省议会制定。此三种主张，争论颇久，继以川省局势时变，非速将省宪完成，不足以定大局。遂大体议定由省议会采取各方意见，以郑重手续，制定省宪法。

省议会既决定制宪，于是推定起草员起草省宪法会议规程，该规程草案主要有四要点：（1）由议会推定省宪起草员21人；（2）由议会组织审查会；（3）由议会组织宪法会议，出席及表决人数，均限制极严；（4）由议会聘请专家学者，征其意见。规程草案起草完成后，因有议员提议组织临时政府大纲案，规程草案审议遂暂行搁置。第一次临时会期届满，于是召集第二次临时会，议员时而讨论制宪案时而争论临时政府案，以致省宪会议规程久延不决。

省议会决定制定省宪法的消息传出以后，成渝两地报纸媒体及各自治团体，对议会的这一决定多数表示反对意见。于是省议会议长李伯申、熊晓岩两人，与成都各报记者进行沟通，表明不得不由议会制宪的苦衷。议会认为，数月以来川省提出的制宪办法，大约有三种主张：一是全民制宪；二是选举代表组织制宪会议制宪；三是议会直接制宪。从法理来说，全民制宪最有正当性和合法性。但全民制宪，手续繁重，既需要很长时间，又需要支出巨额费用，且全民是否有制宪能力，目前尚难断定；况且现在国事日非，万一制宪良机一失，必影响川省自治的基础。至于选举代表组成制宪会议制宪，虽然也有正当性，但各法团人士，由选举而来与省议员由民选而来相同，且选举易起纷争，由各县举一代表，新设制宪机关，耗款费时，与全民制宪差不多。为减少手续，乘时竣事计，不得已最终决定由议会制宪。副议长熊晓岩认为议会制宪有种种办法容纳议会外的各种意见。一是聘请11名或25名法学专家、有名学者担任制宪顾问或以其他名义指导制宪，并特定5人常住议会。这些专家、学者不以川人为限。二是通电征求川人对省宪内容的意见。三是这些意见，无论会内、会外，由机关提出或个人提出，只要以文电表示的，必提交议会进行公开讨论。省议会其他议员主张议会制宪的理由与上述议长、副议长的理由基本相同。

有评论认为省议会制宪的主张，虽有一定道理，然这一决定始终轻率，不足以压各方之望。于是川省反对议会制宪的声音，渐渐高涨起来。重庆自治联合会作为川省运动自治最有力的团体，认为省宪问题，关系至重，如何制定，亟待研究。该会在4月已开会对此进行讨论，众人一致认为该问题须先以适当的方式，妥筹一省宪会议组织法。根据学理，兼顾事实，尽量容纳各方意见，如此落实实施，庶几没有大的问题，碍似不应由一方包揽制宪。针对报上登载议会讨论单独制宪的各种报道，该会为求证事实真相，防范路上传言，特电议会以询真相，事实到底如何，请求议会迅速予以电复。有媒体认为省议会决定单独制宪的事情甚为确实，今后如不对该问题设法予以救济，如何制宪恐将引起川省重大争论。[1]

针对社会反响，议会亦为巩固省宪起见，决付人民以复决权，其所选的省宪起草员，亦可选聘省外专家学者，并不限议会内的议员，且做出种种采集民意的措施，一面议会可免包揽的嫌疑，一面可促省宪早日完成。议会既为各种大体决议，各方对此，已渐能谅其苦衷，促其早日全案通过以便实行制宪。

第二次临时会开会以后，先是对宪法会议规程通过一读会和二读会。三读会成立以后，有议员主张即日行三读会，以免耗费时日，速将制宪规程完成。有议员主张再交审查会审查后，提交三读会。议会开会讨论，多数议员赞成将制宪规程再交审查。与此同时，议员中又有主张审查须限期提出付三读会，该提议经众表决，决定制宪规程案交审查限1921年6月15日（星期三）提交三读会。并决定将制宪规程案交原任修正各员，更加入各部推举1人，共同审查。推选结果，甲部为曾吉芝，乙部为刘卓彬，丙部为刘绍斌，丁部为李为纲。

1921年6月14日开会，议员中有主张15日休会一日，省宪规程顺延一日提付大会讨论。15日省宪规程案遂未能提交三读会，至16日又系议会第二次临时会闭会日期，原定是先开大会，通过省宪规程，次行闭会式。然16日到会议员，不足法定人数，于是省宪规程既未提交大会，闭会式亦复省略，省议会第二次临时会，遂于是日闭会。省宪会议规程案因是未能解决。

川省议会两次自行召集临时会，原为制宪，耗时三月有余，不特省宪未能

---

[1] “各方反对议会制宪”，载《大公报》（长沙）1921年5月10日。

着手起草，即制宪程序亦未定出；而两次开会，稽延三月之久，均未解决。更因制宪案与选举省长案竞争难决之故，以致制宪案与选举省长案俱未解决。议员等又主张第二次临时会闭会后，休息10余日，再开第三次临时会。

虽然省议会此次自行召集临时会，号称唯一目的只是制定省宪法会议组织法，将该法制成即行闭会，不另提他案。然而开会中间，忽有一部分议员提出川省临时政府组织大纲案，因此各部分议员，遂大起争论，而制宪案，遂因以停滞。争论两个多月后，两案均无结果。当临时会初开会，各部分议员对于制宪问题，意见均不甚相远，及临时政府案一提出，而各部分议员意见遂大相左，其争论之焦点，尤在行政首长采单一制与合议制一节。议会议员大体可分为三个俱乐部，即民本俱乐部、至诚俱乐部、兴群俱乐部。民本俱乐部的议员，多数主张合议制，以为可以容纳各个部分的成员，且以员额较多，可减免贿买选举票的事情出现；而兴群、至诚两俱乐部，则主张采单一制，以为可以集中事权，使行政敏活。民本部多数议员，主张先将省宪会议组织法完成后再议临时政府大纲案，而兴群、至诚两部议员则欲先将临时政府案议决后，再议省宪案。两方争持，各不相下，于是议及制宪案，则兴群、至诚两部议员出而争论，故意使讨论无结果。而议临时政府案时，则民本部议员亦出而争执，辗转20余日，省宪会议规程遂仅通过二读会；临时政府大纲案则更属无从说起。

及第二次临时会闭会前八九日，渝中川局善后会议，推出川军总司令兼摄民政，而兴群、至诚两部议员遂亦提议提前选举省长，并有举总司令兼摄之意，民本部议员大为反对，理由有如下几点：（1）议会前宣言省长应由民选，本会是否应直接推选省长，尚属疑问。（2）议会前宣言废除督军制，并防止类似督军制的发生。总司令兼省长，难道不是类似督军制？（3）临时政府大纲未产出，选举省长，实无依据。

民本部议员提出这些理由，与兴群、至诚两部议员争持辩论，极为激烈，议场屡演武剧。当时议员中竟有自揭黑幕，言有贿卖选票情形，而报章及油印物亦着力宣传议员受贿，大部分议员因此颇受社会之讥评。及至闭会日，兴群、至诚两部议员与民本部议员在会场外协商，民本部议员提出三项主张，征求兴群、至诚两部议员同意：（1）由省议会制定临时政府组织大纲，此大纲要点包括设责任内阁之省参事会；设审计委员会；设铨叙委员会；全川岁入岁出统由省议会议决。（2）现在各级自治机关，未经合法手续改组以前，一并维持。（3）民政经费（如教育实业等项）须占全省岁入1/3，各征收机关未统一时，须由盐税、烟税、印花税及铜元局造币厂盈余各项下，提出5/10，作为民政费用。

兴群、至诚两部议员对此提案大体表同意，惟要求先选省长，然后一致赞成此三项主张。民本俱乐部议员则主张先将临时政府大纲议决，并要求当局承认二、三两项主张后，再选省长。兴群、至诚两部议员主张选举省长案与临时政府大纲案须同时提出表决，并须标明省长由省议会选举字样，民本部议员则以为临时政府既由议会组织选举省长，亦自包含其中，无须明白标出。双方争持许久，最终没有结果。❶

第二次临时会闭会以后，各议员鉴于省宪规程案尚未通过三读会，省政府组织大纲案也没有协商妥善，于是主张召开第三次临时会。但因各派议员意见分歧太大，一直没有达成协议，后来几经疏通，才定于1921年10月1日开第三次临时会，赞成签名者70余人。然正式开会时，到会议员仅30余人，每日均不足法定人数，于是将会议改为茶话会。其后又有刘湘电召各俱乐部重要议员赴会，筹商要政，于是来会人数更少，不得已宣布暂行休会两星期。

议员缺席据传是因为一部分议员害怕省政府组织大纲、省长选举的规定有可能引起政治风潮，只得采取消极办法暂时缺席，使会议不足法定人数不能正式开会。另有一部分中立议员，认为大部分议员均未到会，即使他们到会仍不足法定人数，因而也不出席。故自决定开第三次临时会起，拖延一月有余，仍然没有正式开会。

进入1921年11月后，经分头疏通，各议员意见渐趋一致，所有赴谕议员，日内能完全返省，参加第三次临时会。此次会议讨论议案主要有省宪规程案、省政府组织大纲案、补选省长案。省宪规程案，各部分议员意见尚称一致，初拟根据前案让出制宪权一大部分，由议会及各县议会、各县教育会、农工商会以及省教育会、省农工商会等协同制宪。惟因川东善后会议对于制宪，主张由各县自治会及善后会协同制定，省议会认为这种主张不但与法治相悖，而且会对省宪前途造成很多阻碍，于是议决将制宪权收回，由省议会聘请学者起草省宪，再由该会审定，交人民总投票。该议案已经一读、二读会通过，但后来由于全川自治联合会及一般舆论反对甚力，三读会没有通过。省议会认为时势已经变迁，决议仍取最初制宪的主张，将制宪权让出一大部分。此次正式

❶ “四川省议会包揽制宪无结果”，载《晨报》1921年7月15日。

开临时会，当可完全通过。至省政府组织大纲案，从前各派议员意见不一致，现经各方调整，已与当局协商就绪，大约将前次提出的省政府组织大纲略为修改，即可通过，当以上两项议案完全通过后，就实行省长选举。1921年11月12日议会休会期满正式开大会，到会者70余人，已足法定人数，此后可逐日正式开会。❶

二、议会对《宪法会议组织法》的说明

1921年12月5日，省议会对《宪法会议组织法》草案修改完善并通过三读，同时对该法案的制定经过及内容进行说明。❷ 第一，说明省议会制宪在川省宣布自治时，实乃众望所归。“当吾川宣布自治之初，一时军民上下，渴望省宪早日成立，莫不以此制宪责任，付诸本会，靖川军刘总司令于十年二月养日通电，主张本会议决自治法草案，唐师长廷牧亦于同月沁日，电促本会速拟自治组织法，他如各界联合会，宜宾议参会、盐场联合会、重庆律师公会、四川政治协进会、公民王学古张毓灵等二千七百三十八人，先后具函到会，敦促制宪，均属有案可稽。”

第二，言制定经过，议会鉴于当时民意所向，自认责无旁贷，便于1921年3月19日至5月12日，共召开六七次临时会，讨论省宪问题。议会当时为速成省宪，对于省宪草案起草与审查两项，均主张由议会承担，到制宪程序草案经二读会通过后，各方函电交驰，有攻击议会包办制宪的、有主张共同制宪的、有要求参加起草或审查的，众议纷纷，而总司令刘湘也在当时通电征求本省制宪意见，各将领对于议会制宪，也主张互有出入，议会鉴于各方意见不一，不得不采取冷静态度，以待人民自动，故宣告闭会，将制宪案暂时搁置。如果人民多数意见能为确实有力的表现，而对于制宪程序有彻底的办法，则议会深感庆幸，没有必要揽责。谁知议会闭会后，制宪呼声就寂然无闻，而以前函电交纷的情况，也销声匿迹，只颂政府功德之不休，根本大法则无人顾及。民治其名，军治其实。长此以往，自治将无从实现。故议会惩前毖后，不得已

❶ “川省议会正式开会”，载《申报》1921年11月2日。

❷ “四川省制宪之进行”，载《苏社临时特刊第一期省宪》，苏社出版部1923年版，第298—303页。

重提前案，继续开第八次临时会，仍讨论制宪程序，最终才有四川省宪法会议组织法的议决。这就是议会委曲求全议决宪法会议组织法的经过。

第三，对宪法会议组织法的内容进行说明。议会对宪法会议组织法的制定，采取借鉴各省成例、再结合本省实际情形折中而制定。如规定省宪筹备处，由 7 名筹备委员组成，就是为了防止独任制专断的弊端。筹备起草委员不由政府聘请，而由议会选举，在于一人委聘难免有涉私之嫌，而由团体选举产生较公正。审查会成员由法定团体推举，而排除其他团体，主要在于法定团体有一定的组织和标准，不易伪造冒滥，可免去许多不必要的纠纷。而由议会选举 40 名议员进入审查会，是因为议员由全省人口分区按比例选举产生，较之一县一市或职业团体，其范围之广狭明显不同，其审查人数自应较多。且各省审查会成员的产生方式大体相同，并非川省首创。如浙江议员占审查会的半数，江苏则因审查会未列各县法团，只列省法团，故议员参与审查的人数不多，只有议员 11 人，而陕西参加的议员有 30 人。至于外间对组织法最不满意的地方，主要集中在筹备起草各条，但依议会看来，这些条款却是该法案中最为公允的地方，既不像湘省那样有政府专办的弊端，也不似浙江省那样涉嫌议员包办，自认为折中至当。

第四，由省议会议决省宪法会议组织法既简便又适当。川省宣布自治，筹备制宪，本属政治上根本之改造，所有一切进行事业，自不能纯以法理来衡量，如省宪法究竟应如何产出、制宪程序究竟应由何种机关制定，均不能有绝对正确且唯一的答案。川省目前的情形，若仅论制宪程序，就事实上和理论上来说，其制定之权均以属于省议会为比较正当。

综合以上各条，由省议会制定省宪法会议组织法，实出于良知，迫于职责，不忍川省根本大法长此迁延，故力排众议，勉成此举，并无私意于其间，现在宪法会议组织法告成，省宪筹备员举定，议会责任亦暂告一阶段。此后根据法案，策励进行，在于川省当局有无实行自治的真意，以及全省人民有无要求省宪的决心而已。

三、《宪法会议组织法》的主要内容

《宪法会议组织法》主要规定了省宪法制定的程序，即首先组织省宪法会议筹备处，然后由省议会票选宪法起草委员，组织省宪法起草委员会制定宪法草案，然后组织省宪法审查会，待宪法草案提交后，对省宪法进行审查。审查结束后，将修订后的宪法草案提交全省人民总投票公决。

省宪法会议筹备处，由省议会举7人为筹备员，筹备省宪会议一切事务，并接受起草委员会拟定的草案，交由审查会审查，审查毕付总投票表决，此外全省人民将以书面陈述意见于起草委员和审查会，制宪经费由筹备处编制预算交省议会议决，咨省政府在正税下开支。

省宪法起草委员会由省议会票选13名省内外富有学识经验的人组成。起草委员的选举采用无记名单计投票法，以得10票以上者为当选。成员选出后，交由四川省宪法会议筹备处以四川省宪法会议的名义进行聘请。起草委员会置正、副主任各一人，正、副主任的产生由起草委员分次用无记名单计法投票互选之。各以得票过半数者为当选。省宪法起草以30日为限，有必要时可以延期10日。若逾期仍未完成时，应由省议会改选起草委员另行起草。省宪法草案成立后，由省宪法会议筹备处交省宪法审查会进行审查。

省宪法审查会审查员由职业团体、省议会、各县分别选举产生，其名额分配为省议会40人，由议员互选产生；各县审查员1人，由县教育会、农会、工会、商会各选代表4人，会同县议会、县参事会组织选举产生；省教育会1人；成都总商会1人；省农会1人；省工会1人；重庆总商会1人；成都律师公会1人；重庆律师公会1人。除省议会外，各职业团体所选举审查员均不以各本会会员为限，但起草委员不得再为审查员。省宪法审查会置正、副审查长各1人，由审查员互选产生。其选举办法与起草员选举正、副主任相同。省宪法审查员选出时须报告省宪法会议筹备处，以便定期集会。省宪法审查会非全体审查员过半数出席，不得开议。非出席审查员过半数同意，不得决议。可否同数时，最后决定由主席做出。省宪法的审查，无论全部或一部，须经三读会通过，不得省略。省宪法审查会对于草案有疑义时，由起草员出席说明，有权对省宪法草案进行修正。省宪法审查期定为60日，遇有必要时，可以延期30日。逾期审查尚未终了时，应由各会改选审查员，另行审查。

省民对宪法制定有个人意见时，必须以书面形式陈述意见于起查委员会及审查会。省宪法审查会审查的结果，交由省宪法会议筹备处付总投票决定是否通过。总投票期间以60日为限，自省宪法审查完竣之日起算，如有必要，可以延期30日。总投票未施行以前，由筹备处派员分途宣讲宪法条文及意义。省宪法经公民总投票决定后，由四川省宪法会议公布。

川省宪法制定时，湖南省宪法已经制定，其《宪法会议组织法》应该参照了《湖南筹备制宪办法大纲》，二者相同之处在于所聘起草人员数相同，制宪程序基本相同，都是先由起草委员会起草，然后提交审查委员会审查，最后交全省人民公决。不同之处在于会议组织法起草机构不同。湖南制宪时，《筹备制宪办法大纲》是由省政府制定，省议会通过；而川省《宪法会议组织法》是由省议会起草，最后咨请省政府公布。审查会组织方式不同，湖南采地域主义，名额分配到各县，由各县选举产生；川省采职业团体主义，审查员名额分配到各团体，由各团体选举产生。这些方面的不同彰显了两省政府议会的不同，四川方面政府当时受制约较多，刘湘虽然作为川军总司令和省长，但全省号令并不统一；川省议会成员当时主要为国民党党员，在对付政府时，意见比较一致。而湖南当时省政府军令政令、比较统一，而社会各团体意见分歧，莫衷一是，反而有利于省政府行事。

1921 年 12 月 7 日，省议会根据此项法案，选定刘成勋、但懋辛、邓锡侯、向楚、肖德明、曾宝森、石青阳 7 人为省宪法会议筹备员。[1] 又票选杨森、李树勋、唐宗尧、颜雍词、颜德基、赖心辉、陈洪范 7 人为候补筹备员。[2]

第三节　自治法草案的制订

一、川省政府重组

川军援鄂，熊克武没有达到预期目的，反而因此与刘湘矛盾激化，当熊克武获知刘湘已与孙传芳、肖耀南相互联结有了外援时，亦即积极设法图谋对付刘湘。于是熊克武与刘成勋就如何对付刘湘达成默契。由刘成勋约集赖心辉、邓锡侯、田颂尧、刘斌等人来成都会商，熊克武亦正式出面参加，商订出各军联合倒刘计划，并同意推倒刘湘后，即以刘成勋接替事权。

刘湘对熊克武的计划获悉后，表面不动声色，暗地里则密谋采用整军手段，逐步削弱第一军力量，然后乘其驻地分散，相机各个击破。但刘湘的计划

[1] “川省制宪之进行”，载《申报》1921 年 12 月 22 日。

[2] 存萃学社编：《民国以来四川动乱史料汇辑》，大东图书公司 1977 年版，第 113 页。

亦被熊克武识破，并将之公知舆论。一时舆论哗然，省方各军群起谴责刘湘，谓其为“宰割他人，擅开战端”。顿时双方戒备森严，战火一触即发。刘湘鉴于川军各部多已站到熊方，自己渐已陷于孤立，而形势犹在续向不利方面发展，自己一切准备又尚未就绪，踌躇至再，只得采用以退为进的手法，一以消减各军宿怨，一以缓和目前舆情，从而争取时间，以便从容布置，遂于1922年5月14日通电辞去川军总司令及兼省长职务。

在其辞职电文中，刘湘首先简介自己担任四川总司令兼省长的经过。乃是1921年6月，时当艰危之会，又值残破之余，川局无人主持，依照公约被选为总绾军符兼权民政。但自顾薄德少才，不敢辱位速谤。乃竟固辞不获，责望交加，遂亦不顾一己之牺牲，不计将来之成败，权为就职，勉效驰驱。其次介绍所做的工作。就职一年以来，虽所有军民两政设施，次第均经迭开会议，广益集思，非徒托于空言，实欲见诸实事。但信不足以孚众，诚不足以感人，举凡裁减兵额，整顿吏治，统一财权，催促制宪诸大端，既竭吾才，成效罕睹。再次介绍自己工作没有做到位，自己内疚的几个方面：一是裁兵不到位。点验军队枪支，为实行裁编标准，各军联合办事处议决于前，湘查照执行，差幸竣事。惟以限于财力，随召集将领协议，各照点验额数并减二成，又复息借商款以资遣散。乃款既分发，确实遵行者固不乏其人，而既领款又事缓延者亦不一而足。小民之脂膏已竭，军士之疲顿依然。循是以往，势必竭川之财不足供养兵之用，将来生活问题之驱迫，宁不为社会杌陧之导机。二是政令不行。知事为亲民之官，监司有表率之责，任免之权操之省署，这是行政系统应有的基本原则。然而川省擅自委任的风气未能尽革，考核的责权难以实施。朝授一官，反对夕至，甫黜一吏，推挽胥来，甚至监司大吏，亦携印出巡，藉避交代。纪纲难立，整顿无由。三是财政不统一。就防筹饷，流弊兹多，非求根本之刷新，难期财政之统一。湘拯民心切，欲将历年积弊一扫而空，故于去年冬天，本不募外债之心，为发行公债之举，意以为本部有此忍痛茹辛之行，或可免吾民横征暴敛之苦，故定额三百万元之巨，募额至二百二十万元之多。乃一稽司会，总部实收不过七万多元，余皆抵拨各军，或截留未解。虽截留抵拨仍是楚得楚弓，而统收分支已难我行我法。民力竭矣，能无憾然。四是自治无进展。方今民治潮流，势趋澎湃，省宪制作，日起有功。诚以地方自治，非省宪无以总其纲维；联省自治，非省宪无以奠其基础。乃制宪之大纲甫决，而各方之争议频来。文电纷驰，积寸盈尺。湘疏通排解，几费经营，虽尽一己之苦心，未得各方之谅解。夫自治公布，本以川省为最先；而省宪期成，竟视浙湘而反后。既负父老乡亲，又负子弟。综上各端，办事之难既已如前所述，而旁观不察或犹未谅苦衷。若尸位而职责不修，大非历年卫川之志，倘隐忍而优游自涸，尤负群众望治之心。本拟即日解职，不负责任，惟个人关系事小，川局安危事大，设立时放弃，承继无人，陷全川于无政府地位，尤非始终维护川局之本心。兹特通电辞去总司令兼省长职，希即查照公约，另选贤能，以便克日交代。倘逾十日，续任乏员，则湘为川之心已尽，断不能再为负责，以丛愆尤。❶

刘湘通电辞职，而一军方面的作战部署及其与联军配合行动的计划，亦还未臻具体。于是遂在表面上做出敷衍，一面致电刘湘，佯加慰挽。其他各方也发电挽留。刘湘也并非真想辞职，面对各方挽留来电，1922 年 5 月 17 日，刘湘密电，表示“以后情形，当再斟酌应付，另电布闻”。❷

1922 年 5 月 24 日，是刘湘辞职通电中表示不再负责的最后期限，但新的川军总司令和省长并未选出，于是刘湘再度发出通电，表示自己辞职意愿。虽然一、二、三军军长暨各部将领、在野士绅，纷纷函电，咸以大义相责，甚至地方团体各界公民，相率来部挽留，追请收回成命。但他自觉上任以来，难有绩效可言，省宪宏规，尚属期成有待。国家大计，更复促成无期。虽节饷裁兵，已定有公平标准，但用人行政，颇难于督励进行，自己身心智力交疲，川事仍丝毫莫补。若尚尸居高位，坐误乡邦，昧古人自劾之风，使内政修明无日，旁观纵不我责，问心何以自安？兹十日为期，业经届满，继任选举，尚复无闻，所有军民两政，自当分别委员代行，以明责任而资维系，所有总司令职务，即交由本部参谋长王陵基暂代行拆，省长职务则交由政务厅长向楚暂代行拆，一面催促各军将领，速即照约选举，以便早日交代。❸

对于与一军及联军开战，刘湘亦未做好准备。于是刘湘一方面通电表明去意已决，不可复留，并建议邀请各军混成旅长以上将领齐集成都，开会商讨解决川局办法，拟推第三军军长刘成勋主持会议；另一方面却暗中紧急调兵遣

---

❶ “刘湘请辞四川总司令兼省长通电”，载《四川军阀史料》（第三辑），四川人民出版社 1985 年版，第 268—270 页。

❷ “刘湘表示对辞职问题将再斟酌应付密电”，载《四川军阀史料》（第三辑），四川人民出版社 1985 年版，第 271 页。

❸ “刘湘二次辞职电”，载《申报》1922 年 5 月 27 日。

将，并命在汉口洽购械弹的乔毅夫速返宜昌与孙传芳密洽，请孙即时派兵入川支援。另兑现款四十万元交乔转孙，作为北军援川各项开支。孙传芳慨允出兵，并尽先拨出子弹数万发，派人随轮送到万县，便与刘湘商谈有关协同作战问题。乔将上述情况电告刘湘，切望在孙军开拔之电未到以前，暂缓开衅。因此刘湘的原定计划是一俟北军援兵西上，即对一军发动进攻。❶

然刘湘这一计划被杨森打破。刘湘通电辞职，杨森正式出任二军军长。二军部队悉归杨森统辖指挥后，杨森便在北军未增援之前，急不可耐地发动与一军之战。其想法是：战胜，可以兼并一军；战败，亦可完全取代刘湘。1920年7月初，杨森宣布向第一军作战，于是一、二军战事全面展开。

一、二军战事开始后，刘湘建议举行的各军混成旅长以上将领会议也于1922年7月10日在成都召开，刘湘亦派有代表参加。闻第二军袭击第一军，即于7月11日公推第三军军长刘成勋出任川军总司令兼代四川省省长。8月7日，第二军战败退出重庆。至此，川省局势基本被第一军及联军控制。

二、川省宪法筹备处及立法起草机关成立

二军战败退出四川，1922年8月9日，刘成勋、但懋辛、邓锡侯、向楚、肖德明、曾宝森、石青阳宣誓就任省宪法会议筹备员职。在就职通电中，首先简述川省自治由来，谓川中将领本川人治川宗旨，于1920年11月元日宣布川省独立自治，借以促成全国联治的实现及合法的统一。同月鱼日，省议会亦曾声明，川省为自治区域，不入南北旋涡，均经先后通电在案，军民一致，舆论一片称赞肯定之声。当时西南各省，多以联省自治相号召，而北方政府势力范围内的湘浙等省，亦纷纷从事于省宪筹备。潮流所趋，无论南北。其次阐述川省自治进展缓慢及筹备员未及时就职的原因。川省宣布自治与湘省同时，远在浙省为先。今湘浙省宪早已告成，而川省不惟宪法未成，即此省宪会议组织法亦荏苒年余，始由省议会议决，也并未依法施行。相形之下，殊多愧色。他们几个谬蒙膺省宪筹备员之选，本应即时就职，从事筹备，无如当时总司令部与议会方面因制宪手续，各有争执，他们以为争执的焦点只是各自主张的制宪手续有些差异，制宪目的并未有什么不同，如果立即就职，恐助长各方矛盾升级，故

❶ 乔诚，杨续云：《刘湘》，华夏出版社1987年版，第41页。

缄默以待，颇不欲有所论列，转滋误会。不知道具体情况的人有可能认为他们放弃责任，置根本大法于不顾。在他们而言，则是始终委曲求全，其苦衷自然可得到七千万人的谅解。谁知岁月因循，问题一直没有得到解决，兼以刘总司令自行通电去职，不特议会与前总部的妥协毫无端倪，即此自治的热情，也反过来渐渐归于沉寂。而川局的纷扰，则更倍于当日，这是川省军民当初宣言自治时所没有预料到的。每当说到或想到这里，真让人痛心疾首。近来南北法统之争，一直相持不下，统一徒托空言，影响所及，反令川省自治基础根本动摇。最后阐述中国未来的出路。经过反复筹思，他们几个私下认为当今中国非联省自治不能达到目的。因为集权的主张并不适合中国，而废省的主张又与历史相违背。中国要想治理好必先各省能够自治，只有各省先有完善的省宪，全国才可以产生完善的国宪。本末先后，不容颠倒。各省自治，从长远来看，可以化除南北方的意见和分歧；从眼前看，可以解决一省之内的纷争。除了此法之外没有其他更好的办法。他们几个都是川人，爱川之心，未尝一日或忘，况且前已经随各将领及省议会宣言于先，今后一定要努力进行，以期促成省宪。❶

省宪筹备员宣誓就职后，众人又推举刘成勋为筹备处主任。但一些筹备员身兼军职或不在省城，不能亲自参与事务会议，纷纷委托代表参加。于是但懋辛由丁叡音为代表，刘成勋由蒲壁充任代表，石青阳请托伍非百充任代表，邓锡侯请托李光含为代表，后来又有肖德明因回籍奔丧请假并托王子骞为代表。

1922 年 9 月 9 日，省宪筹备处假濬川银行地点举行成立大会。是日天雨，到会者百余人。首先由主任筹备员刘成勋演说，略述川省制宪经过及情形，认为他们几人迟迟未能就职，实有不得已的苦衷。其原因在于省中一二有力人物，未能彻底了解制宪程序，误认议会制定程序法为制宪，以致议会、省署双方产生争议。原以为争议不难解决，只要宽假时日，即可调协。最后少数必将服从多数，以期于成。先于今日养成良好的宪政习惯，才可以在将来保持宪法的神圣尊严。因是迟之又久，以至于今。这种苦衷，只求能够得到川人的共同谅解。现在内战已平，障碍已去，根本任务即为布宪自治，此外别无他法。以国家论，川省既为自治省份，亦即为组织联省国家的一分子，于宪法上将联省政府与省政府之事权划分，使法律形式与政治实质相合而发，真正统一得以完成。以各省论，湘浙皆已制宪，广东亦有省宪草案，南如桂滇黔，北如奉吉

❶ “成都刘成勋等通电”，载《申报》1922 年 9 月 16 日。

黑，无不以联省自治相号召，大势如此，岂能抵抗。加以川人迭经兵祸，痛苦已深，然欲取得自由，则省宪为必要工具；欲保障自由，则省宪为必要证券。故全省人民一致要求省宪法早日制定，并敦促筹备员早日就职。因义无可辞，故他们不揣愚陋，勉自承认。承诺以后当竭诚尽力，积极筹备，以无负省议会及七千万川人的盛意委托。至于省宪此后如何制定，尚求各位先生随时指教，使省宪早定，自治得以实现。如此，川省便得与各省共同组织中华联省民主国，在此谨祝民主国万岁，联省自治万岁。❶

接着来宾省议会议长熊晓岩演说，感慨川省宣布自治已经两年多，而所谓的自治根本大法，即省宪法迄今没有制定实施。然而要制定省宪法，必须先有省宪法会议组织法，尔后宪法才能着手进行。但这种组织法不过是制宪的一种程序，并非省宪法。且该组织法均由各省议会制定，在他省并未发生何种争执。唯独川省自议会将此项组织法制定公布后，因少数人不明此议，将组织法误认为省宪法，遂诋毁议会为包办，以致宪法制定迁延至今，延误达一年半之久。因制宪组织法的误解而酿成争端，实为川省不值。以致当时由议会依法选出的各筹备员亦恐酿出他种不测事件，迟迟不能就职。待各方误会消除，筹备员方始就职，至本日筹备处成立，制宪方有希望。但欲省宪告成，即依法定手续亦非半年不可，如果中间稍有风波，则非一年或至少十个月不能成功。接着他又针对当时人们对联邦制的误解，阐述了联邦制的意义，并论证中国除实行联邦制外，别无他途。最后他对筹备员们提出三个希望：一是不敷衍门面，实心做去，精神上务以制宪为重要事业，而非附属事业。二是筹足制宪经费。如果经费不足，则制宪事业仍无以进行。湖南七十多个县，制宪经费七八十万元，川省当须百余万元。以川省年收入二千多万元，此百余万元制宪经费尚未及其零数。以之养兵，仅供一师军队全年的费用；以之制宪，则不啻为七千万人维持生命的衣食费。筹备员与政府诸位官员对于制宪经费当负责任。三是中国将来必实行联省自治。现今联省自治四字，已为大多数人所信服，故希望筹备员各位拿定主意贯彻这一主张。

此后，又有来宾杨伯谦、薛仲良上台演说。薛仲良表示省宪法会议筹备处虽然宣告成立，但前途障碍仍然不少。他认为有两点要特别注意：一是四川人民政治知识幼稚，大多数人尚不知自治为何物，亦不明制宪为何事，反对者遂

❶ “川省宪法筹备处成立记”，载《申报》1922年9月28日。

利用大多数人的弱点，认为联省自治是破坏国家统一之说，意在假借统一虚名，以淆惑众意阻挠自治进行。此是制宪前途中第一件应当设法消弭的困难。二是四川现在战事虽终，政局尚未大定，外有借名统一扩张地盘的北方军阀，声言援川，屯兵境上，大有一触即发之势。复有一部分违反政治潮流的少数川人不惜破坏川局，蔑视民意，勾引外兵，甘为戎首，以扰害乡邦。而党派意见之分歧，军队情形之复杂，处置稍有不当，又存在足以引起纷争而为制宪进行的障碍，此是制宪前途中第二件当设法克服的困难。针对这两大制宪难题，他对川人提出三种希望：（1）希望省议会与政府化除意见，和衷共济，以消弭内忧外患，使无碍制宪进行。（2）希望政府裁兵。兵多为患，尽人皆知。今日川省治本的办法，莫要于制宪；而治标之方，则莫急于裁兵。兵裁而后政局安定，政府得以从容制宪而无意外事变之虞。湖南宪法附则规定分期裁减军队一条，亦以军队不裁，则省宪的制定与实施，势必直接间接受其影响。近来报载各将领通电均以裁兵与制宪并称，是各将领已洞悉裁兵制宪为收拾川局的唯一办法。政府一面筹备制宪，一面本军民一致之希望实行裁兵，当不生何种问题。（3）希望人民各负责任，一面以主人的资格督促政府、议会两方协同安定川局，务使不再发生意外制宪阻碍；一面更积极地赞助制宪进行，随时随地将制宪的理由与关系讲演宣传，使起草审查总投票各事，均风平浪静，顺利做去，不生阻扰。总之，须要大家认定制宪为人民救国救川独一无二的事业，通力合作，限期告成。远之树立百年之大法，近之解决无穷之纷争，与湘浙两省争光比烈，绝不可存游移之见，怀利用之心，及含党派意味，用破坏手腕，使省宪再蹈国宪的覆辙，十年不成，反惹起无数纠纷，这就是川省七千万人顶礼膜拜焚香祷祝的。至于一面制定省宪以定自治基础，一面与自治各省联络一致组织会议制定国宪，以完成国家之统一，是大家主张联省自治的最终目的、应尽的责任，这两者可以同时进行而并行不悖。望川人引为己任，努力努力。❶

省宪筹备处成立后，各方对于制宪事业，均谋积极进行，各县审查员报到者，骤达80余县。到省各县省宪县审查员，以筹备处正式成立，特开会讨论进行事宜，旋经议决四项：（1）分函省内外未选审查员之处，请其迅速选举。（2）致函省宪筹备处，催促聘定起草员，迅速起草。（3）向各县宣言，拥护

---

❶ “薛仲良演说稿”，载《四川筹备省宪周刊》（第三号），四川省宪法会员筹备处，1922年10月21日。

制宪。(4) 暂设省宪审查员通讯处于甲种工业学校。❶

早先，省议会已在召开第八次临时会时，票选杨庶堪、谢无量、戴季陶、陈独秀、潘式尼、蒲伯英、陈启修、薛仲良、吴玉章、程伯皋、廖泽宽、杨伯谦、谭其蓁13人为省宪起草员。依照省宪法会议组织法的规定，票选产生的省宪起草员应交由四川省宪法会议筹备处用四川省宪法会议名义聘请之。1922年8月12日，省宪筹备处电请不在本省的起草员杨庶堪、谢持、戴季陶、陈独秀、潘式尼、蒲伯英、陈启修，认为他们已经省议会选举为四川省宪法起草委员，并已由省议会专电奉闻，“务希文旌早临，庶仰鸿裁，蔚为宪典”。同日，分别电请省内和省外专家学者，务请“发抒伟论，早日见贶，以凭汇交起草委员会，掬诚奉恳，敬候教言”。电请的本籍名流有周奉池、宋芸子、廖季平、骆公骕、曾焕如、徐子休、陈孟孚、尹仲锡、刘徐波、文海云、颜雍耆、张重民、任叔永、赵尧生、熊克武、张表方、李伯申、谢慧生、朱叔痴及四川国会议员与同乡诸公。电请的省外名流有王亮畴、蔡孑民、高一涵、汤斐予、熊秉三、范静生、孙中山、章太炎、谭延闿、汪精卫、胡汉民、孙伯兰、张君劢、张季直、李剑农。1922年8月29日，省议会召集第九次临时会，议定起草《省宪法总投票法》。首先由大会推定起草员，依据全体审查会审查纲要起草。至1922年9月6日止，草案依次通过一读、二读、三读会，经付表决，全体赞成。9月14日，四川省宪法会议依法公布《省宪法总投票法》。

1922年9月28日，省宪筹备处召开常会，议决省宪起草委员会开会日期。原定起草委员会在10月10日后开会，因时间太过仓促，省外起草员无法按时赶到，故改为10月20日开会。

在此期间，潘江因国会重开，正在起草国宪，请辞起草员职务。❷ 而陈启修则来电，表示自己前以省费留学九年，返省服务，理所当然。况宪法为他所习专科，自应竭诚以事。但他本人现在北大任教职，希望筹备处能与学校当局商议，允许他克期往返。待起草委员会成立及开会日期确定之后，再电见示，他当将按时赶到成都。❸

---

❶ “川省战后之两种动机”，载《大公报》(长沙) 1922年9月22日。

❷ “起草委员潘江辞职电”，载《四川筹备省宪周刊》(第三号)，四川省宪法会员筹备处，1922年10月21日。

❸ “起草委员陈启修覆本处允按期返川电”，载《四川筹备省宪周刊》(第三号)，四川省宪法会员筹备处，1922年10月21日。

1922年10月2日，省议会召集第十次临时会议，议题为省政府大纲案及制宪经费预算案，并决定补选候补省宪起草员及审查员。议决通过制宪经费预算案，制宪经费，筹备处经费，预算照十足开支，共60余万元。省宪法制定审查后，各县应设总投票事务所的经费由各县开支。

省宪审查员当刘湘反对制宪之际，各县多瞻望不前，选出者不过三数十县，自战后各筹备员通电就职，遂骤增50余县，近来报到者已达110县之多。[1] 同时，省宪筹备处电告省宪起草委员，定于1922年10月20日成立起草委员会，请其从速就职。同年10月7日，省宪筹备处聘请吴玉章、程伯皋、廖泽宽、杨伯谦、谭其蓁为省宪起草委员，并发送聘书。10月12日，省宪筹备处开会，会议决定起草员的薪金，定额1000元，川资400元，省外起草员川资800元。[2] 为川省制宪有资借鉴，省宪筹备处特委托专员赴湘，调查湖南制宪经过情形。[3]

省议会前日选出的13名起草员，廖泽宽已病故，蒲伯英、潘江均因事辞职不克返省从事制宪。其他筹备员业已经筹备处迭电催促，省内起草员如吴玉章等6人均已就职。为保证省宪能够按时起草，省议会决定选候补省宪起草委员13人，以备递补缺额。1922年10月27日，省议会开会，选定汪精卫、李剑农、董鸿诗、张仲民、谢盛堂、饶炎、伍非百、郑可经、黄泽溥、李汉三、任叔永、罗坚、冉君谷13人为候补省宪起草员；并由省宪法会议筹备处聘请汪精卫、李剑农、董鸿诗为省宪起草员，议定同年12月10日正式开会。省外起草员戴传贤、谢无量已有复电，不久可以起程。

1922年10月31日，省宪筹备处编制制宪经费预算，共计507 970元。该经费来源分两部分，一部分由各县摊派30万元；剩下的30万元，经开会集议，按10个月平均分配，每月由盐税项下拨给3万元。[4]

1922年11月初，各县选出省宪审查员人数已达百余人，依《省宪法会议组织法》第六条第一款规定，省宪法审查会之组织，除各法团选出审查员外，应由省议会由议员中选出审查员40人，共同组织审查会。省议会据此选出熊

---

[1] “制宪事业益有进展”，载《大公报》（长沙）1922年10月20日。

[2] “川省善后之进行”，载《大公报》（长沙）1922年10月13日。

[3] “决定促成省宪趋向联治”，载《大公报》（长沙）1922年10月11日。

[4] “川军总司令部函复拨款办法仍应加入政费由财政厅转发公函”，载《四川筹备省宪周刊》（第十五号），四川省宪法会议筹备处，1923年。

晓岩、李宗韶等40人。[1]

1922年11月30日，但懋辛代表兼筹备处秘书长丁嗀音因父亲病重，向筹备处辞去秘书长职务，同时向但懋辛辞去代表任务。筹备处议决准假，秘书长一职由筹备处总务股长董鸿词代理。此后，但懋辛又委托李炳英代理省宪筹备员职。

省议会将临时省政府组织大纲通过以后，1922年12月2日，省议会在无农工商学各法团参加的情况下，单独选举刘成勋为省长。3日，刘成勋在国民党举行的宴请会上演说三民主义，认为通过他的亲身体察，感觉三民主义尚未完全实行。民族主义，犹有外人欺侮中国人。民权主义，袁氏当国，后竟帝制自为，随后的冯国璋、徐世昌、曹锟、吴佩孚等，又凭借武力，企图武力统一中国。及川省宣布自治，始有民选省长的现象出现，但此不过是自治的一个方面，其他应做的事业尚多，他自己虽然才不堪任，但愿意与其他同志一道，将自治由川省推及全国，始为完全民权主义。而民生主义，昔见关外土地膏腴，实有垦殖的必要。今后执政，一本三民主义，推促五权宪法，以完成中山先生之宗旨。[2]

四川省宪筹备处原定1922年12月10日在南门文庙前街旧锦江书院内文翁石室开起草委员会，因派人修葺房屋，陈设一切。起草委员陈启修前曾来电表示返川制宪，届时又未返川，遂决定延期稍待。筹备处特于1922年12月10日招待各起草委员，并协商开会日期，经各起草员议决改为1923年1月10日。省议会第二次所选候补起草委员13人中，汪精卫无书面表示，李剑农来电辞职，于是筹备处决定凡1922年12月10日未表示就职的起草委员做缺额处理，递补董鸿诗、张重民、谢盛堂、饶炎、伍非百、郑可经6人为省宪法起草员。12月12日，谢无量来电，表示返川参与起草制宪，但此时已过12月10日期限，于是筹备处复电通知已依法递补。后筹备处又以会期延展为由，函电谢无量速返川参与省宪起草。至于陈启修曾电返川，但北大校长蔡元培来

---

[1] 从议员中选出的审查员有熊晓岩、李宗韶、陈懋实、蒋登第、萧明远、刘绍斌、李晁文、伍陶、丁明夫、曹叔实、黎广芬、谢家珍、刘卓彬、陈任民、陈懿恭、陈希曾、刘斗南、郭选方、傅先喜、汪蜀宇、文天龙、颜如愚、刘扬、陈楫、刘瑞禾、刘青藜、王之甫、刘在方、游运炽、邓懋修、柳达、周邻、陈用中、曹体乾、文上达、曹吉之、黄正国、袁懋镛、罗学琦、杨燮卿。《四川筹备省宪周刊》（第六号），四川省宪法会员筹备处，1922年11月11日。

[2] “刘成勋当选川省长祥记”，载《申报》1922年12月23日。

电，说陈启修新任重要校务，碍难允许其离开学校。筹备处认为没有接到陈启修本人是否无法返川的电告，又去电请其表示。后陈启修回电，认为北大害怕其一去不复返，故以其必有人代课为回川条件，然他所任课程又急难找到人来代替。至再三磋商，不得不辞去省宪筹备员职。有关省宪制定意见，已草具意见书，邮寄回川。其间，省宪筹备处又于 1922 年 12 月 27 日聘请黄泽溥为省宪起草员。

三、川省自治法草案的起草与审查

1923 年 1 月 10 日，四川省议会所选省宪起草员戴季陶、杨伯谦、吴玉章、薛仲良、董鸿诗、张仲民、谢盛堂、饶炎、伍非百、郑可经、谭其蓁、黄泽溥、谢无量 13 人齐聚成都，四川省宪法起草委员会宣告成立，选举戴季陶为起草委员会主任，谢盛堂为副主任。是日在城南文庙西街联合中学校内文翁石室开正式成立会，午后 1 时，举行开会礼。首先，起草委员、筹备委员及来宾依次就位，举国旗、奏国歌。国歌毕，各委员及来宾向国旗行三鞠躬礼，各委员及来宾互行一鞠躬，然后各委员及来宾依次就座。接着由主任筹备员刘成勋报告前此制宪运动的经过，由筹备员向楚登台陈述，大意为：今天省宪起草委员会正式成立，又承各界人士惠临，此实川省自治史上莫大之光荣。但省宪起草委员会之所以迟至今日才成立，其主要原因在于起草委员人数较多，而中间又变动甚大的缘故。依据省宪法会议组织法，起草委员会由 13 人组成，而议会所选起草委员中，既有本省人，又有外省人或本省人而寓居省外的。筹备处曾一一去电敦催，起草员或复电辞职，或则连电竟不一复，毫无表示。电聘往返，致耗时日。故前本定 1922 年 12 月 10 日开会，继又至今日始得正式成立。而起草委员诸公，亦将在起草省宪期间闭门不出，此种精神令人佩仰不止。继之向楚又对川省制宪行为给予了高度评价，认为民国成立 11 年以来的时局，不是护法与毁法的斗争，乃是自治与代治的斗争、集权与分权的斗争，至其最后胜利则终以多数民意为转移。今川省起草宪法，乃为百年根本大计，纯属政治根本改革问题，希望从制度上谋彻底变动，崭新建设，以期造福于将来。以后川人的生死利害，全在于此次制宪。同时对省议会制定省宪法会议组织法的行为进行了辩解，认为此前省议会草定制宪程序，以致舆论群起而诋议会为包办，主要在于民众不知制宪层次，起草后犹须审查会之审定，人民总投票之批准，这是任何人都不能包办的。聘请学者起草省宪的目的，主要在于想用科学的方法而为科学地立法。此次聘请的起草委员，都是经验、学识兼具备的专家学者，惟望以环境为标准，以历史为根据，斟酌损益，而制成一种适应环境、符合历史的川省宪法。但就现在省内局势观察，即使将来制定出极刚性的宪法，恐亦未能束缚政府权力，而使野心家俯首就范。第宪法虽不能言，总有护法者起而仗义执言，故宪法能否束缚国家权力终不足为虑。希望诸位起草委员不要顾及将来毁法者情况，而惟秉笔直书，制成良善宪法，保障全川福利。再者前孙中山先生创立五权宪法学说，在普通三权外，更增考试、弹劾两权。但中国学子讲习法典时，不明白其含义，遂多以为赘疣。孙中山在外国时曾以此学说告留学生，众人亦以前所未闻而弃之不顾，此次湘省制宪，亦未采用五权宪法。就个人意见而言，川省最宜采用此种五权宪法，望诸位起草委员斟酌采纳，蔚成美宪。

接着是主任筹备员刘成勋致祝词。后又由起草员吴玉章发表演说，认为制定省宪，百年大计，同人等力薄任重，心滋惶恐，第经荣膺推选，自当竭其心思才力，殚精从事，以期无负所托。认为宪法有其形式，有其精神，形式托于条文，而精神则寄于社会。社会基础，原有二种，一为法律的，一为道德的，法律所以惩恶于既往，道德所以劝善于未然，欲求法典得到实施，必有待于社会的良善，须人人有见义忘利的品德、勇于为善的性格，能见义而不辞蹈汤赴火，见不义则虽有天下而无视之。社会既善，法律之效因而益彰。故编撰法规，责任在于他们这些起草人员；但欲其实行无阻，收效将来，使川省宪法成为光荣的宪法，则惟望社会上一般人先养成一种守法的精神。

最后由来宾省议会议长熊晓岩演说，认为过往川省制宪的波折，大半是由于大多数人的误解。议会制定制宪程序的意旨，其层次分起草、审查、总投票三种，聘请起草员起草省宪，而不采用普通立法会议的形式，是由于议会人物复杂，党派分歧，不若以之付诸少数学者，转为顺适。且制宪乃百年大计，尤非有经验宏富、眼光远大、头脑冷静的学者不足以尽其事。此三种程序中，以起草为最重要，审查会对于草案的审定，仅能为有限的部分修改，而此亦不过一种形式手续。至于总投票则更为有名无实的形式，故审查与总投票，其手续虽亦繁重，只要起草员能够拟就完善的宪法草案，则将来审查与总投票时，必可减去无限困难，此所以于此三种程序中将起草列为最重要的一个程序的原因。诸位起草员虑远思深，本不需要再做建言，仅有一言想对诸位起草员说的，是当今制宪的极大困难之处：当今政治思想日新月异，波涛汹涌，往昔的代议制度，在今日已受根本抨击。而创制实施宪法以解决当前的困难和问题环境，并不能纯恃理想，若专以个人理想为标准，则欧洲宪法无一完备，即使最新德、奥两国宪法，亦不能使大家满意。既然宪法在于解决现实问题，自当针对当前现实情况以创制，也许只有这样宪法才能行之有效。同时宪法作为百年根本大法，一面固应注意现在，而一面尤宜瞩目将来，这样方能行之久远。顾及现世，而不局促于现势；虑及将来，而不徒骛于将来；详审现势，并计将来，遥虑将来，兼顾现世，双管齐下，斯为得之。此为个人对于省宪制定的看法和观点。❶

1923年2月10日，省宪法草案起草完竣，送交省宪法会议筹备处，计有：四川省宪法草案正副本各一册，第一届省议会选举法草案副本一册，第一届省长选举法副本一册，法院编制法草案副本一册。2月21日，起草委员会宣布闭会。

第四节　川省议会的终结与地方立法的中止

省宪法草案起草完毕后，1923年3月10日，四川省宪法审查会假铁路公司地点举行集会，主要议题为议定议事细则、选举审查长、签订座次三项。此时恰值一、三、边军与三、七、二十一师进行战争，而吴佩孚乘川省内战之际，又派北军协助杨森大举回川。因战争影响，前后两月，虽开会20余次，多因不足法定人数，未能开议，其能实行议事者，不过八九次而已。在此期间，众审查员推定李晁父、陈省吾、李雪琴、伍介眉、邓懋修、吕渭滨、季叔平、李汉三为起草员，起草省宪审查会议事细则，待将细则草定后，再行讨论。细则草案制订后，提出于初读会，审查员将议事细则大体议决通过。二读会时，审查员林宝忠等认为议事细则草案应行修正地方尚多，于是众审查员决定推选杨天一、林宝忠、陈燮乾、刘德溶、丁性夫、冉开先、李元白、颜如愚8人为修正委员，会同前推的起草员将原案修正，俟修正后，方提付二读会讨论。二读会讨论通过后，付三读会，众人对草案字句略加修改，亦即全案通过。计议定议事细则70余条，旁听规则5条，警卫规则7条。❷

---

❶ “川省宪起草委员会开幕”，载《申报》1923年2月6日。

❷ “川战期中之省宪审查会”，载《晨报》1923年6月15日。

此时，省议会也召开会议，对省宪审查经费事，付众讨论。省宪为自治根本，应即咨请省军总指挥部及省署对于省宪审查会经费，当速设法拨付，维持现状。❶

1923年10月，省宪审查员要求当局拨款，当局允拨款2万元，但须以1万元作前日宪法起草员的薪金，以5000元作为省宪筹备员的欠薪，剩下的5000元分给审查员做报酬。但此5000元的数仍是空谈，尚未实行，故审查员在此时大有醋意，谓主张通电四川为假自治。❷

1924年2月，杨森、刘湘占领成都，熊克武退出四川，刘成勋通电拥护刘湘，受领北京政府任命的四川边防督办职，向川边发展。❸ 省宪审查会最终因经费无着，不得不停止。

川省宪法是在以国民党为主的川省议会主导下制定的，当刘湘还未下野时，省议会与刘湘主导的川省政府就为川省宪法制定产生矛盾，两者一直相持不下，直到刘湘下野，川省政府由熊克武、刘成勋一派主导时，宪法的制定才得以顺利进行。当熊克武失势，退出四川，国民党在川力量基本被逐出西南。

自杨森控制四川局势后，省议会即沉寂下来。此届议会议员多属国民党，其联省自治的主张为吴佩孚所不喜，而杨森为吴佩孚支持之人，其对议会和省宪的态度可想而知。杨森主导川省，议会失去支持，省宪审查会也就不得不无息而止，省宪法草案也就被搁置。

1925年，杨森发动统一四川之战，在最初开始的2个月中，消灭了陈洪范，瓦解了陈国栋，击败了刘成勋、刘文辉、赖心辉，取得了战争的局部胜利。但受杨森威胁的其他各派军阀联合起来，并争取到黔军袁祖铭的支持，于是以刘湘为幕后操纵指挥，以袁祖铭为总司令、邓锡侯为前敌总指挥的川黔联军组成。杨森与川黔联军激战不敌，最后于1925年10月下野离开四川，就任吴佩孚委任的“讨贼军”第一路总指挥职。

杨森离川后，省议会又开始活动。1926年4月，有议员陈希曾等在省议会再度提出“完成省宪案”，谓川省议会在民国九年（1920年）制定省宪法会议组织法，并依组织法于民国十一年（1922年）设立制宪筹备处，更由筹备处依法于民国十二年（1923年）1月10日成立省宪起草委员会起草宪法，同年3月10日召集省宪审查会，从事审查。“殊审查会审查细则甫经拟定，因

❶ “成都战事与省宪”，载《大公报》1923年6月27日。

❷ “见钱不见人之无耻议员”，载《大公报》1923年10月12日。

❸ 李新，孙思白，朱信泉等主编：《中华民国史人物传》（第四卷），中华书局2011年版。

战事发生，经费无着，遂致此皇皇盛业，停顿不能进行。荏苒迄今，忽焉三载。前月筹备处各筹备员历述情形，函商到会。本会当已以大会开会在即，俟开会时，即为解决等语，函复在案。现届开会期间，此项百年不朽，一篑功亏之根本法，不能不提前讨究，期观厥成。年来川民困苦，如水益深，如火益热。若徒补苴一时，枝枝节节而为之，微论不能生效，即使生效，而头愈脚痛，脚愈头痛，疮口既多，且恐治丝益棼。亦无办法中求办法，拟制定省宪，根本解决，盖无他道也。近查国人心理，统一、联治两大派均认有制订省宪之必要。川人因历受以往之教训，感环境之困难，倾向制宪之心，亦已渐趋一致，及时一鼓作气，积极进行，或能收圆满效果，亦未可知。”❶

然而杨森很快又于1926年5月重返四川。1926年7月，广州国民政府北伐军出师北伐，9月北伐军攻克武汉，吴佩孚退往信阳，川省刘湘、杨森、赖心辉、刘成勋、邓锡侯、田颂尧、刘文辉等纷纷向北伐军“输诚”，请求给予国民革命军名义。广州国民政府为牵制吴佩孚在鄂豫的部队，消除北伐军的侧翼威胁以及分化瓦解西南军阀势力，以总司令蒋介石的名义，先后任命杨森、刘湘、赖心辉、刘成勋、刘文辉分别为国民革命军第二十、二十一、二十二、二十三、二十四军军长，此后，四川归属国民政府，服从国民政府领导。

根据孙中山《国民政府建国大纲》规定，国家建设分为军政、训政、宪政三个时期。“在军政时期，一切制度悉隶于军政之下。政府一面用兵力以扫除国内之障碍，一面宣传主义以开化全国之人心，而促进国家的统一。凡一省完全底定之日，则为训政开始之时，而军政停止之日。在训政时期，政府当派曾经训练考试合格之员，到各县协助人民筹备自治。其程度以全县人口调查清楚，全县土地测量完竣，全县警卫办理妥善，四境纵横之道路修筑成功，而其人民曾受四权使用之训练，而完毕其国民之义务，誓行革命之主义者，得选举县官以执行一县之政事，得选举议员以议立一县之法律，始成为一完全自治之县。”“凡一省全数之县皆达完全自治者，则为宪政开始时期。国民代表会得选举省长，为本省自治之监督；至于该省内之国家行政，则省长受中央之指挥。”❷

四川此时属于由军政向训政的过渡阶段，四川省的宪政建设必须待各县完全自治之后，民国初年川省的地方立法也就暂告一阶段。

---

❶ 四川省议会会刊，民国十五年四月二十一日。

❷ 广东省社会科学院历史研究室等编：《孙中山全集》（第十卷），中华书局1986年版，第127页。

第五章　川省自治法草案的主要内容

川省要自治，除了要有设计川省自治政府构架的蓝图外，还必须有省政府、省立法机关和司法机关这三架马车。故宪法起草委员会在起草《四川省宪法草案》时，同时起草了《四川省省长选举法》《四川省议会议员选举法》《四川省法院编制法》。故川省自治法主要包括《四川省宪法草案》《四川省省长选举法》《四川省议会议员选举法》《四川省法院编制法》。

第一节　川省宪法的主要内容

四川省宪法草案全文分13章，共159条，总字数7500字左右。内容依次为总纲、省与国、人民、省公民、省议会、省长及政务院、行政准则、法院、审计院、监政院、地方制度、宪法的修改及解释、附则，规定了四川省的性质和地位，规定了处理中央与地方关系的基本原则，确认了人民的权利和公民权利，将省自治权力划分为立法权、行政权、司法权、审计权、监政权，并规定了省宪法修改的时限及条件，同时对全省户口调查未完竣以前的议员选举、省长选举做了临时性规定。

宪法究竟应该规定什么内容，不同的人会做出不同的回答。有学者认为，宪法之为物必须为一至简的典章，所规定的内容，但能以关于政府及公共行为等最根本的原则为限。宪法所规定的内容，也只能粗具大纲，使政治家在处置实际问题时，能够在其范围之内，根据国家生活的需要，制定决策所依据的方法而已。同时认为，一个国家政府的强大与根本法制定的繁简并没有关系，因为政府的强弱以其实施所有的权的能力而定，与权力的多少没有关系。因此他建议中国制宪时最宜谨记的，就是制宪时欲巨细并包一无遗漏，则制宪势将永无完工之日。因为宪法作为一个各方势力妥协的结果，如果规定的内容太过详细和具体，则参与制宪的各方便难以达成一致意见，宪法便难以产生。只有规定的内容只是少数根本事实，作为任何政府所凭借以行动的根据，这样参与制宪的各方势力才能予以同意。同样，人力终有穷尽之时，无人能恃其先见之明，预料后世无穷之事，将来需要做出什么规定，政治家及议会自能变更国宪的法文及惯例以应付它。故制宪时最重要的，就是认明国民的根本需要与可能性，在于对本国的现行政制与惯例有完全的智识。如果宪法不是根据本国的国情而制定，则制定的宪法必为一徒具形式的死法。外国的经验和智识，在制宪中的作用仅居次要的地位而已。外国智识所起的作用，可使它与本国情形互相比较而更为确切，一面可以教训人们避免某种错误，一面可以示人们以与国情不甚相远而可供模仿的良法。若宪法制定全部出于模仿，则必将偏于学理而难以得到实施。❶

也有学者认为，宪法的制定如果基于理性的自负而制定的内容过于详尽，则宪法注定将多变而不稳定，这样的宪法也必须不断地跟随现实的转移而进行修改。因此，一部优良的宪法在形式上其序言和总纲应当是简洁的，高度抽象的，而尽量避免涉及可能赋予了某些具体的政治决策以权威的内容；同时其对政体结构的规定应当是清晰的，但又不至于详尽到成为政府内部工作流程的地步。❷

川宪总字数约7500字，与世界上宪法的平均长度（15 900字）相比，刚好一半左右，从宪法的发展趋势来看，宪法长度还有不断增加的趋势，根据荷兰宪法学家马尔塞文的研究，1918—1945年制定的宪法平均字数在13 000字左右，而到1946—1955年制定的就变为14 000字，此后制定的宪法基本每10年长度增加1500字左右。❸ 因此，从川宪的长度看，川宪应该是比较简练的。

---

❶ 芮恩施："中国宪法问题"，载《东方杂志》第19卷第21号，1922年11月10日。

❷ 秋风：《立宪的技艺》，北京大学出版社2005年版，第220页。

❸ 有学者对世界上142部宪法的长度进行统计，平均字数在15 900字。参见［荷］马尔塞文·唐：《成文宪法——通过计算机进行的比较研究》，陈云生译，北京大学出版社2007年版，第202页。

一、川省地位及与中央的权力划分

中央与地方的关系决定于一个国家的结构形式，然中国的国家结构形式应取单一制还是联邦制一直是各方争论不绝的话题。陈启修❶认为，以中国当时的交通落后状况，以及各省民情、地质、物产的巨大差异，加上当时武人割据及乡土主义意识的严重，单一制不能在中国施行，在理论上和事实上都已经得到了国人的公认。故他主张中国应为联合的共和国。积极方面，从地理方面来看，可以救因道路辽远不能运用庶民政治之弊；从人口看，则足以免以八百罗汉代表四万万人之专擅不称之弊；从国内政治看，则足除现在中央政治之麻木肿毒症，及地方武人横亘于中央政府与人民之中间，上不能奉令承命，下不对人民负责之弊；从经济及财政看，则可救现今的中央财政无法整理，及各省武人因扩张武力，从经济上侵略近邻之弊。消极方面，则除现今的国会及各省的太上督军为拥护其自己利益计，对于联合国家必千方百计设法阻挠外，其他实际上更无使联合的国家变为不可能的事由。而国会的威信，已因第二次恢复而益减少，太上督军的势力，证以从来实例，毕竟无深固的根基，由下推之，不难倾覆，殆不足虑也。❷ 对于省的性质，他认为清朝时的省，既无独立的机关，当然为一种行政区划。民国以来省议会时断时续，各省有权力者，忽而称兵自主，忽而投诚受官，故无法对省的性质做出判断。然从事实上来说，大多数省，实等于封建时代时叛时服的诸侯，所辖的区域与理想上所拟定的地方自治团体，固远不相同，与联合国家内的各邦亦殊不相同。对当今那些主张联省

❶ 陈启修（1886.10.03—1960.09.09），后改名陈豹隐，字惺农，笔名勺水、罗江。四川中江人。1917 年毕业于日本东京帝国大学，同年受邀担任北京大学法科教授兼政治门研究所主任。早年热心宪政，先后发表《国宪论衡》《孔道与国宪》《护法与弄法之法理学的意义》《何为法?》《法律与民意及政治》《我理想中之中国国宪及省宪》等文，联省自治运动时期，曾私拟《四川省自治组织法草案》，提出“八权宪法论”。1923 年赴苏联和西欧考察。1925 年归国后参与领导国民革命运动，历任广州黄埔军校教官与农民运动讲习所教员、国立中山大学法科科务主席兼经济学系主任、武汉《中央日报》总编辑等。大革命失败后流亡日本，从事理论著述、文学创作和翻译工作，为中文《资本论》最早译者。抗战期间当选第一至四届国民参政会参政员，1947 年任重庆大学商学院院长，1952 年年底调任四川财经学院（今西南财经大学）临时院务工作委员会教务组组长，1956 年被评为经济学一级教授，为当时全国仅有的两名经济学一级教授之一。

❷ 陈启修：“我理想中之中国国宪及省宪”，载《东方杂志》第 19 卷第 21 号，1922 年 11 月 10 日。

自治的人而言，省究竟是单一国内地方自治体，或者是联合国家内的邦，也是让人难以断言。国家与地方自治体在性质上的区别，从来议论分歧，无有定所。但就其中最有力的固有统治权说而言，即将自己的固有统治权由下付上者为联合国家外的邦，将他人的固有统治权由上承受者，为单一国内的地方自治团体。他主张国家与地方自治体并无性质上的区别，仅有对外自主权的分量上的不同。对外自主权限制较小，其权力范围甚宽的谓之国；反是，对外自主权多受限制，其权力范围比较狭的，谓之地方自治团体。同时，他又主张国权与地方自治权应行合理的分配。故省的性质究竟如何，在理论上殊不重要。❶

而四川省宪起草委员会主任戴季陶早年更是一个坚定的联邦主义者，他认为"国土广大，习俗不齐。民隋各异，亦为我国之一特色也。一省之大，广者等于德法，狭者同于葡瑞，且各省之情形不同者正多，苟欲举此特殊之各省而以一法绳之，一机关治之，势有所不能也"。中央"名为集权，而实则不能集治。地方能自治而又无自治之权。直言之，则地方无宪法之保障，故事事受中央之干涉；中央鞭长莫及，故往往重要事项亦委之地方"，故他主张"中华民国非组织为联邦不可"。❷

有学者认为欧洲许多国家何以富强，而中国何以贫穷、羸弱、动乱，原因在于中国疆土太大，如果中国自动地分离为许多独立国，则人类社会的进步，定当不会像现在这么迟缓；所享受到的幸福，也不会像现在这么小。这个中原因在于小国家容易治理。中国疆土很大，人才众多，而容纳人才的地方就只有这么一个内阁，一个国会，这些人怎么容纳得了。以致今天甲欲倒乙，明天乙欲倒甲，天天相倾轧，中国如何不糟糕。假设中国能自动地分为多数小国，则人才可以分配，如南美洲一样，有多数内阁可以容纳许多总长人才，有许多国会可以容纳许多立法人才，网罗殆尽，野无遗才，则甲倒乙、乙倒甲的那种不好现象自然消灭。如此政治可以上轨道，国家可以得安宁，加以人才分配于各地，使各地易于发展。这是从国际法上的道理来讲的。从国法学上的道理讲不革命的、维持现状的方法，就是把中国分为二三十个准国家，使他自治，如湖南、奉天等省那样，但是不能完全独立，要受中央统治权的支配，不过中央的

❶ "陈启修省自治组织法理新论并表解"，载《四川筹备省宪周刊》第一期。

❷ 戴季陶："中华民国与联邦组织"，载《民国杂志》1914 年 7 月。

权限不如从前那样多，各省的权限不如从前那样少，创成一种虚国联省制。分之则为二三十准国家，合之则为一大联省国。❶

对于赞成中国实行联邦制的声音，反对者认为，第一，作为世界上实行联邦制的国家，最有名的当属美、德、瑞士三国，但三国联邦制的缘起，实因有种种困难不能合成单一国家，遂不得不以联邦制救济分立之害。反观中国数千年来皆为单一制，习惯相沿，民族之思想简单，现在欲以他国已经认为不完善的制度移植中国，何异削足适履。第二，联邦制对于国权问题，枝节横生，有认为联邦为各邦所联成，国权起源于各邦，其权应属于各邦；有认为联邦为各邦所组成，各邦又为人民所组成，国权起源于人民，其权自应属于人民；有以国权虽起源于人民，已经分给各邦，各邦复分给联邦，是人民之国权，大部分已让渡于各邦及联邦，其权只能各邦政府与联邦政府共同享有。美国施行联邦制已一百多年，对于这些问题时感不便，其困难可想而知。国内学者痛时局艰难，思以联邦制救济其穷，可惜的是未审查美联邦制的问题所在。第三，中国为单一制国家，若仿联邦制改为联省制，势必先解散中央政府及国会，由各分省自由草订宪法，组织各省新政府，始能产出新联邦政府，如此则国家先陷于无政府地位，险象环生，让人可畏。第四，国会现正在议订国宪，若认联省制为唯一救乱之策，必停止草制国宪，待各省宪成立，方可入手草制国宪。如此，则已召集的国会是解散还是听其存在，这又是一个争点。第五，中国单一制行之已久，尚有军阀自由招兵截留赋税的事情，若再实行联省制，恐野心军阀更可假自治美名明目张胆反抗中央，从前还保持中立，此后则肯定要独立。若再与他省联手脱离中央，此局面如何处理。第六，中国政治上的习惯，中央权力素在地方之上，若贸然改弦易辙，没有进行预备，欲求新制度推行无阻，恐无人敢相信。从以上几点可知，联邦制不适宜于中国。接着他提出如下主张：一是中华民国定为单一制共和国；二是分国权一部分于各省，听其自由制定省宪，但省宪条文中，不得与国宪相抵触；三是省宪由省议会制定，由大总统认可公布；四是废除督军制，每省设省长一人，由省议会及本省农工商学各会选举，呈请大总统任命，十年后再由人民直接选举，呈请总统任命。❷

❶ 宁协万："宪法宜采联省民主制"，载《东方杂志》第19卷第21号，1922年11月10日。

❷ 董修甲："联邦制及委员会制之研究"，载《东方杂志》第19卷第21号，1922年11月10日。

（一）四川省地位

对川省制宪的反对声，学者说说也就罢了，如果有武人出来反对，制宪者还是要仔细考量一番的，当时对川省威胁最大的，一个是云南，另一个则是北方的吴佩孚，吴佩孚是反对联邦制的。在省宪问题上，吴佩孚认为联省就是联邦。“以宪法论，唯有割本来分立之邦宪一部，以成立国宪，未有强割本不可分割之国宪，以成立邦宪者也。”“若如联省自治之说，省对于中央为分权，而对于省以下之县及市乡，仍为集权，中央集权不可，省集权独可乎？”吴佩孚把赞成省宪的人分成三类：一类为少数学者，从纯学理角度来考虑；一类为武人，他们据一省为地盘，不愿奉还中央，借联省以自固，如西南各首领，就是其中的典型代表；一类是政客，这些政客数量较多，“以中央不足回旋，群欲借一省为活动之凭借，如国会议员及国内奔走政治者，其多数也”。[1]

川省要自治，就必须取得各方的支持。于是川宪第一条明确规定：“四川为中华民国自治省”。第二条规定：“四川省以原有各县及川边地方为疆域，行政区域之废置及变更，以省法律定之”，表明四川省现有的区域非外力所能改变，即使中央也不得变更四川的自治区域。省内行政区域的变更与废置，由川省人民自己决定。第三条则规定了四川省自治权的来源不是中央赋予，而是来自省民全体。中央不得干预川省自治。第四条表明川省自治权的行使方式，由省民直接或间接行使。直接行使表现为全民公决，间接行使表现为人民通过选举，组成代议机关、行政机关、司法机关、审计机关、监政机关行使人民赋予的自治权。由此明确了四川在中华民国中的地位是一个自治区域，非联邦制下的邦或国。也希望让那些攻击省宪制定的人失去借口，更希望可以杜绝外力的干涉。当然川省也是中华民国治下的一个行政区域，负有遵守和执行国家法律的义务。

（二）川省与中央的权限划分

川省既然是中华民国的一个自治省，川省应该有哪些自治权力，哪些权力应由中央行使，自然应在处理中央与地方关系的根本法中予以明文规定。但川宪制定时，国宪还未完成。如何对中央与地方的权力进行划分，自是各方争论

[1] “吴佩孚反对省宪之意见”，载《申报》1923 年 2 月 25 日。

的焦点。中国的省在从前为国家的地方行政区域，省与中央政府的权限，开始并无严密的划分。今实行自治，自制省宪，省的地位，今昔改观。省与中央政府的事权，尤不可不有明了的划分，否则徒拥自治的虚名，不能收地方分治的实效。故省与中央事权的划分，实为省宪成立的先决问题。然划分的方法，不出两端：一概括，一列举。

赞成省宪中省的事权取列举者认为，中国“省”的地位向来不明了，说它是联邦之“邦”，其本身却没有规定什么明确的事权，一切行政事务都属于国家的地方行政。说它是国家的地方行政区域，则一切行政事项，中央政府几无过问的余地。“要言之，为一混沌之现象而已”。联省自治的目的即在打破这种混沌状态，明确中央与省的事权。只是对于划分的形式，应于哪一方采取列举的方式。有谓省的事权，宜采概括的保留。即在制定省宪时，规定“在不抵触国宪之范围内，省有一切立法行政权”等，此意即仿照美、德联邦的先例，即除明确划归中央权限的事项外，其余皆归省的事权。反对者认为美、德联邦皆先有邦而后联为国，组织联邦时，将各邦所固有的事权划出一部让之于中央政府，则中央政府的事权采取列举自属当然之事。反观中国，各省在法理上向来没有固定的事权，所有事权皆属中央。如果不能在省宪中先为具体的列举划定一省应守之疆域，则省的地位仍不明确。且国宪制定时如将省的事权亦划归中央，省政府无可对质以为抗拒。故不若先于省宪中，将省的事权明白列举，较为妥当。❶

其他一些赞成列举者也认为，中国的省颇近联邦国的邦，二者不同的地方，在于邦多发生于国家以前，一切事权早经先占，其后因有重新组建大国家的必要，遂择应属于国家的事权于联邦宪法，故联邦国宪法于联邦国事权多取列举规定，邦的事权多取概括的保留。川省制宪发生于旧国家之后，其自身本无何种明了之事权，而自治根本法又发生于新国家之先，依革命的手段而新取得的各种事权，若在自治根本法上不为具体列举的规定，恐不足确定自己的地位，且防将来制定联省宪法时，举而收归国家，无可质对抗拒，故于自治根本法上不能不先为列举的证明。而联邦国家的邦，本有根据历史习惯传来的事权，即无列举的必要。譬如单一国家的宪法，固无须列举其国家应有若干种类的事权。再质言之，联邦国的事权取自各邦，中国各省事权取自旧民国，凡新取得的事权皆须列举。地位虽殊，其理则一。因此之故，更可判定中国将来的

---

❶ “湖南省宪法草案说明书”，载《大公报》（长沙）1921年4月22日。

联省宪法，自当异于联邦宪法而取概括的事权规定。旧国家的事权甚多，凡为省自治根本法所未规定者，当然为新国家所保留。事属自有，何须列举。或谓省事权列举，如网罗过多，联省国家恐无伸张余地。其实国家事权不争多寡，唯在范围大小与分量轻重如何。如说到网罗过多，则旧国家的中央集权制可谓细大无遗，省事权规定如何能与其相比。况除列举之外，其他如外交、交通、财政、海陆军等，所遗尚多，国家何至无发展余地，所患者联省而后，政府不得人而已。且不仅此联省宪法上国家的事权虽应取概括的规定，而于消极的制限各省之处，仍当列举，如货币、度量衡、专卖特许版权等法皆是。其制限省不得有某种事权者，即无异明言某种事权皆应归之国家，此类条项，当于联省宪法中详细列举。❶

反对者认为，省宪关于省的事权宜为列举规定有四点难以理解：中国省宪的制定，始于湖南，仿行于川、滇、黔、两广、浙江、江苏、陕西等省。是积省为国，倡导省宪在先，制定国宪在后，与合众国联邦情况没有任何区别，而列举之说者乃强认为不同，这是不可理解的第一个方面。如果省宪关于省的事权采列举规定，则各省有其特别的情形以及固有的习惯，这样必将导致甲省制定的宪法所规定的事项不同于乙省，乙省所规定的事项复不同于丙、丁等省。各省规定不同，将来国宪关于中央权限的规定，必日陷于困难的境地。这是不可理解的第二个方面。凡事物必各有其相同的地方，这样才能聚集相同之点以为一体，国宪亦然。国宪乃各联省共同适用的法律，其中央事权的规定，亦经各联省以共同的意思，允将外交、军事及其他统一事项划归中央，故中央事权必从列举，此又为不可掩盖的事实。中央事权既从列举，而各省事权亦复为列举的规定，则分划之术穷，这是不可理解的第三个方面。省之下有县、有市、有乡，都受省的监督，县议会于不背省法令的范围内，市乡议会于不背省法令及县令的范围内，皆有自定单行章程的权力，省的事权既从列举，则县市乡的事权果从何出？这是不可理解的第四个方面。综上四端，省宪必须为概括的规定，上乃可分划一部分事权于中央，以组成中央政府，巩固国基，下乃可分划一部分事权于县于市于乡，以促进地分治之精神，运用神妙，方无冲突。❷

---

❶ “丁世峄省自治根本法大纲”，载《四川筹备省宪周刊》（第八号），1922 年 11 月 25 日。

❷ 萧征明：“私拟四川省宪法草案说明书”，载《四川筹备省宪周刊》（第六号），四川省宪法会员筹备处，1922 年 11 月 11 日。

从当时私人草拟的四川省宪法草案或所提建议来看，有主张取概括的，[1]也有主张取列举的。[2] 而当时已制定省宪的湖南、浙江、广东等省，其省宪对中央与地方权限的划分都是取列举的规定。川省制宪时主要参考了湘、浙、粤等省宪的规定。既规定了处理中央与地方关系的基本原则，也对川省所拥有的具体权限进行了列举。

在中央与地方的关系上，总的原则是地方自治权不得抵触中华民国宪法的规定。例外情况是中央无力行使自己的职权或不行使自己的职权时，川省得议决执行，以维护川省的利益。同时，国政府制定法律或与外国缔结条约时，如果涉及对川省利益的处分，必须征得川省的同意。同时，国家制定的法律如有不适宜川省的地方，川省在不违背该法基本精神的条件下，得更定施行的程序。此外，国防上的军事行动及其计划，如果事关川省利益，川省须参与其行动或计划。国家事务如委托川省执行时，其费用由国库负担。

川省所拥有的自治权力，包括立法权、人事权、行政权、司法权。立法权主要规定在省议会的立法权中，如省官制官规、省地方制度、省户籍法及登记法、法院之编制、感化院及监狱制度、省田赋与其他税法及征收条例、省银行条例、省保险制度、卫生及防疫制度、公益及救贫制度、省教育制度、省教育农工商会之组织法、劳工保护制度、省军制及军事法规、省戒严法、省警察法和其他属于本省立法范围的事项。

---

[1] 取概括的有李正熙所拟定的四川省宪法草案，其草案规定“四川省之自治权，除中华民国正当宪法之限制外，不受何等拘束”。参见“李正熙私拟四川省宪法草案”，载《四川筹备省宪周刊》（第二号），1922 年 10 月 7 日。其他如张重民私拟四川省自治根本法草案规定：“四川省之自治权，除中华民国正当宪法之限制外，不受何等拘束”。参见“张重民私拟四川省自治根本法草案”，载《四川筹备省宪周刊》（第三号），1922 年 10 月 21 日。高一涵主张中央政府的权限取列举主义，各省的权限取概括主义，换句话说，就是凡不在中央政府权限之列的一切权限，一律为各省所有。“高一涵省制的讨论”，载《四川筹备省宪周刊》（第五号），四川省宪法会员筹备处，1922 年 10 月 28 日。萧征明、陈天德私拟四川省宪法草案规定：“对省内一切事项有自治权，但以不抵触中华民国之宪法为限。”参见“萧征明、陈天德私拟四川省宪法草案”，载《四川筹备省宪周刊》（第六号），1922 年 11 月 11 日。在张耀曾为云南私拟的云南省宪法案中，同样规定：“本省对省内一切事项有自主权，但以不触背中华民国之宪法为限”。参见“张耀曾私拟云南省宪法案”，载《四川筹备省宪周刊》（第七号），1922 年 11 月 17 日。

[2] 取列举的有张瑾雯、黄汝鉴私拟的四川省宪法草案，参见“张瑾雯、黄汝鉴私拟的四川省宪法草案”，载《四川筹备省宪周刊》（第五号），四川省宪法会员筹备处，1922 年 10 月 28 日。丁世峄所拟的省自治根本法大纲，参见“丁世峄省自治根本法大纲”，载《四川筹备省宪周刊》（第八号），1922 年 11 月 25 日。

人事权中，省长由全省公民直接投票选举产生，政务院长及其所推荐的各司司长均由省长任命，各县县长由省长任命，省长任免全省文武官吏。司法官由省议会选举产生，省法院院长由司法官互选产生。审计员由省议会选举产生，审计长由审计员互选产生。监政员由各县县议会选举产生，监政院院长由监政员互选产生。

行政权中，所有川省地方行政由川省自主管理，如川省教育、实业、军事、财政等事务；省政府受国政府委任执行国家政务时，其费用由国库负担。省法院为全省最高司法机关，对于本省民事刑事行政及其他一切判决为最终判决。

川宪对省事权的规定与浙、粤、湘三省宪法对省事权的规定不同，浙、粤、湘三省宪法以“省的事权”一章明确省应有什么权力，而川宪却在第二章明确省与国之间的关系，把省的事权具体列举在“省议会”一章中，其实都是一样的。

二、人民的权利与义务

川宪将省民的权利分为人民与公民两部分，这种立法方式可能为川省首创，而此后也无继来者。中国自古以来只有臣民的概念，而“人民”“公民”“国民”等概念都是后来从国外引进来的。由于臣民是相对于君主而有的一个概念，当共和国建立后，就不再出现臣民这个词，对于生活在这个共和国的自然人到底如何称呼，似乎当初也没有一个统一的概念。在《中华民国临时约法》中，民国的主权规定属于“国民全体”，这里用了一个“国民”的概念，但在其后接着的权利义务部分，它用的又是“人民”这个词。《天坛宪草》中，第三章标题部分用的是“国民”这个词，在第三条明确规定：“凡依法律所定属中华民国国籍者，为中华民国人民。”这里的“人民”是指具有一国国籍的自然人，这里的“国民”是指这个国家的人民。其后的《中华民国约法》秉承了国民就是一个国家内的人民这个含义。联治运动时期，又出现了“公民”一词，究竟“公民”与“人民”或“国民”有什么不同，陈启修对此进行了论述：“省公民系指拿有省公权之省民而言，省民系指服从于省公权之发动者而言。故省民之范围大于省公民。为省公民者虽同时皆为省民，而为省民者则不必皆为省公民。此种界限，即在完全实行普通选举之国，亦有所不免，盖未成年者及精神缺损者，终不得为公民也，故通常所谓主权属于省民全体之语，在法理上完全错误，吾人以为宜矫正之。或有谓如此恐有伤非公民之省团体意识，即爱省心者，然此在理论上虽或所不免，而一二空言之慰藉，究无补于事实。不如明白揭穿真相，或反有使一部分非公民之省民，得奋勉努力，以求获得公权之效果也。"❶ 川宪的这种立法方式或许就是受陈启修的立宪意见所影响。

湘、浙、粤省宪将享有权利的人称为人民或省民，但最后都规定了凡居住在该省营业的人享有与本省人同等的保护。这种规定的差异表面上看是立法技术的不同，实质上看应该是川省更注重对外来人员的保护，这或许与川省地理位置处于西南有关，更希望外来人口的加入。

对于人民权利的保障，川宪同其他当时大多数的宪法一样，主要确认了平等权、自由权、财产权、救济权及自卫权。在人身自由权中，有一项规定即"刑讯永远禁止"，这条规定让无数后来者汗颜，在中华人民共和国的宪法上到现在仍然找不出这样的规定，对刑讯逼供的禁止直到20世纪90年代前后才在一些法律法规中予以明确。

对于不同的权利，川宪采取了不同的表达方式，对一些不可克减的权利，川宪采用严禁或不得的否定句式。如"人身不得买卖或抵押"；"刑讯永远禁止"；"人民有信仰之自由，政府不得对于何种宗教予不平之限制或特享之利益"。对一些可克减的权利，规定必须依照法律的规定，如"人民身体之自由非依法律不受限制"；"人民之私有财产非依法律不受限制"；"人民营业之自由""人民居住迁徙之自由"非依法律不受限制。对一些要求政府作为的采用肯定的句式，如"人民无论男女有受同等教育之权"。

川宪所规定的权利，都是传统所认可的公民权利与政治权利，对于社会权利是否应纳入的问题，当时也有很大的争论。高一涵认为，当时宪法上所规定的政治基本权存在许多缺点，因为这些权利，只不过是一部分中产以上阶级的人可以享受的，大多数无产阶级还享受不到这些权利的一点儿好处。换句话说，就是这些权利，必定要有相当的财产、相当的职业、相当的技能的人，才能够享受，这都是那些享受高等生活的人才能享有的权利。接着他以财产权进

---

❶ "陈启修省自治组织法理新论并表解"，载《四川筹备省宪周刊》（第二号），1922年10月7日。

行分析，他认为当初弄到财产的人，也许是亲手起家的，自己安享自己亲手弄来的财产，原是正当的办法。但是后来财产多的人，便以财产生财产，或收买土地，睡在家里收租税；或放本钱在外，睡家里吃利钱；或出生在有钱的人家，终身吃他老子饭。等到这一类的财产发生，便把保护财产的原意失掉了，财产不但不能奖励人的勤劳，反转来奖励人家懒惰，财产自身并不是由自己勤劳的结果，都是剥夺人家勤劳结果的赃物，以致有“财产原是贼赃”的说法。财产权即对于该物的所有权，当所有土地尽让先来的人占完了，后生的人岂不要活活饿死。一个人生在一切东西都被人家占去的世界之中，如果他不能从他老子那里得到生活费，社会再不要他的劳力，那么他便没有得到一点食物的权利。他虽然生在这个世界上，但是在这个自然的大宴会中，却没有他的座位，并且叫他走开，立刻就执行自然的命令。宪法上把财产权看作神圣不可侵犯，岂不是替贼人来保护赃物，岂不是只顾全已经占有财产的一部分人的利益，叫后来出生的人活活地饿死。

退两步说，就是承认宪法上规定的财产权，并不是替贼人保护赃物，并不是叫人活活地饿死，但是无论怎样，替宪法上的财产权辩护，总不能不承认宪法上所保障的财产权有缺漏，即只问他有没有财产，并不问他取得的方法公道不公道，必待有了财产，才用法律去保护他；如果没有，便沾不到宪法的一点恩惠。因为宪法上所保障的财产权，只是使已经有了财产的人，保住财产的安全，并不是使没有财产的人，有得到财产的方法和机会。

再如宪法上规定的“人民有言论思想的自由”，能享受这种自由权的人首先是要有相当的生活能力，如果生活都不能维持，便不能接受教育；就是能够维持生活，能够身受教育，个人本身，不发生别的问题，但是社会上，如果没有图书馆的设备，如果没有学者指导他或引起他研究的兴趣，或者社会上如工业制度和别的习惯，又不能使他得到便利，使他有研究的机会，这样一来，就是宪法上冠冕堂皇地规定言论思想的自由，人们又如何能够享受到。

故他认为通常宪法的缺点，就在只知道注重政治基本权，不知道注重经济。其结果便把一般不能够维持生活的人，排除在宪法保障的范围之外。当创造新宪法的时候，便应把经济基本权加入宪法内保障的范围。

他提出经济基本权的内容，应包括“全劳动收益权”“生存权”和“劳动权”。自马克思以来，大家都知道“财富是劳力的创造品”，因此各人就应该把各人自己由劳力生产出来的东西拿来供自己享用。那些不用劳力的资本家便不应该坐收地租、利息。因为地租、利息是把人家劳动的结果拿来供自己享用，结果劳动者每天就是做工8小时，可是自己只落得1小时的报酬，其余7小时的劳动成果，都归资本家抢劫去了。因此便有人主张凡是劳动者生产的东西，应该完全归劳动者自己享用。根据这个原则发生出来的权利，就是全劳动收益权。故他主张用法律来限制土地和资本的独立趋势，保障劳动者以劳力直接生产出来的财产的财产权，限制遗产和利息等不劳而获的财产权。

生存权就是一切财物适应各人欲望的需要分配起来。譬如有一件东西，对甲来说，没有什么大用处，在乙却用处大得很，便应该分配给乙去使用。全劳动收益权以劳动做分配财产的标准，生存权以欲望做分配财产的标准，因为人类既已生存，就该有保持生存的权利。不应使一部分人连生命都不能维持。在共产制度没有采用之先，应该以法律来保障那些得不到生存资料的人，即法律应该承认未成年的人有受教养的权利，承认衰老残疾失掉劳动能力的人，有受教诲的权利。

劳动权就是凡有劳动能力的人，如在私企业主之下不能得劳动的机会，都有要求给予劳动机会的权利。行使全劳动收益权的人可以要求自己生产的全体归自己享受，行使劳动权的人仅仅要求得到工资的工钱，不能要求享有生产物的全部。他主张在私产制度之下，如果想救济失业的弊病，法律上应该承认，凡有劳动能力的人都有要求劳动机会的权利。

故不谈宪法便罢，如果要谈宪法，便要把经济的基本权收由宪法保障。因为经济问题不解决，政治问题也万不能解决。人民不能得到经济上的平等权，便不能享受政治上的自由权，真正能保人民经济上的平等权的宪法，才可以算做全体人民的“权利书”。❶

对于社会权是否应该列入权利清单，有学者认为各种社会文化性权利、福利权利尽量不要写入宪法，因为这些权利是不断变换也在不断生长的，对于那些只有某个特定群体的特定的权利，宪法可不作明文规定，而仅规定某个原则。权利清单部分应突出重点，简明扼要，主要罗列个人所应享有的否定性权利。❷ 从这个标准来看，川宪对权利一章的立宪技艺应是具有较高水准的。

---

❶ “高一涵省宪法中三个问题”，载《四川筹备省宪周刊》（第十号），四川省宪法会员筹备处，1922年12月9日。

❷ 秋风：《立宪的技艺》，北京大学出版社2005年版，第215页。

对省公民资格的确定，川宪规定下列人员不得成为公民：未年满 21 岁的男女国民；非省民在川省连续居住未满 3 年以上者；“患精神病者；被剥夺或停止公权尚未复权者；未受义务教育者，但义务教育未普及以前，以不能识本法条文者为限”。

浙、粤、湘三省宪法对省公民资格的确定，有学者认为川宪公民权利的规定，较之粤宪，似乎稍稍进步。[1] 如公民选举权与被选举权的资格，对选举权年龄的限制，川宪与湘宪一样，都规定为 21 岁，浙宪规定为 20 岁，被选举权的年龄资格都限定在 25 岁以上。至于选举权的年龄资格究竟是 20 岁还是 21 岁，抑或其他年龄，起草者可能是凭自己的经验，恐怕并没有什么科学根据。对选举权其他条件的限制，湘宪限制最多，[2] 川宪限制最少，[3] 有学者认为湖南省宪第三十条有关选举权条件限制的规定，虽有六项规定，实则其第三项“受破产宣告尚未撤销者”与第四项“吸食鸦片者”两种条件，都已包含在该条第二项“被剥夺或停止公权尚未复权者”之中，原无单独重举的必要，又其第五项“营不正当业者”的规定，乃省宪审查会的修正而为湖南宪法草案所没有；浙江省宪草案第四十条关于省民选举权的消极限制，亦有第四项“无职业者”的规定，实则何种营业为不正当，与夫何种人为无职业者，均极费解释，尤其是职业一层，如前月曾被人聘请或受人雇用，是为有职业。及当调查选民资格时，忽被雇主解除契约，则又变为“无职业者”，如此茫然不定的限制，不知如何理解；今四川省宪草案只为三项规定，明了多矣。[4] 而对被选举权资格的其他限制，川宪与湘、浙省宪也有明显区别，湘宪规定现役军人、现任官吏、现任宗教师、在校未毕业学生不得被选举，但川宪只规定了“现任官吏被选为省议员时，须解除现职方得就任”，并未提到现役军人、学生及宗教师，此种规定恐怕与川省军人强势有关，且起草员中，黄泽溥即是一典型军人，且无任何学识专长。

陈启修认为省公民的资格，从纯理上来说，自当以在省自治法施行区域内

---

[1] 皓白：“评四川省宪法草案”，载《太平洋》1923 年第 3 卷第 10 期。

[2] 湘宪限制的六项规定有：患精神病者；被剥夺或停止公权；受破产宣告尚未撤销者；吸食鸦片者；未受义务教育者，但义务教育未普及以前，以不识字者为限。

[3] 川宪对选举权资格的限制仅有三项规定，分别为：患精神病者；被剥夺或停止公权；未受义务教育者，但义务教育未普及以前，以不能识本法条文者为限。

[4] 皓白：“评四川省宪法草案”，载《太平洋》1923 年第 3 卷第 10 期。

生活的成年无精神病的男女为省公民，这样才合于法理。但是从实际情况上来说，当今教育尚未普及，不识字的人尚多，而大家族制尚通行各处，成年人里面，家族之中那些游手好闲的寄生虫，对于公共团体生活，毫不产生利害观念及自觉心的人恐怕还占大多数，这当中尤以妇女为甚，似此情况，不但难于实行普通选举，即勉强实行，亦恐弊多利少，故他主张渐进确进主义，目前仍需有财产上、教育上及职业上的限制，以后视社会的变迁如何，逐渐撤去这些限制。因为主张权利的反面，即有实行权利的义务存在。凡不能尽其义务者，当然不能享受权利。❶

在当时的地方自治中，对住民的选举权进行财产与教育方面的限制，是一种大家都比较认同的方法。早在1908年孟森就认为公民资格的具备必须符合6个条件：年满25岁以上；能自立，并须2年以上不受赈贫之惠；无疯狂迷惑之病；在当地居住2年以上，若未满2年，但其品行资财为众公认亦可；2年以来完满地履行了本区域的住民义务；缴纳了一定数额的地税或其他直接税。❷ 这里孟森直接将公民资格的享有与义务挂钩，即人民的参政权与其是否承担了积极义务相联系。而孟森建议在坊厢采用的三级选举制，则更是将权利与义务完全对等起来。他根据坊厢公民承担公共费用的数额，将公民分为三等。如该坊厢岁费需要3000元，则从公民承担公共费用最多的人中选出若干人，所出费用已达1000元，这些人就拥有选举本坊厢议员三分之一的权利；再从剩下的承担公共费用最多的公民中选出若干人，以其承担费用超过1000元为限，这些人拥有再选本坊厢议员三分之一的权利；其余出费较小的公民，选本坊厢议员的三分之一。第二种方法实行二级制，适合于乡图，主要在于乡图公民财力相差不大。即根据乡图所需公共经费，对负担公费的数量从多到少排队，对满足半数公共费用的公民，有选举议员半数之权。其余公民为一整体选议员半数。❸

省公民的权利，川宪规定为选举权、提案权、表决权、服务权。而服务权之规定恐怕也难以见诸其他宪法性文件，应为川宪首创。服务权应该就是为人民服务的权利，这种权利的设置不知是不是受到美国开国总统的影响，因为那

---

❶ “陈启修省自治组织法理新论并表解”，载《四川筹备省宪周刊》（第二号），1922年10月7日。

❷ 孟森：《孟森政法著译辑刊》，中华书局2008年版，第51页。

❸ 孟森：《孟森政法著译辑刊》，中华书局2008年版，第55页。

时的总统是免费为人民提供服务的，即使现在仍有很多美国政要自费为人民服务，如迈克尔·布隆博格连任三届纽约州州长，月薪只有 1 美元，并坚持每天挤地铁上班。但这项权利在中国的设置恐怕会产生橘生淮北的效果。在当时的四川，不知有多少人不顾人民的生命财产安全，血流成河，盈尸百万，为的就是争这个服务权。这样一份大多数人都会冒着生命危险去争取的权利，就是不在宪法上规定，人们也会争着去做的。

川宪一个最大的亮点也许就是在宪法中没有义务的规定，这与当时多数宪法对义务的规定相背。宪法中要不要有义务的规定，从实践的角度来看，20 世纪 20 年代将义务写入宪法已经是一种普遍的趋势。但从法理的角度来看，宪法作为一纸权利保障书，它产生的目的就是保障人民的权利，防止它受到政府的侵犯。有学者认为宪法制定的主要目的是防止法律对公民自由的过分控制，而不是规定个人的义务，因为那是普通法律的任务。❶ 因此，无论是纯粹的义务，还是不得滥用权利的义务，都不应被直接写入宪法中。故在宪法中直接写入国家对公民的一种直接要求，这种要求被学者认为是基于一种错误的理论而提出的，是无法获得正当性证明的。❷

三、省自治机关

川宪对省自治机关的建构，包括省议会、省长及政务院、法院、审计院、监政院五大机关。

（一）省议会

省议会是省公民依人口比例直接选出的议员组织，议员当选的条件、任期、保障及选任限制：年满 25 岁即可当选；任期 3 年；会内言论及表决自由不受任何拘束；会期中除现行犯外，未经省议会许可不得逮捕审问或监禁；除政务员外，议员任职期间不得兼任官吏及其他有给之公职，或者说现任官吏被选为省议员时，须解除现职方得就任。

省议会设于省政府所在地，置议长、副议长各一人，由议员分次互选之。

---

❶ 张千帆：《宪法学导论》，法律出版社 2004 年版，第 25 页。

❷ 秋风：《立宪的技艺》，北京大学出版社 2005 年版，第 212 页。

每年开常会一次，定于5月1日自行集会，闭会日期由省议会自定。闭会期内设常驻委员会。开会时，须有议员总数三分之一以上出席，议决事项以出席议员过半数通过为有效。会议公开，非出席议员三分之一以上同意，不得开秘密会议。

省议会主要职权包括：立法权，如制定官制官规、地方制度、户籍法及登记法、法院编制法、感化院及监狱制度、财政税收金融保险条例、文化教育卫生体育制度、劳动社会保障、军制及军事法规、戒严法、警察法、其他属于本省立法范围的事项；监督权；预决算案权；质询权；弹劾权；对政务员全体或一人不信任权；受理请愿权。

（二）省长及政务院

省长的产生方式、任期、职权及限制：省长由全省公民直接投票，从年满35岁以上的省公民中选举产生，再被选得连任一次；每届任期5年；其职权包括提出法律议案权、公布法律权、发布命令权、统率全省军队权、任免全省文武官吏权、监督各级地方自治权、宣布戒严权、宣告免刑减刑及复权等；省长执行职务时，非有政务员副署，不生效力；任期中，非经省议会同意，不得辞职或出境；现任议员及文武官吏被选为省长时，须解除现职方得就任，就任后亦不得兼议员及其他文武官吏；就任之日，须在省议会宣誓："某某誓以至诚遵守宪法，执行省长之职务，谨誓"。

对于省长统率全省军队的规定，有学者早在湖南制定省宪法时，就对此提出了批评，他认为中国民初以来军政一直比较紊乱，督军、总司令、师长、旅长乃至于下级军官、士卒等对社会产生的危害已经到达极点，在这个积重难返的军阀政治制度下，如果没有矫枉过正的方法，绝不能把根深蒂固的军阀势力打倒。联省自治的第一个要求，就是要把现在为患最烈的军阀打倒。然而遗憾的是，湖南省宪法又把全省的军政委置于全省至高无上的长官。试问这种规定又如何能够将军阀势力打倒；虽然有人认为中华民国的《临时约法》规定大总统兼任海陆军大元帅统率全国的陆海军，大总统不仅没有成为军阀首领反而成为军阀的走狗、受军阀的指挥，何以省长兼管全省军政就会造成有军权在身而上下专横。这种原因在于中华民国的军阀有实力的首领太多，不能不捧出一个没有实力的大首领出来。而一省的情况就不同了，能当选省长的一定是省中实力最大的军阀魁首。以前民事尚由省长分去一部分权利，现在他两者能够包办，比以前的督军还要利害。故湖南省宪法上这种规定，固然也有起草人和主张人的用意，可是如果闭着眼睛把现在各省的情形想想必要颓然若丧了。再者，中国即算联省自治实行，军政绝不能由各省分管，应该一统于中央。现在这种规定在将来制定国宪的时候，不免要有冲突。虽然现在有许多人主张先有省宪然后才产生国宪，但这种省自为军、不相联属的办法在中国内争平息的时候就没有任何作用。关于军民应该分别治理与省长兼理军务之不合理的理由就非常明显。❶

政务院由政务员组成，设置内务司、财政司、教育司、军政司、司法司、实业司，政务院长及各司司长皆由政务员担任，由省长任命。政务员对省议会负责任，单独署名的行为，单独负责；联合署名的责任，共同负责。政务员全体或一人经省议会表决不信任时，即须辞职。

川省政务院的规定与湖南省宪法中省务院的规定有几点明显的不同：一是川省没有像湘省的省务员一样有任期的规定；二是没有像湖南一样有交涉司的设置；三是政务员产生的方式不同，湖南省规定各司司长由省议会选举二人，由省长择一任命，而川省规定各司司长由政务院长推荐，由省长任命。对于湘省省务员任期的规定，李剑农曾对这种规定提出批评。他认为责任内阁制的阁员没有一定的任期可说，议会信任他时，他可以继续担任阁员；议会不信任他时，几天几月的工夫就倒了，如此则任期的规定几乎没有意义。而交涉司的设置问题，李剑农认为外交属于国政府的权力，即使实行联省自治也不能将此权划归省政府所有。而政务员的产生方式，李剑农认为，如果是责任内阁制，政务员就不应该由选举产生；既是选举产生，又如何实行责任内阁。❷ 川省宪法的规定应该是在湖南省宪法基础上的改进。

（三）法院

省法院为全省最高审判机关，对于本省民事、刑事、行政及其他一切案件的判决，为最终判决。省法院之下设控诉法院和初级法院。司法官由省议会就有法定资格者分次选举产生，以得票过省议员总额半数者当选。省法院院长由

---

❶ 罗敦伟："湖南省宪法批评"，载夏新华、胡旭晟整理：《近代中国宪政历程：史料荟萃》，中国政法大学出版社 2004 年版，第 683 页。

❷ 李剑农："由湖南制宪所得的教训"，载《东方杂志》1922 年第 3 卷第 6 期。

本院司法官互选产生，任期5年，再被选得连任。审判公开，司法官独立行其职权，除服从法律外，不受拘束。省法院中附设检察局置检察长一人，各级法院配置相当之检察官。司法官终身任职，非依法不得反其意，命其免职、降职、停职、转职或减俸。关于行政诉讼的重要事件、关于政治犯罪情较重者；因著作犯罪非诬蔑个人者；拟处死刑无期徒刑一等有期徒刑的犯罪，法院会同陪审员审理。

（四）审计院

审计院由审计员7人组成，审计员由省议会分次从年满30岁以上有会计学识经验的省公民中选举产生，审计员任期5年，再被选者得连任。审计员不得兼任其他官吏及有给之公职。审计员任职期间，除自行辞职及依法免职外，不得解职。审计院职权包括：省收入支出审计核准；各机关收支簿据审计；各机关收支簿据登记及报告程式鉴定。

审计院规定由省议会选举审计员7人组成，审计院院长由审计员互选产生，审计员任期5年，与浙宪规定大体相同，所不同者，在于人数与任期差异，浙宪为议院选举审计员11人组成，任期6年，每3年改选二分之一。湘宪与粤宪对于审计院的规定相同，规定仅限于审计院院长由省议会选出，任期8年，非依因贿赂或其他违法行为，议员总额三分之二以上出席，出席议员三分之二以上可决之弹劾，不得免职，较之川宪、浙宪规定而言，可以维持审计院的独立，充分发挥审计机关的作用。

（五）监政院

监政院置监政员5人，由各县县议会从年满35岁以上、有学识风节的省公民中选举产生，监政员任期5年，再被选得连任。监政院职权主要包括：省议会有违法行为时，得咨请省长提出解散案，付省公民总投票表决；省议员有应受惩戒行为，省议会不为提议时，得咨请省议会议决；官吏有违法行为时，得咨请省长查办；省长、政务员、省法院司法官、审计员依本法之规定应行弹劾，省议会不为提议时，得提出弹劾案咨请省议会议决；议员、官吏有犯罪行为，检察官不为起诉时，得咨请司法司令检察局提起公诉；监察各项官吏考试；调查权；询问权。

（六）各自治机关自治权的制衡

省长以政务员全体之副署或监政院之咨请提出理由书，交全省公民总投票过半数可决，省议院解散。省长有谋叛、贿赂或其他重大犯罪行为时，政务员省法院司法官及审计员有违法行为时，省议会得行使弹劾权。省长对于省议会议决之法律案，认为应交覆议时，须于公布期内，咨交省议会，如省议会出席议员三分之二以上，仍执前议时，省长应即公布。政务员全体或一人经省议会表决不信任时，即须辞职。监政员之全体或一人有溺职违法行为时，经全省县议会十分之一提议纠举，过半数之可决，即须退职。

四、地方制度、宪法的修改及解释

川宪规定县为自治团体，是省的地方行政区域。县以内工商荟萃的区域，人口满一万以上地方为市，其余为乡。县设县长一人，由省长任命，执行省地方行政及县自治行政，并监督县以下的自治机关。县设县参事会赞襄县长执行县自治事项；县设县议会，由全县公民直接选举议员组成。县在不抵触省法令的范围内，行使自治权，如教育、交通、水利及其他土木工程事项；实业及公共营业事项；警察卫生及各公益慈善事业；人民生计事项；县公产及营造物之管理及处分；制定县税及附于省税之附加税，其他依省法令属于县自治处理的事项。县长有违法渎职行为时，县议会得以议员总额三分之二出席，出席议员三分之二以上通过，向省长提出弹劾案查办。

地方制度的规定，川宪比较简略，仅规定县为自治团体，但又规定县长由省长任命，显然与自治团体性质相悖。县长即由省长任命，县长只对省长负责，但又规定县长有违法渎职行为时，县议会得提出弹劾案于省长，省长应即查办之。县以下的市和乡究竟是县以下的自治团体还是行政区域，或行政区域兼自治团体，性质不明。但无论其性质为什么，它们都是县自治团体的一个部分，其组织何以又要省法律定之？反观湘宪，则在地方制度方面规定明晰，规定县为省的地方行政区域，并非自治团体。县长的选举办法既规定县长由县议会选举6人，交由全县人民决选2人，呈请省长择一任命，这样既体现了自治团体由人民自主决定自主管理的特性，又体现了作为省行政区域的性质。且明确了县以下的市乡性质及自治权限。其以下市乡的制度自定，经省议会认可施行。

也有学者对县长民选持怀疑态度，认为在部落思想极盛之今日中国实施这种制度，对于开化较迟的偏远县治，是利是害，尚属疑问。同时也认为川宪关于市乡自治，除第133条规定“县以内工商荟萃之区，人口满一万以上者为市，其余为乡”及第134条“市之人口满30万以上者，得为特别市，直接受省之监督”外，所有其他市乡及特别市之组织，均以“以省法律定之”一语了之。而湖南省宪对于此项规定，则不独画出一种市制的雏形，使经营都市从事市政者，有所依据，且并为划出税收，充市财源，所以置重都市自治之处，直与县自治等量齐观，因为省自治能否发扬光大，完全在于下级地方自治（县市自治）是否充分发达，而川宪对于此点仅以轻描淡写，不能不认为是一缺点。❶

县级地方自治权力以不抵触省法令为限。但县既为一级地方自治团体，同时又是省的地方行政区域，县行政机关所执行事务应既具有官治性质同时也兼具自治性质。官治性质的事务自应遵循省法令的规定，县一级自治团体的事务自应由全县人民自由决定。但川宪对此无半点规定。此规定显然还不如清末地方自治时对厅州县地方自治事务规定明了。清末所颁布的《府厅州县地方自治章程》第4条规定：“府厅州县议事会及参事会掌议决自治事宜。府厅州县长官掌执行自治事宜。”也就是说：“地方之利害，一本于议会之议决”，“凡在自治范围之内，无一事不遵议会所议决而行之者”。❷

宪法究竟应为刚性或为柔性，不同的国家有着不同的取舍。陈启修认为中国国宪及一般省宪皆不应具有过度的刚性，而尤以省宪为然。宪法应为刚性或柔性，要当视其适用地方的民性以为定。民性富于保守，虽柔性宪法无伤，民性偏于急躁，则非刚性宪法不可，此乃一定之理，毋庸置疑。然刚性之中，亦有程度之分，故仍不能无问题。中国之需刚性宪法断不容疑，盖制宪要求上之所谓宪法，若不指刚性宪法，则将失其意义。然宪法性过于刚，则往往使法意与社会之进步不能相应，其弊也，不酿成舞文弄法之现象，必惹起宪法之战争，且在理论上亦往往与现代的种种公民投票制度之精神相矛盾，故认为理想的中国宪法，应少带刚性，使宪法之改正易于实现，而关于省宪，尤见其然，盖省政本不能如国政规模之远大，应少有长久不变的组织及纲领，而且依后段

❶ 皓白：“评四川省宪法草案”，载《太平洋》1923年第3卷第10期。

❷ 孟森：《孟森政法著译辑刊》，中华书局2008年版，第87页。

所述，陈氏本主张至少为实地教育计，各省应实行各种公民投票的制度。理想的宪法，既不宜有过度的刚性，亦不宜过于烦琐，刚柔与繁简根本上虽系二事，然实有相依为用的性质，盖富于刚性者，或宜于繁，以免发生宪法无规定时的纠纷；而富于柔性者，自宜于简，借以收随社会变迁而加修补之利益也。但简明与不完备，又系二事，因简明指条款之内容，不完备则指条款之有无也。❶

从世界范围来看，绝大多数国家的宪法都为刚性宪法，即宪法的效力及修改的难易程度与普通法律相比，效力高于普通法且修改难易程度较普通法严格。从川宪效力看，川宪规定：在省宪公布后依省宪制定的法律凡是与省宪相冲突的，一律无效。此举规定了省宪在省法律中的最高地位。从修改难易程度看，普通法律案的提出主体是省长，以议员总数三分之一以上出席，出席议员过半数通过即可。而川宪在修改时，提案主体是全省公民十分之一以上，然后提案交由省长付全省公民总投票解决。若宪法公布后满十年，省公民未提出修改案时，省议会得以议员总额三分之二以上进行议决，提出修改案，并提交省长付全省公民总投票表决，其难度远远大于普通法律的通过。以此规定来看，川宪属于刚性宪法无疑。

与湘宪相比较，湘宪修正案的提起主体为议会，即省议会议员四分之三，及全省县议会，及一等市议会团体三分之二提出；只有议会在10年内没有提出时，才召集宪法会议议决应行修正案。在四川省宪中却规定为全省公民十分之一；只有省公民未在10年内提出修正案时，省议会得以议员总额三分之二多数议决，提出修改案。提起主体的不同，也许与当时参与制宪的戴季陶有关。戴季陶认为宪法条文必须随着历史的变化而做出某种正式的修改。他说："无论这宪法怎样定，十年后的中国人一定是不能满足的，而且十年后一定是要修改的。所以眼前定宪法的性质，我以为愈软愈好，宪法的条文愈概括愈好……"❷ 但是，戴季陶也反对随意修宪。他认为宪法作为国家的根本法，绝不能使之轻易动摇。若随便修宪，将给国家与社会带来极严重的后果，"一则修改宪法之事过易，使人民生轻视宪法之心；二则宪法更改，一切法律制度皆

---

❶ 陈启修："我理想中之中国国宪及省宪"，载《东方杂志》第19卷第21号，1922年11月10日。

❷ 唐文权，桑兵编：《戴季陶集》，华中师范大学出版社1990年版，第867页。

将随之变动，而生政治上、法律上之大波澜；三则立国根本之宪法常受政潮之抨击，而国基则摇于惊涛骇浪中。此三者皆非国家之福。”❶ 为了确保这一点，他反对将修宪权完全交给议会，因为修宪权完全掌握在议会手中，修宪就成为易如反掌之事，上列三种危险就可能相伴而生。从文本的规定来看，川宪的修改难度要大于湖南省宪的规定，因为要使十分之一的公民签名要求修宪的难度远远大于湖南省议会四分之三的难度。

而在修宪程序上，湖南规定提案由宪法会议议决，然后由全省公民总投票决定；川省规定提案交由省长付全省公民总投票决定。两种规定看似只是中间程序的不同，其实这里面的区别就大了。湘宪是通过宪法审查会审查过的，议会与行政相比，议会也相当强势，并不比行政逊色很多。而川省宪法还是草案，且川省的议会无法与川省的实力派相抗衡，加之当时制宪委员会的成员都是川省的实力派，他们是不会将修宪权交到议会手上去的。也就是说，从文本看，在湖南，议会掌握修宪的权力；在四川，省长掌握修宪的权力。

相对而言，浙宪、粤宪对宪法修正案的提出条件要简单一些，都规定省议院议员三分之二以上可决，或全省县议会及特别市议会二分之一以上连署提出修正案，交全省选民总投票决定。但这些省宪都应属于刚性宪法一类。

省宪法的修改，全省公民十分之一以上可以提案，交由省长付全省公民总投票决定。如省公民在 10 年内未提出修改案时，省议会得以议员总额三分之二以上议决，提出修改案，咨省长付全省公民总投票决定。省宪法解释权属于省法院宪法解释权的主体，川宪规定由省法院行使，与湘宪规定基本一致，但粤宪规定得较具体，规定由省法院审判员互选 7 人合议解释。而浙宪规定省宪发生疑义时，由省议院、省法院、监察院各选 3 人合议解释之。

在全省户口调查完竣之前，第一届省议会的产生办法以每县选出 1 名为原则，但人口超过 30 万的大县加选 1 名议员。第一届省长由第一届省议会选出 7 人，交由全省县议会议员决选。省宪法由全省公民总投票可决后生效。

第二节　法院编制法的主要内容

司法权作为地方自治权的一个重要方面，是实行地方自治不可缺失的部

---

❶ 唐文权，桑兵编：《戴季陶集》，华中师范大学出版社 1990 年版，第 619 页。

分，但川省宪法作为一部基本法，它不可能对司法事务的各个方面做出详细具体的规定，只能对相应的原则做出规定。要使司法权能够行使，还必须有具体的法律对省宪规定的原则性条款进行具体化。川省宪法主要规定了司法机关的性质和地位、司法机关的产生方式、司法官的保障和审判原则等几个方面。法院编制法就是对川省宪法规定的司法权内容的具体化。

一、司法机关的设置

根据省宪法的安排，法院设置为三级三审制，分别为初级法院、控诉法院和省法院。初级法院设置于各县，管理该县第一审民事刑事诉讼案件，但属于高等法院特别管辖或国政府法院管辖者除外。初级法院审理实行独任制，但特别重大案件得用合议制。控诉法院设置于旧有各道，其管辖区域以旧有各道管辖区域为限。控诉法院管辖案件主要为不服该管初级法院判决而控诉或抗告的民事、刑事案件，以及行政诉讼案件。控诉法院实行折中制，即对简易控诉案件采取独任制，繁重控诉案件以及简易案件经第三审发回更为审判者采取合议制。省法院为全省审判最高机关，对于民事案件，其管辖不服控诉法院判决而上诉或不服控诉法院裁决依法令抗告的案件，具有终审权；但本省与他省或国政府的诉讼，应由国政府法院审判的案件除外。对于刑事案件，除内乱罪或三等有期徒刑以上的关于国交及外患罪与国政府有关系者，由国政府法院审判外，其他不服控诉法院判决而上诉或不服控诉法院裁决依法令抗告的案件，具有终审权。但对于内乱罪、关于国交及外患罪系三等有期徒刑以上的案件具有第一审并终审权。对于行政诉讼，管辖第一审关于省长处分的案件与不服控诉法院判决而上诉的案件，并具有终审权。

检察官的配置，不单设检察厅，采取在各级法院内配置检察官的办法。省法院附设检察局，控诉法院与初级法院配置检察官。检察官对于刑事案件，实行侦查提起公诉；实行公诉，提起上诉，并检查判决之执行。对于民事与行政诉讼及其他非诉讼案件，按民事诉讼条例及其他法令的规定，作为诉讼当事人或公益代表人，实行特定事宜。控诉法院审判行政诉讼时，以检察官为国家公益代表人。当法院成为民事诉讼当事人时，应由法院配置的检察官代理为原告或被告。除此之外，检察官有监督各级监狱及看守所、调度司法警察之权。

对于普通法院审理行政诉讼案件，当时既有赞成的声音，也有反对者。反对者认为，行政与司法应各独立，如置行政于司法监督之下，则行政官厅之权威难以树立，同时政府也将深感不安，最后将导致行政权力日益萎缩，难以发挥其应有的作用，此其一。行政审判的事项常带有行政性质，如要处置得当，审判者应具备行政方面的智识；如若让普通法院进行审理，不免有偏于拘执，不通政情的可能，此其二。将行政案件置于普通法院管辖之下，则凡行政案件所不可避免的自由裁量或公共利益将不大会关注，而可能会拘泥于法律的硬性规定，此其三。由行政法院处理行政案件，手续简便，无繁杂的形式，且费用较少，较之保障权益有胜于普通法院，此其四。行政诉讼当事人与民事诉讼当事人不同，民事诉讼因当事人之间的权利纠纷而起，而行政诉讼则为国家与公民之间的关系，其立于被告地位的常为国家或自治团体之行政机关，故行政诉讼应以为处分之官厅为被告，不宜以某行政官吏本人为被告，从而行政法院离通常法院而独立，亦自有其特有性质，此其五。

针对反对者的论点，赞成者认为，三权分立学说起自孟德斯鸠，然绝对的三权分立早已为当今的政治学家所排斥。法国学者认为行政案件不受法院干涉，应由行政部门进行审判。而英美学者则主张不问人的阶层如何、事件的种类如何、普通法院皆有管辖之权，不论官吏还是一般民众，均应服从同一法令。从这里可看出，孟德斯鸠三权分立学说之运用依各国情况而异，怎可独信法国学者一派之主张，而认为英美学者学说之谬误。如果说到行政权威被轻视，政府之不安当莫胜于英美。然英美各国不另设行政法院，其行政官厅并没有所说的不安和被轻视。行政权威应存在于法律范围以内，服从以拥护法律为专职者的审判实为理所当然。且按法治国的要求，行政机关不得超越法律而行使权力。行政机关受法律约束，则名义上为受法律的监督，实则不啻受法律的保障，因为法院本以实施法律为专职。

至于行政审判需要行政上的智识，司法官无处理行政方面的智识。赞成者认为，司法官苟以适当之机会，行政上的智识未尝不可养成。且实际上司法官对于行政法规也具备一般的智识，若加以锻炼，未尝比行政官厅的官吏更不称职。法国下级行政法院以县参事会及自治机关的职员兼充评事之职，难道这些官员都能通达政情，且富有公法学识？严格来说，偏于拘执不通政情的弊端，即使在高等行政法院亦何尝没有这种情况出现，原因在于这些法院的评事并非直接从事行政事务。如果要行政法院的评事具有行政方面的智识，则必须一直不断地从事行政事务。所以行政法院的评事不能随意任命，在各国已成惯例。

我国平政院的评事，以曾任二年司法职的人充任，可见行政法院的评事与法院之推事并未有什么样的差异。

至于普通法院拘泥于法律，不考虑自由裁量及公共利益，我国行政诉讼法第一条虽然如此规定，但平政院受理行政诉讼范围，以各官署违法处分损害人民权利为限，将审判权力委诸普通法院不更较委诸行政法院为适当？且普通法院在刑事审判中亦常斟酌公益公安而量定适当之刑罚，而独于行政案件就不具有酌定公共利益的能力？

说到行政法院手续简便、节省费用，此就法国行政法院来说如此，但也不尽然。认为行政法院保护公民私权较普通法院为优，这种说法不过是认为普通法院幼稚罢了。况且行政法院以行政官厅的利益为审判的要点，其对公民私权的保护绝不会较之普通法院更周密，此乃必然之事。且行政法院设置较少，人民如非有重大权利受到侵害，万不得已之下，绝不会长途跋涉。即使胜诉也得不到损害赔偿，如败诉则永无申冤之处。行政法院蹂躏公民权利者有之，而保护私权胜过普通法院的行政法院则没有听说过。至于行政诉讼程序不但没有简便，且更加复杂。

如果说到行政法院比普通法院更独立，此说正是普通法院反对设置行政法院的理由。行政官吏以行政之故发生违法行为应使国家负责任，不必使官吏本人担责，此与专制帝国所谓皇帝神圣不可侵犯、元首于法律上不负责任观念没有任何区别。以元首而享有此特权已为世所诟病，而可使一切行政官吏享有此特权？公法学者认为，国家的行为没有不对的地方，代表国家的人又如何能够为恶。所为恶者必为官吏之个人，而非国家行政机关。而以官厅为被告不是很荒唐吗？官吏的行为不为法规所允许的，这种处分行为实为官吏个人的行为，而非国家的公意。从而发生诉讼时，官吏应去其官吏资格，以个人承担责任。因为官吏已失其代表国家的资格，该行为已非国家行为。[1]

二、司法官的任用及保障

审判官与检察官的任用，得首先具备相应的资质，然后才能根据法院缺额情况，酌加任用。司法官的资格分为两种情况，一是因考试而获得相关资格，

---

[1] 邵梦同："非行政法及行政法院"，载《省宪周报》1921 年 8 月 18 日第 5 期。

即参加司法官考试，成绩合格而获得；二是因学历或经历而具备相应的资格。免试得任初级法院审判官检察官资格的条件有：在国内外大学法律专科毕业得有学位者；曾任审判官或检察官二年以上者；候补审判官或检察官候补逾二年以上者，因无缺额未得补用者；曾在法政各学校充任主要学科教员，或执行律师职务三年以上，成绩优良者。免试得任控诉法院审判官检察官或初级法院监督审判官资格的条件有：曾任审判官检察官四年以上者；曾在法政各学校充任主要学科教员或执行律师职务四年以上，成绩优良者。免试获得省法院司法官资格的条件有：曾在国内外大学法律专科毕业得有学位者；曾任审判官或检察官五年以上者；曾在法政各学校充任主要学科教员或执行律师职务五年以上，成绩优良者。

所有依司法官考试法获得司法官任用资格者以及因具有免试资格条件获得司法官任用资格但没有控诉法院以下法院两年以上实习者，分发控诉以下各法院学习，以两年为满。凡在各级法院学习满一年以上者，得由各该院院长分别酌派掌理特定司法事务。学习人员期满后，应依法官考试法受第二次考试合格或免试者，始得为候补审判官或检察官，如遇控诉以下各法院有缺额时，得择酌补用。

所有具有司法官任用资格的人员，如果因夺公权丧失为官吏资格的、曾处三年以上徒刑的、有精神病的不得任用为各级法院司法官。

各级司法官职务及待遇受法律保障，除非因惩戒调查或刑事被告依法应停职的、因受刑罚宣告或惩戒处分的、省法院司法官依省宪法之规定被弹劾者，以及因司法官资格丧失不能担任司法官的原因，否则在任中不得勒令免职、停职、降职、转职或减俸。各级法院司法官虽在惩戒调查期间或成为刑事被告时，其俸给仍应照给。

各级法院之司法官在任职期间不得超出职务范围干预其他政事，不得加入党派或社团，不得兼任行政官员、议会议员、报馆主笔或律师，不得经营商业及禁止官吏从事的其他业务。

司法官之任用，依据川省宪法规定，省法院的司法官由省议会就有法定资格者，分次选举产生，以得票过省议员总额半数者为当选。对于司法官的产生办法，当时社会存在两种不同的意见，一种主张司法官通过选举产生，一种反对司法官由选举产生。主张采用选举制的认为，司法官应地位巩固，不得轻易变更。民国十来年的实际运作表明，司法官的去留往往视长官的去留而定；一旦长官去任，则曹部一空，任用私人也就在所难免。即使那些没有跟随去留的，在长官交替之际，无不事先进行疏通，虽然宪法明文给予保障规定，但无不流于空言。故法官采用任用制，实足使法官存“五日京兆”之心，易致发生流弊。而司法官要公正审判案件，必须具有独立精神，不受外力干涉。比较来说，选举制度决不致像任用制度一样容易受权力荐引关系影响，为一二有权力的人所左右，既可避免滥竽充数的弊端，又可免受长官钳制之弊，故采用选举制能保障法官的独立地位。[1]

反对法官采用选举制的认为，从历史上各国采取选举制的情况来看，司法官选举制并未取得很好的效果。英国曾实行选举制度，因所选官吏信仰不著，以致选举制度弊病丛生，后乃大改革为任用制，一切规模才逐渐完备。美国地方司法官自采民选制度以来，令人大感不便，正在谋求改选任制为委任制，中国要谋求司法制度改革，应以英美为借鉴，如果不问制度好坏，只要他国有实行的就欲引进，“是不欲让英美两国专苦于前，而必以分享为快也”。[2]

省法院司法官均由省议会选出，较之湖南省宪只限于高等审判厅厅长及高等检察厅长由议会选举产生，其范围之广狭，自是不可同日而语。粤宪规定省法院院长由省长经议会同意任命之，与湖南省宪草案完全一致，这种规定，可以使司法界脱离政争，从而保持司法独立，实较川省所拟选举制为优。

而浙宪所做的“省法院长及省法院审判员由全省选民分区组织选举会选举之”的规定，较之川宪的省司法官产生办法，表面上似乎浙宪更能保证司法官的独立，因为其由选民直接选举产生，其司法权来自选民的直接授予，可以保证司法官员不受议会制约。对于这个问题，美国制宪之父麦迪逊曾有过论述。他认为，要维护公民的基本权利，要求把政府不同部门的权力分开和单独行使，这一点已在所有各方取得一致共识。显然，每个部门都应该有自己的意志，因此，组成各个部门时，官员的产生办法要尽量避免部门之间的相互介入。如果要严格遵循这条原则，就要求行政、立法、司法的所有高级官员都来自同一授权之源——人民，通过互不沟通的渠道产生。三个部门的官员都由人民选举，实行起来或许没有想象的那么难，不过，真要实行起来会有一些困难，会多花一些钱。因此，出现一些偏离原则的情况，应该予以承认。特别是

---

[1] 朱鸿达：“主张法官采用选举制之意见书”，载《省宪周报》1921年9月4日第7期。

[2] 张若骢：“反对法官采用选举制之意见书”，载《省宪周报》1921年9月4日第7期。

组成司法部门，严格遵循这条原则并非明智之举；“一、法官必须具备特定资质，设计法官挑选模式时，首先要考虑的，是保证入选者具备特定资质；二、法官实行终身制，一旦上任，就不再依赖任命他们的人。”❶

从美国的宪政实践来看，联邦法院的法官任命采取由总统提名、参议院通过的办法；而美国各州的法院法官却采取由选民直接选举产生的办法。这两种方法的共存表明在一个州或一个省采取由选民直接选举法官并非是不可取。而川省法院法官由省议会就有特定资格者分次选举的规定，较之浙省司法官选举产生办法而言，有容易受议会影响的特点。

三、法庭审判原则

法庭实行审判公开原则，如有不公开的理由，得将理由公布；但审判结果必须公开。停止公开审判时，审判长因当事人亲属的请求，对于倘无妨碍的人员可以特许其旁听。

使用本国语言审判原则，原被告中证人监定人，如有语言不通者，得由翻译官或翻译传译。法院文书用本国文字进行记录，如恐两造争执或有必需时，得附录外国语及各系土语存案。

法院合议庭判决案件，应根据所定审判官人数进行评议。评议时，陈述意见之秩序，以官资较浅者为始；资同，以年少者为始，以审判长为终。评议以过半数决之。关于赔偿或罚金之金额，若意见分三说以上，不能得过半数者，将诸说排列，以金额之多寡为序，数至居中之说，即以其说决之。关于其他科刑案件，如意见分三说以上，不能得过半数者，将诸说排列，以不利被告之轻重为序，数至居中之说，即以其说决之。省法院评议会，须有该庭审判官三分之二以上列席，其总会须有各该庭长审判官三分之二以上列席，方得开议。评议应守秘密，但候补及学习审判官得入座旁听。

重大案件实行陪审员制度，即法院审理重要行政诉讼案件、情节较重的政治犯、因著作犯罪非诬蔑个人的案件，拟判处死刑、无期徒刑、一等有期徒刑的犯罪，实行陪审员制度。

❶［美］汉密尔顿，［美］麦迪逊，［美］杰伊：《联邦论》，尹宣译，译林出版社 2010 年版，第 353—354 页。

法官独立审判原则。即法官独立行使其职权，除服从法律外，不受其他拘束。

司法行政之监督权，省法院院长监督该院及控诉以下各法院；政务院主管官厅监督省法院检察局及以下各法院；控诉法院院长监督各该院及各所属初级法院。

第三节 川省自治下的第一届省议会议员选举法的主要内容

从现代民主政治的基本理论来看，平等和自由是民主的核心内容。平等要求每一个人不但有相同的投票权，而且每一投票权的价值相等。议会作为一个代表人民意志、实现人民公意的权力机关，每一个议员应该代表相同价值的民意，即议员应按照议员总数与选举人总数的人口比例而产生，故《四川省宪法草案》第二十七条规定，省议会以省公民依人口比例直接选出之议员组织而成。要进行选举，首先要进行人口调查，造具选举人花名册，然后依议员总数与选举人总数的比例确定每一名议员应代表的人口数，在划分选区后进行议员名额分配，由各选举区选举议员组织而成。按照这样的程序进行选举，在川省当时存在难以克服的障碍，即当时川省处在大大小小的十来个地方军事强人的统治之下，议会作为一个立法机关，不同的势力都会将其作为自己的舞台进行一番权力争夺，故每派势力都会千方百计虚报自己的选民基数，以求分得尽可能多的议员名额。所以选举人总数的统计就是一个难以搞清的问题。如果以这样统计出的选举人基数进行议员分配，后面还不知有多少问题会随之产生。退一步说，即使这个问题不存在，按照正常的程序进行选举，要等选举结果出台再组织议会，也要相当长的一段时间。但当时人们的一致想法是尽快产生议会，组织政府以便实行宪政，人们就能过上安全而又体面的生活。故宪法起草委员会针对这种情况，对议员名额的分配采取一种简易的临时过渡方法，在宪法草案第一百四十八条规定以县为选区，每县推举省议员 1 名。但各县人口总数不同，有的甚至相差几倍，采取这种原则既违背选举权平等的原则，同时也会使一些人口多的大县产生抵触情绪，以致最终不同意该宪法草案的通过，故宪法草案在确定每县产生 1 名议员原则的基础上，规定人口满 30 万以上之县，每增加 30 万人加选议员 1 名。在全省人口调查未完竣前，以最近人口统计报告为准。

省议会议员选举法是一部有关省议会议员选举的程序法，虽然明确指明该部法仅适用于川省第一届省议会议员选举，事实上它完全适用以后的省议员选举。全文共6章64条，分别对选举的总精神、选举程序、选举变更、选举诉讼、处罚原则及附属内容进行规定和说明。

一、基本精神

各县省议员当选名额依照省宪法的规定，以地域原则为主，人口原则为辅，即每县无论大小当选省议员名额1名；在此基础上，对人口30万基数以上的县，人口每增加30万则增加省议员名额1名。议员实行直接选举为原则，即省议会议员由选民直接投票选举产生。选民资格及被选举人资格以宪法规定为准，即凡年满21岁以上的省民皆有选举权；对于非四川省民，无论男女、具有中华民国国籍、年满21岁以上、在川省继续住居3年以上的同样具有选举权；上述具有选举权资格的成年男女，如果患有精神病，或者在公权被剥夺期间，或者没有接受义务教育（但义务教育未普及以前，以不能识字者为限），不得行使选举权。对未受义务教育者能不能行使选举权的问题，后来者对此曾大加批评，认为该条剥夺了未受教育者的政治权利。其实该条的规定具有合理性，一是表明受教育的重要性，受教育是人们获得知识的主要途径，而知识是推动社会发展最主要的力量。愚昧无知者不但不会推动社会向前发展，反而会成为阻碍社会向前的力量。二是宪法将受教育规定为一项义务，作为一项义务，人们应该要积极履行；为了让每一个人都能享受到受教育的机会，省宪法明确义务教育为免费教育。当人们能够履行这项义务而拒绝履行时，法律可以停止其公民权的行使。但义务教育普及以前，以不能识本法条文者为限的规定，却将义务教育实行以前那些无条件进入学校学习的人排除在外，有违选举权平等原则。

选举期间以各地行政长官为选举监督官，监督整个选举事宜。选举工作人员实行回避原则，停止被选举权。每一个选举区设置投票管理员、监察员，开票管理员、监察员各若干名，由各区监督分别委任，但监察员以本省选举人为限。

投票管理员的职责主要是管理投票所的工作时间，决定投票人的投票是否有效，管理选区投票本、投票纸及选举人名册，维持选举所的秩序，以及其他依法所定属于投票管理员职务内的事项。

开票管理员的主要职责为负责开票所的启闭，清算投票数目，检查投票纸真伪，决定投票之是否合法，保存选举票，保持开票所秩序，以及其他依法所定属于开票管理员职务的事项。

投票监察员、开票监察员及各监督管理员办理投票开票事宜，监察员与管理员意见不同时，最后呈明选举监督决定。凡办理选举人员均属名誉职，但得斟酌给予一定公费。

二、选举程序

（一）选区划分及选民登记

选区划分，以现有县的行政区划为选举区。各县选举监督应根据各县的具体情况，将选区划分为若干投票区，并在正式选举的若干日前上报总监督。投票区划分后，各选举区监督应分派调查委员，在选举期前若干日对选区选民进行调查，对符合选举资格的选民，造具选举人名册。在选举人名册中，应将选举人的性别、姓名、年岁、教育、职业、籍贯、住址、住居年限等一一进行登记。选举人名册应在选举前若干日造好，然后由各选举区监督呈报总监督，同时将选举人名册在选举期前若干日颁发到各投票区，进行公示。公示以十五日为期，如本人认为自己的情况登记有错误或遗漏了自己的选举资格，或认为他人资格不符时，可以在宣示期内取具凭证，申请自己所在选举区监督进行更正。对申请更正不服，不服者可向全省总监督申请。总监督判定期间以十五日为限。选举人资料经各本区选举监督或总监督判定更正后，应由各本区选举监督更正选举人名册，并补报总监督。选举人名册确定后，应分存各投票所及开票所。

（二）选举通告、投票、开票及检票

各选举区监督应于选举期前若干日颁发选举通告，公告选举日期、投票所及开票所地址、投票方法。每投票区设一处投票所，开票所设于本选举区监督所在地，其地址由各本选举区监督确定。为保持秩序，投票所与开票所得临时增派警察。投票所及开票所除本所职员、选举人及警察之外，他人不得擅入。投票所及开票所自投票及开票完毕之日起，十五日以内裁撤。投票所投票时间，以上午 8 时起至下午 6 时止。

投票纸由总监督于投票期前若干日分发各选举区监督，各选举区监督于若干日内分发各投票所，同时按照各投票区所属选举人分别造具投票簿，并按照定式制成投票匭，于若干日内分发各投票所。投票簿上应载明选举人性别、姓名、年岁、教育、职业、籍贯及住址。投票匭除投票时开启外，其余时间应加封锁。

（三）投票、开票及检票

投票人不得跨选区投票，选举时，应亲赴投票所自行投票，不得委托他人代投。每一投票人只领投票纸一张，领取投票纸时，应首先在投票簿上登记的投票人名字下面签字。未受义务教育的投票人，应当场诵读省宪法条文若干条，以检验其是否认识宪法条文。以列名本投票所之投票簿者为限。投票用无记名单记法，每票只填一名被选举人，不得填写本人姓名。

投票完毕后，管理员与监察员应将投票始末情形，一起形成报告，连同投票簿及投票匭，在投票完毕的第二日移交开票所，并报告本选举区监督。选举监督应在各选区将投票匭送齐的第二日，确定开票的具体时间，届时亲临开票所督同开票。检票时，应将所投票数与投票簿上所签名数相对照，如票数多于投票人数，应认定该选区选举无效。选举票如出现不依规定要求填写的、夹写他事的、字迹模糊不能认识的、不用投票所所发票纸的，该选票一律无效。开票完毕，开票所管理员及监察员应将开票始末情形会同造具报告，连同投票簿及选举票在开票完毕的第二日呈送各本选举区监督。所有选举票应分别有效、无效存档，在本届选举年限内由各本选举区监督保存。

投票人应亲赴投票所投票，不得委托他人代投，显然是为了防止弄虚作假，冒名他人投票。但如果有人届投票时刚好有事，无法脱身或外出，就不得不放弃自己的投票权，不能保障当事人的权利。对此问题，后来的选举办法都采取变通办法，即有事外出不能亲赴投票所投票时，可以通函委托他人代投，但代理人数有一定限制，不得无限代理。

选票不得填写投票人自己的名字，是为防止自己为自己投票，这显然有违现代选举原则和制度。现代选举就是要鼓励竞选，将那些愿意为人民服务也能够为人民服好务的被选举人选出来。如果自己不能为自己投票，那么也就禁止候选人出来为自己竞选。每个人的活动范围或能力的有限性，不可能保证一个人对其他所有人都熟悉和了解，如果都靠他人熟悉和了解，自己不能出来竞选，那么选举也不可能选出真正有能力的和愿意为选民服务的议员。除此之外，投票不得给自己投票，也就无法保障秘密投票的原则。不能秘密投票，就不能保障选民自由行使自己的意志，没有自由的选举，这种选举也就是有其名无其实了。

（四）当选确定及选举变更

被选举人以得本区投票票数比较多者，依次当选；票数同时，以抽签确定。当选人足额后，并依该区应出议员名额，以得票比较多数者依次为候补当选人。票数同时，以抽签确定。当选人自接到当选通知之日起，应于二十日以内答复愿否应选；逾期不复者，以不愿应选论。凡当选为省议会议员的，由各本选举区监督发给议员证书。议员证书给予后，各本选举区监督应将选举始末情形造具报告，连同选举簿及议员名册，呈送总监督，在本届选举年限内予以保存。议员名册应载明议员姓名、年岁、籍贯及所得票数。

选举人名册因舞弊牵涉全数人员，或办理选举、违背法令等情形，经法院审判确定无疑的，选举无效。被选举人不愿应选、死亡或当选票数不实、被选举资格不符合规定条件又经法院审判予以确定的，当选无效。选举无效时，证书已给发的，应令缴还，并将姓名及其缘由宣示。当选无效时，由各该区候补当选人进行递补。在选举无效或议员缺额，同时该选举区没有候补当选人的情况下，该选区应进行补选。

三、选举诉讼、罚则及其他

选举人认为办理选举人员有舞弊及其他违背法令行为，或者确认当选人资格不符或票数不实的，得自选举日起，在十五日内向法庭起诉；未设法庭的选区，应向该选区受理诉讼的官署起诉。同样，落选人确认所得票数应当选而未当选或候补当选人确认名次有错误的，同样可以向法院提起诉讼。选举诉讼事件应先于其他各种诉讼之前进行审判。选举过程中，当事人的行为构成犯罪的，依刑律进行处理。第一届省议员的选举日期以省法令规定为准。

第四节　川省自治下的第一届省长选举法草案的主要内容

川省宪法对川省自治权力实行权力分立制衡，立法权和行政权需要相互制衡，其权力的来源首先必须要相同。立法机关的议员由省公民直接选举而产生，也就是说立法机关的权力来自省公民的授权，故行政权要与立法机关制衡，要求行政机关同样来自省公民的选举，取得省公民的授权。于是省宪法明确规定省长由全省公民直接投票选举产生。

对于省长的产生方式，当时有学者就认为川省省长的产生“由全省公民直接投票选举以得票过半数者为当选，无得票过半数者时，由省议会就得票之最多数及次多数者二人中决选之”的规定，与湖南省宪“省长由省议会选出四人交由全省公民总投票决选，以得票最多数者为当选”的规定成一反比例。原因是在中国当时的情况下，省长以得票过半数者为当选，无论何人，殆均不能有选出的希望，是省长选举必出于决选之一途，然决选权属之议会，故说与湖南省宪法的规定恰成一反比例。至于湖南省宪与四川宪法草案有关省长选举的规定孰优孰劣？自然湘宪的规定胜过川宪一筹。因为依前者的规定，省议会所参预者，止于预选省长，虽说所选省长候补人只有四人，议员不难操纵其间，上下其手，然将来公民总投票决选时，究竟谁能当选，权不必操诸省议会之手，以视四川宪章给省议会以省长决选权，使将来被选为省长者，势难超出议会势力以独立，故认为湘宪较优。这是就湘宪与川宪草案二者比较而言。实则省长选举方法，省议会所起的作用，虽然有预选决选的分别，只不过手续上有先后而已，并非存在根本不同的地方。他认为在当时中国民智未开、交通不便的情况下，省长选举若采取湖南省宪草案及广东省宪法草案的规定，一方面可以免去公民总投票的繁难，另一方面又可以不受少数议员的操纵，实不失为一种较好的方法。[1]

虽然有学者质疑川省宪法有关省长的选举规定，但要进行省长选举，也不是一件简单的事情。要选举，首先就要求进行选民登记。只有当选民登记完成后，才能划分选区进行选举。显然省长的选举不是一时很快就能进行。如果省长不是由选举产生，那就无法说明该省是实行真正的自治。为了解决这个问题，省宪法在制订的时候，对第一届省长的产生规定了一个变通的办法，就是首先由第一届省议会选出 7 人，交由全省县议会议员决选。这种选举方法的好处是，省议会选出 7 人后，全省县议会议员进行决选时选票不至于十分分散，而且也能保证所选的人都是政治精英，不至于突然冒出一个大家心里都没有准

[1] 皓白：“评四川省宪法草案”，载《太平洋》1923 年第 3 卷第 10 期。

备的当选人。这种变通方法应该是受《湖南省宪法》的影响，因为湖南省省长的产生就是首先由省议会选出4人，然后交由全省公民总投票决选。川省为了达到简便快捷的目的，省议会选出的7人不是交给全省公民决选，而是交给全省县议会议员决选，比之湖南省临时省长由省议会选举产生，其代表性和正当性无疑得到大幅提高。

但这种选举办法的产生显然也与当时川省议会议员的构成有关，制宪时议会的多数议员是国民党党员，这种临时选举办法可以有效地控制第一届民选省长的范围，就是保证由国民党党员出任第一届民选省长。

一、基本精神

省长选举时，省行政长官应即委任选举总监督及各分监督，选举总事务所设于省城，分选举事务所设于各县。选举总事务所及各分所，均设选举管理员及监察员若干人，由选举总监督、分监督分别委任。但监察员以所监察之预选或决选之本区选举人为限。选举管理员的主要职责在于：决定选票之应否收受及是否合法；掌投票纸投票簿及检查投票纸之真伪；清查投票数目及保存选举票；保持投票开票的秩序；其他关于管理员投票开票的事项。选举监察员监督管理员办理投票开票事宜。如监察员与管理员意见不同时，可陈明选举监督决定。

二、预选与决选

选举总事务所成立后两个月内，应即举行预选。预选期前一个月，需将预选日期通告省议会。选举总事务所按照省议员名额制订投票纸，并依省议员名册造具投票簿，届期由总监督率同管理员于省议会内，按投票名次发给出席议员投票纸，依次投票预选。

预选用无记名单记法，一次投票以得票较多者7名为候补当选人；票数同时，通过抽签决定谁应当选。预选投票须由总监督函请在省各法团、新闻记者，推举一定数目的代表，入场监视选举；同时由省议会酌发一定数量的参观券，准公民领券入场参观。投票完毕，须即时开票。开票时，须先将所投票数与投票簿对照。票数多于到会人数时，预选无效；预选票不按规定要求书写的、夹写他事的、字迹模糊不能认识的、不用选举总事务所所发票纸的，该选票无效。预选结果出来后，选举总事务所应即以候补当选人姓名电告各分所，定于预选结束后一个月内各县议会同时举行决选。

各县选举分所须于决选期前一个月将各县议会议员名额电告总选举事务所，领取投票纸，并依各县议员名册造具投票簿。届期率同管理员、监察员于各县议会内，按投票簿名次发给出席议员投票纸，依次投票决选。同时，各选举分所须于决选期前二十日将决选日期及候补当选人姓名通告县议会。决选投票用无记名单记法，于候补当选人中决选一人。决选投票时，须由各分监督函请所在地的法团、新闻记者，推举代表数人入场监督；县议会得酌发一定数额的参观券，准公民领票入场参观。投票完毕，须即时开票。开票时，须先将所投票数与投票簿对照，所投票数不得多于出席投票人数。决选票不依规定格式书写的、夹写他事的、字迹模糊不能认识的、不用投票所所发票纸的、所选之人非候补当选人的，该决选票无效。开票结果出来后，各分所需将各候补当选人所得决选票数电报选举总事务所，并于开票完毕十日内将各该所所管文件、票纸、名册等项一并移交该管县的行政公署保管，然后即行撤销。

三、当选确定与选举变更

选举总事务所汇集各分所电报各候补当选人所得之决选票数，以得票最多者一人为省长。当选人票数相同时，以抽签决定当选者。省长当选人选出后，由选举总事务所通知省议会，由省议会发给当选证书。

凡办理选举人员于选举时，有违背法令、纳贿舞弊等情形，经审判确定与当选人有关系者，则当选为无效。省长当选人不愿应选或当选而死亡者，均为当选无效。省长当选无效时，应另行改选。

四、选举诉讼及罚则

选举人确认办理选举人员有舞弊及其他违背法令行为，得于十日内向法庭或承担审判职能的受理诉讼机关起诉。举诉讼应先与各种诉讼案件之前进行审判。选举犯罪行为依刑律处断。

第六章　民初川省地方立法的评价

洛克认为：人类天生都是自由、平等和独立的，如不得本人的同意，不能把任何人置于这种状态之外，使其受制于另一个人的政治权力。任何人放弃其自然自由并受制于公民社会的种种限制的唯一方法，是同其他人协议联合组成为一个共同体，以谋他们彼此间的舒适、安全和和平的生活，以便安稳地享受他们的财产并且有更大的保障来防止共同体以外任何人的侵犯。而达到这个目的的重大工具和手段是那个社会所制定的法律。[1] 故卢梭说："由于社会公约，我们就赋予了政治体以生存和生命，现在就需要由立法来赋予它以行动和意志。"法律作为社会结合的条件，"服从法律的人民就应当是法律的创造者；规定生活条件的，只能是那些组成社会的人民。然而这些人应该怎样来规定社会的条件呢？是由于突然灵机一动而达成共同一致吗？政治体具备一个可以表达自己意志的机构吗？谁给政治体以必要的预见力来事先就想出这些行为并加以公布呢？或者，在必要时又是怎样来宣告这些行为的呢？常常是并不知道自己应该要些什么东西的盲目的群众——因为什么东西对于自己好，他们知道得太少了——又怎么能亲自来执行像立法体系这样一桩既重大而又困难的事业呢？人民永远是愿望自己幸福的，但是人民自己却并不能永远都看得出什么是幸福。公意永远是正确的，但是那指导公意的判断却并不永远都是明智的。"[2] 所以人民需要被代表，由立法机关代替人民来制定法律，这是一个无可回避的选择。在一个民主的国家，这个立法机构应该是由选民定期或不定期选举而产

---

[1] ［英］洛克：《政府论》（下篇），叶启芳，瞿菊农译，商务印书馆2004年版，第59页、第82页。

[2] ［法］卢梭：《社会契约论》，何兆武译，第3版（修订本），商务印书馆2003年版，第44页、第48页。

生，代议机关承担立法的职能自应是题中应有之意。

议会在中国被人众所周知，当在清末预备立宪时。1906年，端方作为政治考察大臣回国后，在上清廷的《请定国是以安大计折》中提出："责任内阁以大臣组织之。大臣者，固所以代君主而负责任之官吏。然其行政之善与不善，人民之怨与不怨，未可知也。既令其代君主而对于人民负责任矣，则人民之意向如何，不可不一视其从违，以为行政之方针。而欲观人民意向之从违，又非可执国人而人人问之也。于是不能不设议会，由人民分区选举，以为议会之议员；以议会之可决否决，而觇国民意思之从违焉。""故中央必有议会，以代表一国之情；地方亦有议会，以代表一方之情。故一国之中，下无被壅之情，上无不知之状今中罔中央议会虽未可以遽设，然在此预备时代中，亦不可无他种之议政机关，以谋合议政事。此于将来宪法上之机关，即可以借此以为基础。至地方议会中之下级者，则此时即可酌量行之，使人民练习议会之事，为将来各省议会、中央议会之预备焉。亦所以顺民意，而收舆情者也。"[1]。

端方提出的设立议事机关的设想虽然被清政府所采纳，但清政府认为"立法当属议院，今日尚难实行，拟暂设资政院以为预备"。[2] 然而后来的《该订资政院院章两章暨续订八章》中对资政院职权的规定却包括"新定法典及嗣后修改事件，但宪法不在此限"。[3] 同时《咨议局章程》中对咨议局的应办事件同样规定有立法职权，如"议决本省税法及公债事件""议决本省单行章程规则之增删修改事件"。[4] 可见近代意义上的立法当从清末资政院、咨议局设立时算起。

大汉四川军政府与重庆蜀军政府宣布独立后，咨议局自然失去了存在的依据。两军政府合并之后，于是召集五道代表，议商办法，决定参照前清咨议局议员选举章程，每厅州县各选2人，组织川省临时议会。这届议会立法的主要任务是"将前清章程中违背共和宗旨者，于府厅州县章程中变通数案，暂救

[1] 夏新华，胡旭晟整理：《近代中国宪政历程：史料荟萃》，中国政法大学出版社2004年版，第45页、第48页。

[2] 中国第二历史档案馆编：《中华民国史档案资料汇编（第一辑）》，江苏人民出版社1979年版，第89页。

[3] 夏新华，胡旭晟整理：《近代中国宪政历程：史料荟萃》，中国政法大学出版社2004年版，第85页。

[4] 夏新华，胡旭晟整理：《近代中国宪政历程：史料荟萃》，中国政法大学出版社2004年版，第109页。

目前。至于城镇乡章程，不过修改名词”。❶ 因此，这届临时议会主要是修改法律，而不是立法。

第一届川省省议会产生后，此届议会在立法方面同样并未做出大的成绩，原因之一在于党派政治的干扰。当时川省议会共和党和国民党两大党针锋相对，相互意气用事，在选举议长和副议长时就僵持不下，双方相互以不出席进行对抗，最后引起社会强烈反感，才将议长、副议长选出。虽然议长、副议长选出，但议会仍然难以正常开会，一些国民党议员鉴于胡景伊派兵封锁会场，阻止议员自由出入而心生不满，召开正式会议时，即以不出席对抗。好不容易调停开会，却又发生省政府与议会相互对峙事件，后来因党派之争演变为武力相向，终致国民党议员全部退出。随之袁世凯解散地方议会，议员失去活动舞台。及袁世凯去世，黎元洪继任大总统。令各省行政长官依法召集省议会于1916年10月1日开会。及至正式开会，又为议长问题发生争执，朱大镛与唐宗尧争名义上正副议长，朱大镛将印章藏隐，唐宗尧则请求省公署缉捕。直到1916年12月4日，方决定接受国务院解释，仍由胡骏担任。❷

现代民主政治一个最典型的特征是政党政治，但政党政治在中国却仍然显得很幼稚，表现在它们的难以共存性，这种共存不是指共同存在，而是指各个党派的相互尊重，一个党派的存在以另一个党派的存在为前提。执政党能够执政依靠的是民意，通过定期的选举而实现自己的目的。每个党派成为执政党的手段是争取民意，而不是暴力，因为通过追求暴力而得到的终归要在暴力中失去。民主的实现要求宽容与自由并存，一个国家是不是民主不是看它宪章的规定，而是看一个国家内部有没有不同意见的存在。早在两千多年前的雅典，伯利克里就对什么是民主做出了阐释，他说：“我们的制度之所以被称为民主制度，是因为权力不是掌握在少数人的手中，而是掌握在全体人民的手中。在解决个人争端时，法律面前人人平等；当优先推举某人去担任公共职务的时候，推举他的原因不是由于他是特定阶级的成员，而是由于他所具有的真实才能。只要具有为国家服务的能力，没有人会由于贫穷而在政治上一文不名。”❸

1917年至1918年，省议会陷入驱逐川省客军的斗争中。滇黔两省将川省

---

❶ 《政府公报》第184号，民国元年十一月初一日。

❷ 吕实强：“民初四川的省议会，1912—1916”，载《“中央研究院”近代史研究所集刊》1987年第16期，第261页。

❸ ［美］赫尔德：《民主的模式》，燕继荣等译，中央编译出版社1998年版，第16页。

作为他们军队的补给基地，引起川省普遍不满。议会作为民意机关反对滇黔客军在川省的存在，对于立法却没有多大作为。

第二届川省议会产生时，此时正值国民党势力在川省处于巅峰。于是议员选举当选者几乎全为国民党党员，进步、共和二党党员当选者寥寥。当广州军政府宣布取消，北方政府宣布全国统一令时，议会作为国民党的大本营，在川省何去何从的问题上，自然以川省自治为首选。于是议会于 1920 年 11 月 1 日在川省首倡自治。以刘湘为首的军人政府虽然随后在全国发出自治通电，但他们真实的想法却不是民众的自治，而不过是想借此维持自己的地盘割据，谋取自己更大的利益。军人政府需要的只是这块自治招牌，而对于立宪自治却是不赞成，但也不能明显反对，于是他们所做的就是唱唱自治的高调，对于能够推动自治的实际行动却不是阻碍就是不作为。此时议会主动担当起立法的重任，制定《四川省宪法会议组织法》。但此法经议会制定后，省政府却迟迟不予公布。在此情况下，议会依然按照省宪法会议组织法的规定，选举产生四川省宪筹备处委员 7 名。1922 年 8 月，省宪筹备员宣誓就任宪法筹备员之职，同时议会选举产生 13 名宪法起草委员会委员，并通令各县，每县推举一人组成四川制宪审查会。同年 10 月，省议会通过临时省政府组织大纲。同年 12 月，依据临时省政府组织大纲，选举国民党党员刘成勋为四川临时省长。1923 年 1 月 10 日，省宪起草委员会正式成立。同年 3 月 10 日，起草委员会召开审查会，开始对四川省宪法草案的审查。此次川省自治法草案包括《四川省宪法草案》《四川省第一届省议会议员选举法草案》《四川省第一届省长选举法草案》《四川法院编制法草案》。虽然此后不久川省自治法草案的审查陷入停顿和终止，但毫无疑问，地方立法在川省达到了时代的顶峰。

从清末预备立宪地方自治发轫到联省自治时期止，近现代意义上的中国地方立法开始了从无到有，从牙牙学语到独立立法走上成熟的发展过程。这个过程首先表明依法行政的治国理念在国人心中得到接受；其次它为川省乃至中国地方立法的发展提供了借鉴的经验，提升和发展了地方立法理论；同时它也澄清了从前人民许多混乱不清的基本概念；再次它促进了民主政治在川省以及中国的发展；最后它为地方培养了大批的立法人才。

第一节 依法行政的理念获得了川省的认可

法治作为一种理念或治国方略，无可置疑它首先出现在西方。西方法治观念的产生，至少可以追溯到公元前5世纪的古希腊。苏格拉底认为正义是法律的一种美德。正义的法律必须合乎人们的利益，能够促成人们美好而公正的生活。同时他认为人们遵从和恪守法律的尊严是人的美德。他不仅劝导人们遵从法律，而且身体力行而成为雅典公民守法的典范。面对公民大会的死刑判决，他不愿在朋友的帮助下逃生，而宁愿服从法律而死。他强调正义的义务需要人们恪守“与他人达成协议，尊重他们的权利，并考虑到他们的利益”。遵守法律是“他和国家之间神圣的契约，这是他不能违背的”。❶ 而柏拉图早年主张哲学家治国，但晚年时其观念发生了转变，强调在哲学家那样智慧的国王不能出现的时代，法律是上帝借以传其命令的声音，任何城邦都应受法律的支配，而不应受某一统治者或特殊利益集团的支配。如果有超越法律的绝对权力存在，无论是对权力者还是权力的服从者都只能带来祸患。法律应当凌驾国家的一切官吏和公民之上，一切政治和社会活动都应当遵从法律。法律是一切科学中最能使人完善并且使人们感兴趣的科学。❷

亚里士多德认为法律是多数人制定的，体现了多数人的智慧。一般来说，多数人的智慧要高于少数人或一个人，而且多数人还不易腐败。加之法律不带情感因素，它能够杜绝常人的偏私、抑制常人的情欲。因此，法律是优良的统治者，法治应当优于一人之治。法律的使命不在于对自由的奴役，而在于对自由的保护。他说：“公民们都应遵守一邦所定的生活规则，让各人的行为有所约束，法律不应该看作（和自由相对的）奴役，法律毋宁是拯救。”❸

古罗马时，法律被认为是“植根于自然的、指挥应然行为并禁止相反行为的最高理性”，“这一理性，当它在人类的意识中牢固确定并完全展开后，就是法律”。“在生活行为中坚定、持续地运用理性，这就是美德，而前后不一致者就是邪恶。”公平和正义是法律的内在属性，人类“应该为了正义和一

❶ 杨适：《哲学的童年》，中国社会科学出版社1987年版，第198页、第417页。

❷ ［苏］涅尔谢相茨：《古希腊政治学说》，商务印书馆1991年版，第151页。

❸ ［古希腊］亚里士多德：《政治学》，商务印书馆1965年版，第168页、第276页。

切光荣事务的本身而追求正义和所有光荣的事物”。“如果正义是如此，那么公平也是如此；如果公平是这种情况，那么所有其他美德也应是由于它们自身的缘故而被珍爱。”❶

到了近代，洛克认为政府制定法律的目的不是为了废除或限制人们的自由，而是为了更好地保护人们的自由，扩大人们的自由，使人们的自由权利获得充分的保障。自由，正如人们所说的，并非人人爱怎样就可怎样的那种自由（当其他人的一时高兴可以支配一个人的时候，谁能自由呢?），而是在他所受约束的法律许可范围内，随其所欲地处置或安排他的人身、行动、财富和他的全部财产的那种自由，在这个范围内他不受另一个人的任意意志的支配，而是可以自由地遵守他自己的意志。自由是人类的崇高理想，法律又以保障自由为目的，那么政府的权力就必须受制于这一明确而特定的目的而必须受制于法律。“政府的所有的一切权力既然只是为社会谋福利。因而不应是专断的和凭一时高兴，而是应该根据既定的和公布的法律来行使。”❷

西方的法治思想或观念首先在英国成为一种政治运作模式。这种模式一经产生，就表现出了比其他文明的优势所在，即它极大地激发了这个国家人民的创造力和积极性，使这个国家迅速得到发展，成为世界强国。强势文明所具有的扩展性和人类自我保存延续的本能，驱使其他的弱势文明向强势文明靠拢。中华文明作为世界四大文明之一，在其发展过程中积累了自己优秀灿烂的文化，但这种文化在与西方这种法治文明的竞争中败下阵来。我国传统的儒家文化从性善的角度出发，要求个人的道德修养是修身、齐家、治国、平天下，对社会的要求则是“父慈、子孝、夫宜、妇顺、兄良、弟悌、君仁、臣忠”。这种伦理道德要求统治者实行德治，要求被治者服从。一方面，人有能力达到儒家伦理所要求的“修齐治平”的道德境界；另一方面，既然人可以成为道德人，儒家道德伦理规范当然也有能力调控人的行为而实现理想的社会秩序。故孔子谓：“文武之政，布在方策，其人存，则其政举；其人亡，则其政息……故为政在人。”❸ 尸子也说：“国不所以不治者三，不知用贤，此其一也。虽知

---

❶ ［古罗马］西塞罗：《国家篇　法律篇》，沈叔平，苏力译，商务印书馆2002年版，第158页、第172页、第173页。

❷ ［英］洛克：《政府论》（下篇），商务印书馆1964年版，第36页、第86页。

❸ 《礼记注疏卷五十二中庸》。

用贤，求贤不能得，此其二也。虽得，不能尽，此其三也。”[1]

德治模式中的道德规范只有与某人的实有道德观念和水平相重叠的部分才有可能实现，而高于某人的实有道德观念和水平的部分则不会有效。“由于中国传统社会德治模式所倚重的儒家伦理规范体系从人性所可能达到的最高点来估价人性，换句话说，要求所有的人都做圣人，因而其要求与社会实有道德水平存在较大差距，远远高于社会实有道德水平，由此，这种伦理规范体系的很大一部分应该是没有实效的；又由于社会实有道德水平是不稳定的，会因人、因地、因时而变化，因而这种伦理规范体系的实效也应该是不稳定的，由此必然导致儒家伦理中的许多要求或无法实现或扭曲实现。”[2] 也就是说，儒家的理想道德要求不是每一个人都能达到的，也就是在这种情况下需要一种辅助手段，这种手段就是法。

对于法与儒家道德要求或者礼在国家治理中的作用，孔子虽然认为“或安而行之，或利而行之，或勉强而行之，及其成功一也”，[3] 但同时强调“道之以政，齐之以刑，民免而无耻。道之以德，齐之以礼，有耻有格”。[4]“在儒家看来，社会行为规范大体上可以分为两种：一种是以内心感情为基础的道德伦理规范；另一种则是凭借强制力保障实行的法律规范。儒家认为，自发内心的道德规范是真实的、有价值的、美好的，因而也是最有效的；而靠暴力驱使的法律规范则是不真实的、片面的、不美的，其效力是十分有限的。法律用强迫的办法迫使人们做什么，禁止人们做什么，但并不能使人们从内心深处自觉地弃恶从善。人们一旦从内心的伦理要求出发去做什么或不做什么，人们就能够自我制约。这样，法律就失去了作用。”[5]

对法的制定，孔子曾对郑国将刑法铸于鼎上表示反对，有学者对此进行解释，认为：“夏有夏刑，周有吕刑。圣王虽制刑法，举其大纲。但同犯一法，情节有浅深，或轻而难原，或重而可恕，虽依准旧条，而断有出入。不预设定法，告示下民，令不测其浅深，常畏威而惧罪也。法之不可预定者，于小罪之间或情有大恶，于大罪之间或情有可恕。今郑铸之于鼎，以章示下民。亦既示民，即为定法。民有所犯，依法而断。设令情有可恕，不敢曲法以矜之，罪实

---

[1] 《尸子·卷上·发蒙》。

[2] 钱福臣：“道德态势与社会控制模式需求定律”，载《环球法律评论》2006 年第 3 期，第 332 页。

[3] 《礼记注疏·卷五十二·中庸》。

[4] 《论语注疏·卷二·为政》。

[5] 武树臣：《儒家法律传统》，法律出版社 2003 年版，第 11 页。

难原，不得违制以人之。法既预定，民皆先知，于是倚公法以展私情，附轻刑而犯大恶，是无所忌而起争端也。汉魏以来，班律于民，惧其如此，制为比例。入罪者举轻以明重，出罪者举重以明轻，因小事而别有大罪者，则云所为重以重论，皆不可一定故也。刑不可知，威不可测，则民畏上也。今制法以定之，勒鼎以示之，民知在上不敢越法以罪己，又不能曲法以施恩，则权柄移于法，故民皆不畏上。法之设文有限，民之犯罪无穷，为法为文，不能网罗诸罪，民之所犯未必正与法同，自然有危疑之处，因此危文以生与上争罪之心，缘侥幸以成其巧伪，将有实罪而获免者也。今铸鼎示民，则民知争罪之本在于刑书矣。制礼以为民则，作书以防民罪，违礼之愆非禁书所禁，故民将弃礼而取经验于书也。刑书无违礼之罪，民必弃礼而不用矣。"❶

显然，中国古代儒家思想重人治轻法治的关键在于要使民众对统治者有畏惧，即“刑不可知，威不可测，则民畏上也”。这刚好与西方法治的指导思想背道而驰，西方法治要求的是国王要在上帝和法律之下，中国恰恰要求的是天子要在法律之上。

中国古代法制与西方法治的另一个根本区别在于：中国的公法要求的是保障王权统治下的社会秩序，防止民众犯上作乱，所制定的法主要是刑。故苏轼曾言：“昔者圣人制为刑赏，知天下之乐乎赏而畏乎刑也，是故施其所乐者自下而上，民有一介之善，不终朝而赏随之，是以天下之善者足以知其无有不赏也。施其所畏者自上而下，公卿大臣有毫发之罪，不终朝而罚随之，是以上之为不善者，亦足以知其无有不罚也。”“舜诛四凶而天下服，何也？此四族者天下之大族也，夫惟圣人为能击天下之大族，以服小民之心，故其刑罚至于措而不用。周之衰也，商鞅韩非峻刑酷法，以督责天下，然其所以为得者，用法始于贵戚大臣，而后及于疏贱，故能以其国霸。由此观之，商鞅韩非之刑法非舜之刑，而所以用刑者，舜之术也。”❷ 而西方公法要求的是限制公权力的滥用，以保障民权。

当西方国家用武力打开中国的大门，中国面临亡国灭种的危险时，不管中国的传统士大夫如何对传统文化自恋，他们也逐渐意识到中华文明与彼岸的差距，从最初开始的学习西方的技术，再到逐步接受西方的法治理念和制度。近代意义上川省地方立法的出现，表明中国对西方法治理念的接受，并逐步模仿

---

❶ 萨孟武：《儒家政论衍义》，东大图书公司印行 1982 年版，第 105—106 页。

❷ 《苏东坡全集，应诏集卷二策别第六》，转引自萨孟武：《儒家政论衍义》，东大图书公司印行 1982 年版，第 98 页。

西方的法律制度。依法行政作为西方法治理念的核心内容，随着川省自治法的制定而开始为国人所接受。就西方世界而言，这或许是一小步，对中国的发展而言，这是一种质变和飞跃。

第二节　促进川省地方立法理论的提升

地方立法虽然开始于清末预备立宪，但当时对地方立法理论并没有很多深入的研究，多是对西方地方立法理论的介绍和引进。虽然清末的地方自治运动也搞得轰轰烈烈，咨议局的设立让地方士绅参与地方事务有了参政议政的舞台，而且咨议局议员参与的程度和积极性并不比后来的议员或代表逊色，川省咨议局在地方事务中发挥的作用，没有哪个省的咨议局能出其右，最著名的就是川省保路运动。1909 年《城镇乡地方自治章程》颁布和实施后，各地陆续成立城镇乡议事会和董事会，地方自治逐步开展。这些活动的开展让民众知晓地方自治的一些内容，但总体来说，对一般民众并没有很大的影响，主要表现在民众的参与意识并不强烈。其原因既在于清末选举资格的条件比较严，同时也在于选举作为一种新生事物，一般民众对其不了解和迷惑。同时，由于其实施时间太短，其实践还不足以让民众对其留下深刻印象。虽然民国成立后，地方自治的开展并没有中断，但到 1914 年时便基本停止。在地方自治开展的这段时间内，地方立法也并没有成为地方自治的主要内容，地方自治主要集中在地方事务的行政管理方面。故对于地方立法是什么，地方应制定什么样的法律可能都没有一个清醒的认识。清末当时的地方立法主要是执行性立法，即对中央立法在地方的实施进行适当的变通以便于实施，对于地方自主性立法却非常罕见。以至于联省自治时期，地方能否立法、立什么法都一直处在争论的旋涡之中。为解决这些问题，当川省自治立法时，学者陈启修即对地方立法的性质和地方自治的有关问题进行了说明。

首先，陈启修对法律的性质进行了阐释。他认为法律是关于社会生活的规则，其目的在于实现社会生活利益，通过社会生活主体的意志和强力强制实行。故法律是一种手段，社会生活的利益才是目的；在社会生活中，人是主体，法律为主体而服务。社会生活主体的意志和能力是本质，法律是其表现形式。如果换一种说法就是，一部法律是否属于良好法律，它必须具备三个方面的条件：（1）必须与社会生活有密切确实的关系，只有这样法律才能发挥其本来的特质，从而达其固有的目的，否则法律将失其存在的理由。那些高喊理想而不顾社会实际情况的法律，在社会生活中就难以起到应有的作用。他以劳工组合法为例，认为劳工阶级在目前还毫无阶级的意识，或者当第三阶级尚无政治的自觉之时，而必欲制定这样的法律，就是忘记法律本为一种实现社会生活的手段，而误认法律本身为一种目的。（2）必须能适应或改良其时其地的环境。社会生活的状况变动不息，故法律必须随时随地而有变动，始能实现其为社会生活规则的作用。素质恶劣的法律将使社会生活恶化，但良好的法律则必须为适应其时其地的环境，以改良一定之社会生活。如果固守一定的成文成规，例如谈自治法而必以既成的约法等为依归，或谈宪法而必墨守国家三权分立学说及人民主权学说等，而不问事实如何的人，皆误认法律为固定不变，而忘其本性乃是变动不居的。（3）不须盲从他人在异地之成法成例。此为消极的条件，本可由上面几点推论而得出。在这里特意标出的原因，在于我国人们具有雷同盲从的性质，特别是在当今思想界没有方向条理之时，这种情况尤为突出。谈及法律政制及社会经济组织时，动不动就是“某国某国如是，吾从之”，或“某大家某大家之说如是，吾采之”。而对于论理与事实之间的关系却未曾进行科学的研究。这种情况的出现，极其流弊，势非使法律政治变为具文，或使社会经济日益恶化不止。❶

其次，对地方自治的性质进行了说明。自治制度的良否，在国权与地方自治权分配是否得当。若地方自治专以缩小国权伸张自治权为着眼点，亦未必妥当；更可知各级地方自治团体各有其存在的理由，各应依之以行权限之分配，而不应互相竞争或排斥。真正的自治应是一种对内能贯彻民治的精神的自治，即由自治发动来说，主张自治的自治；由自治权行使而言，主张多数人为多数人的幸福而行使的自治。这种自治应是一种对外能与国权及其他自治权互相容纳之分散的自治，是一种上下各级并行的自治。

欲求一种良好的自治，必然要求自治的法律必须与社会生活有密切的关系，且须能适应其时其地的环境，而不必盲从他人在异时异地的既经实行的成法成例，同时这种自治是一种自动的民治分散的及各级并行的自治。切实言之，自治法的内容必具与现实社会生活有密切的关系而又能实行以适应环境者而后可。若抄袭他人成法恐不但无益，而且有害。中国抄袭的共和制度，其目前的状况即可证明。自治法的产生，必本于其团体中多数人的意志而后可行。否则虽有良法美意，亦徒为少数与实际不相干之人的玩弄工具，等于一纸空文

❶ 陈启修：“省自治组织法理新论并表解”，载《四川筹备省宪周刊》（第一号），四川省宪法会议筹备处发行，1922年9月30日。

而已。自治法的性质，必为互相容纳的，非排他的而后可。否则形成割据，不但对外族将因经济上及政治无抵抗力而失其存在，即对内亦将因层层地方观念，如某属、某区、某道等的竞争，导致互相残杀、自取灭亡而后已。总而言之，自治法只是一种政治的手段，而非以攘权为目的。❶

最后，对省制有关争论表达了自己的意见。自民国成立，省制就一直成为地方制度争论的焦点。当时省制争论的焦点既在于省的地位问题，同时也牵涉省制的存废问题。省的地位问题，在民初主要存在五种观点："邦国说、纯粹地方团体说、纯粹国家行政区划说、国家机关兼为地方团体说、特别制度说，邦国说在联邦论盛行时有很多人主张，主张纯粹国家行政区划说的人较少，持省为纯粹地方团体说者为参议院中的一些人，更多的人主张省兼有国家机关和地方团体两种性质。"❷ 陈启修的看法是：省究竟系单一国内地方自治体，抑系联合国内之省？实在难以断言。因为从历史上之事实来看，前清的省无独立的机关，当然仅为一种行政区划。民国以来省议会时断时续，各省有权力者，忽而称兵自主，忽而投诚受官，同样没有用来作为论断的根据。然从实际上言之，多数省份实等于封建时代时叛时服之诸侯所辖之区域，与学者理想上的地方自治团体固迥不相等，即与联邦国家内的各邦亦殊不相同。国家与地方自治体在性质上如何区别，从来议论分歧，无有定所。其中最有力的主张当属固有统治权说，即将自己的固有统治权由下付上者为联邦下的邦，将他人的固有统治权由上承受者为单一国内的地方自治团体。其实国家与地方自治体在性质上并无区别，仅有对外自主权之分量上的不同。对外自主权少受限制，其活用范围甚宽者谓之国；反是对外自主权多受限制者其活动范围甚狭者谓之地方自治团体。国权与地方自治权应行合理的分配，故省的性质如何的问题，在理论上殊不重要。但求省政治团体的根本存在的理由便也足够。"国将安在，以为国权与省权间及省权与下级自治团体政权间之合理的分配之标准而已"。❸

省的存废问题，民国初年其争论便已相当激烈。持废省论者认为："今危亡中国之患，尤在各省自立也。若铲除各省之境域，即可消除自立之大患，则中国自统一，政府自有力，而后行政有措施，危亡乃可救矣焉。"❹ 有学者总

---

❶ 陈启修："省自治组织法理新论并表解"，载《四川筹备省宪周刊》（第一号），四川省宪法会议筹备处发行，1922 年 9 月 30 日。

❷ 李治安主编：《中国五千年中央与地方关系》，人民出版社 2010 年版，第 730 页。

❸ 陈启修："省自治组织法理新论并表解"，载《四川筹备省宪周刊》（第一号），四川省宪法会议筹备处发行，1922 年 9 月 30 日。

❹ 汤志钧编：《康有为政论集》（下册），中华书局 1981 年版，第 742 页。

结废省有六大利："可期行政之迅速"；"期行政之切实"；"发达地方财政与人民知识"；"可收罗全国之贤才"；"确定官厅之责任"；"可以化除畛域之成见"。❶ 而实行省制的危害，从大的方面说，可"启联邦分裂之先声"；从小的方面说，可酿成"社会省界之陋习"。"此制不改，他事固无一可行"，"省之名词而亦在必废之列"。❷ 虽然学界存在很多废省的主张，但各省的地方势力对废省却是一片反对之声。而省制是否写入国宪，也在民初激起强烈的反响。第二次国会恢复后，国会对省制问题的争论曾导致了民国历史上有名的"大讼案"。❸

陈启修认为省作为一个政治团体有其存在的根本理由。省自治体的前身为

---

❶ 杨树谷："废省说"，载《庸言》第一卷第二十一号。

❷ 荄芘："省独立说纠谬"，载《独立周报》1913 年第 22 期。

❸ 1916 年 6 月 6 日，袁世凯病死，7 月黎元洪继承大总统职务。7 月 29 日宣布恢复旧国会。同年 8 月 1 日原国会第二次常会在北京召开。该会召开后，原进步党议员组织了"宪法研究会"，简称研究系。原国民党议员也联合孙洪伊系及新共和党中一部分组成"宪法商榷会"。1916 年 10 月 20 日，宪法会议开始审议地方制定案，当时商榷会议员焦易堂等提出，省制应加入宪法，其理由主要是：（1）"民国成立以来，各种法制未备，中央与地方每多自由行动，于是中央责地方之跋扈，地方责中央之专横，此皆无法律为之限制，故发生此种问题耳。若使省制入宪法，则中央与地方皆有所遵守，跋扈者无从跋扈，专横者无从专横。"（2）"世界各国，无论单一国联邦国，所有地方制度大抵加入于宪法之中"，"所以各国有强固之保障，而国家根本不至于摇动"，中国应仿效这些资本主义国家，将省制加入宪法。（3）"中国政治之沿革可分为二大部分；一为秦汉以前，一为秦汉以后。在秦汉以前，已有地方制度。秦汉以后，虽地方制度变更，尚有民治之遗意，洎乎前清末年，颁发各省自治章程，特设各省咨议局，实为民意总汇机关，及辛亥革命，各省因有民意机关为之响应，故专制易于推倒，假设前清无咨议局，则辛亥一役能否成功，实为疑问，如以省制加入宪法，则根基稳固，即令有野心家意在专横，而法律既有专条，亦不容易达到目的。"（4）"省制不加入宪法，则中央不能稳固。如将省制列入宪法，则地方人民视国事如家事，无不自行负责。各国强盛全由地方人民权力扩张，中国孱弱俱由地方人民无法行使权力，以致遇有国家之事，即如秦人视越人之肥瘠漠不相关，似此地方安能发展，如将省制定入宪法，则人民政治思想日益发展，国事必视如家事，自行负责，国事必臻强盛。"而研究系议员汤化龙等则反对省制加入宪法，他们的理由是：（1）省制问题研究尚不成熟，如定入宪法，影响宪法之稳定；（2）省议会要求省制入宪，省长民选。而各省督军、省长则反对省制入宪、省长民选，若不研究，骤行加入，便增加议会与督军的隔阂。（3）有人说，省制加入宪法，可以防止野心家专制，试问袁世凯利用省制复辟帝制，怎么解释呢？（4）全国人民要求快点把宪法制定出来，如果将地方制度订入宪法，便得延长制宪时间，有负全国人民之望。双方辩论多日，无有结果，最后决定投票表决。1916 年 12 月 8 日开始投票，出席议员 639 人，赞成省制入宪者 422 人，反对者 214，赞成者差 4 票不足三分之二，无有结果。于是商榷会议员说，研究系在选举时舞弊，要求再次投票。而研究系议员矢口否认，反对再次表决。双方争论逐步升级，最后演成武斗收场。会后，进步党人通电各省说："暴乱派议员因主张失败"，当场打伤本会议员藉忠寅、刘崇佑等多人。而国民党这一派为了反驳研究系的通电，也通电云在以地方制度加入宪法进行表决时，研究系人在投票时舞弊，在本党多人质问时，"刘崇佑（宪法案研究会首领）等蜂起谩骂，秩序遂乱。张我华等据理辩明，即遭殴伤。同人等以此系院内问题，应依院法解决，无须琐渎清听，惟研究会捏词通电，诚恐是非混淆，除将另函通告外，用先声明，伏祈鉴察"。参见吴宗慈：《中华民国宪法史》，大东书局 1924 年版，第 212 页。

省行政区划，一般来说国家划分行政区域并非任意而为，一定有政治上、军事上及经济上之各种理由为根据，特别是大的行政区划如省的划分则更是如此，其原因在世界各国皆基本相同。中国地方辽阔，其划分理由尤为显著。我国目前的行省现状，除少数省份的划分间或有不合理的地方外，绝大多数无不有其划分的理由。各省在国权专制的时代，尚各有其存在的理由。在此民权扩张时代，省作为自治组织的理由有以下三个方面：一是风俗上的理由。省与省之间风俗民情往往相差甚远，从司法行政及教化行政上来说，俱有不能不随时地之所宜以决定应付方针的必要，故关于此类事项应由熟知本地民情、富有利害关系的省地方人士自己进行管理。若由国家官吏以国家法律来管理，则恐有削足适履之忧，必将蹈鲁莽疏忽之弊。二是地理上或经济上的理由。现代国民经济的要旨，一面固在使各种经济主体各牺牲其目前的部分利益以实现国民经济全体利益，一面亦须国民经济团体内之各地方各因其地之所宜性而极力尽量发挥。省与省之间气候、地理各异，欲求其经济之发展，除国家一般的经济政策外，在一省内当然不能不有其特别的经济政策，然此种关于一省地方的经济政策，不但中央官吏往往不熟悉情况，遇事不求甚解，且即令熟知利弊，然既无切己之利害关系，则恒不免有多一事不如少一事之倾向，故欲免此弊，亦非有省地方自治团体组织不为功。三是普通一般政务范围亦各有大小之别，县有仅关于县之政务，省有仅关于省的政务，国亦有仅关于国的政务，当此政务日趋复杂之时，使国家行政官专理国政事务，尚有遗漏；如更使兼理省事，其难得良好结果。❶

第三节　澄清一些容易混淆的基本概念

当时无论川省还是其他地方，几乎都没有将“自治”“自主”“独立”这几个词搞清楚。“自治”一词对于当时的国人来说并不陌生，清末预备立宪时，颁布九年预备立宪逐年推行筹备事宜，其中重中之重就是地方自治。如第一年（1908 年）筹办咨议局，颁布城镇乡地方自治章程，调查户口，清理财政。第二年（1909 年）举行咨议局选举，筹办城镇乡地方自治，设立自治研

❶ 陈启修：“省自治组织法理新论并表解”，载《四川筹备省宪周刊》（第一号），四川省宪法会议筹备处发行，1922 年 9 月 30 日。

究院，颁布厅州县地方自治章程，调查户口；颁布简易识字课本，创设厅州县简易识字学塾，厅州县巡警在年内粗具规模。此后每年地方自治的内容都是重点，盖当时认为地方自治为立宪基础，欲立宪，必先进行地方自治。可见清末地方自治，通过三年筹备试办，川省民众知道的应是十之八九。地方自治的理念、精神虽然有自治讲习所、杂志宣传，明白其中道理的可能就不到十分之一了。

在“自治”一词让民众耳熟能详的同时，清末川省保路运动的发生，却让“独立”一词响遍川省南北东西。

保路运动发生后，清政府对保路运动采取镇压的政策，导致同志军武装起义，最先是荣县宣布独立，接着是威远独立、内江宣布独立。此后各州县纷纷起义独立，推翻清政权，建立军政府。❶ 一时“独立”之声遍及全川。

然“独立”一词在川省当时究属何义，是独立建国，还是只是推翻清政府，不服从清政府领导？成都独立时，曾发表“大汉四川独立宣告书”，宣布大汉四川独立军政府的宗旨，“基于世界之公理，人道之主义，组织共和宪法，以巩固我大汉联邦之帝国而与世往极，所当与吾川七千万人子子孙孙共守之”。❷显然这里的“独立”应是脱离清政府，并积极努力推翻清政府，以建立联邦共和政府。

该词的含义在民国之后一以继之，“二次革命”时，熊克武在重庆宣布独立。袁世凯称帝，蔡锷在云南宣布独立。其后四川陈宧宣布独立，这里“独立”一词的含义都不是独立建国的意思，而是表示脱离中央政府，另组共和政府而已。❸

“自主”一词的出现，或者说它频频被使用，应是1917年6月黎元洪解散国会时，陆荣廷指示陈炳焜和谭浩明联电北京，声明“国会非法解散，所有私意改造不依法定手续成立之政府，万不能承认”。“在国会未成立以前，非法内阁命令不敢遵奉，以误人自误。除直接陈请总统训示外，两粤军民各政，

---

❶ 隗瀛涛等编：《四川近代史》，四川省社会科学院出版社1985年版，第540—541页。

❷ 戴执礼编：《四川保路运动史料》，科学出版社1959年版，第512页。

❸ “独立”一词当时在各省频频使用，有学者认为该词在很大程度上只是地方军阀向中央政府谋求权力的再分配，而非现代意义上的国家主权性的独立。参见周叶中，江国华主编：《自下而上的立宪尝试：省宪评论》，武汉大学出版社2010年版，第569页。

暂行自主”。[1] 这里的自主显然不是独立，而是不承认中央政府，所有内政、外交、军事由自己做主。

但人们在使用这一词时，显然又是将它与“独立”一词相混使用的。如《中华新报》在报道1917年9月18日湖南零陵镇守使刘建藩率所部约12营、第一师第二旅旅长林修梅率所部仅一个团宣告自主时，其标题用的是“独立时之兵力”，[2] 而且该词使用时与“统一”一词也是密切相关。1920年3月，北方直系李纯、曹锟和奉系张作霖联名向岑春煊提出解决时局的五条办法，其中第二条就是“西南各省通电取消自主”。[3] 同年10月23日，岑春煊发表告退电，在电文中提出四项希望，第一项即为“希望西南各省速取消自主，俾南北统一早日告成”。[4] 隔日，岑春煊与陆荣廷、林葆怿、温宗尧致电北京政府时，声明即日辞去总裁，解除军政府职务，以期“恢复国家原状”，“迅速促成统一”。1920年10月26日，莫荣新离开广州，通电取消自主，表示“粤事应听中央政府主持”。[5] 1920年11月4日，广西督军谭浩明通电宣布广西取消自主，听命于当时的北洋中央政府。[6] 显然这里表示地方“自主”，国家就没有“统一”。

川省当时上下大多数应该是对自治、自主、独立等概念没有一个清楚认识的。1920年11月3日，熊克武为呼应岑春煊等取消军政府的通电，向北方政府发出江电，赞成统一。但熊克武随后又宣称川省自主的地位没有改变。

对于“自治”“自主”“统一”三者的关系，当时川人刘光烈对此进行了说明。他认为“自治与自主本两事，统一与自治本无妨”。他举例说，爱尔兰争自治未尝不统一于英。西南称自主，亦未尝行自治于省。现今南方军政府取消，北方政府下达统一令，在中央来看，统一就是以命令管理各省；在地方来看，自主就是能以自治对抗中央的管理。他认为当前中央和地方对统一和自主的理解皆有误。统一应该是中央能够容纳地方，才能做到实际统一；自治就是地方能处理地方事务，中央不能干预；所以自主就不是统一。川省既然赞成统

---

[1] “本馆专电”，上海《中华新报》1917年6月25日。

[2] “独立时之兵力”，载《中华新报》1917年11月30日。

[3] 中国社会科学院近代史研究所：“唐继尧致林森等电（1920年3月24日）”，载《近代史资料》（第42号），中华书局1980年版，第221页。

[4] “弃旧迎新之政学会”，上海《民国日报》1920年8月22日。

[5] 孙彩霞：《新旧政学系》，华夏文化出版社1997年版，第139页。

[6] 《广西大事记（中华民国之五）》，载《广西地方志》2005年第2期。

一，则只能宣言自治，因为在统一与自主之下，皆能自治；赞成统一之后，能言自治则不能言自主。故刘光烈主张以川省自治的精神，将川省人事善后的办法明确提出，请中央承认，如此则统一与自治两全，中央与地方并利。如果中央拒绝承认，则地方人事仍然如此。至于说到各省派遣代表商定解决国家的问题，此法类似联省，像美国立国一样，先有各州，后有中央。如果中国能像德国一样建立联邦国家当然可以，然而中国没有这个可能。南北合议都不成，联省就更不用提。孙中山、唐绍仪等重组军政府，肯定不是想统一，也不是想自治，不过是捣乱而已。湖南、广东受其影响，现在确实难以实现统一，即使自治也未必能够实现，只是自乱罢了。川省牺牲无数，才有今日这个局面，当然应该向中央要求自决，没有什么客气可言。但川省所受苦难已到极点，民力需要休养生息，万事适可而止。如统一之下能够实现自治，则不必再去要求其他什么，否则又要陷入旋涡之中。统一之下的自治，则军民两长自然由中央任命。如是自主，独立于南北两政府之外，则军民两长固非推戴不可。如果实行推戴，恐怕也难以善后。因为无论何人被推，均当遵守各军的决议，这就等于督军省长都要接受师长、旅长的指示与命令。故刘光烈认为川省如果真实行推戴，肯定是一事无成，不是军民两兼，也是一事无成。❶ 在这里，刘光烈认为“统一”与“自主”不相容，自治既可是统一下的自治，也可是自主下的自治。

但在另一些场合，这些概念又是可以相互代替的。成都独立时，发表“大汉四川独立宣告书”，而赵尔丰却发布《宣示四川地方自治文》，显然这里“自治”等同于独立；而另一些场合，“独立”又等同于自主，如“现诸将领决计力谋川省自治，不入南北旋涡，武亦甚然其议”；❷ 黄金鳌致刘光烈主张暂不取消四川独立；❸ 其他场合又自治与自主不分，李郁生谓：“近日各界主张自治，实则继续自主而已。”❹ 其他如章太炎1920年11月7日通电西南诸省军政当局及社会各界时，提出各省“同依联省自治之名，共解附庸陪藩之诮”

❶ “刘光烈致熊克武商榷自主自治问题电”，载《四川军阀史料》第3辑，四川省文史资料馆编，四川人民出版社1981年版，第584页。

❷ “熊克武复李伯玉谋川省自治电”，载《四川军阀史料》第3辑，四川省文史资料馆编，四川人民出版社1981年版，第582页。

❸ 四川省文史资料馆编：载《四川军阀史料》第3辑，四川人民出版社1981年版，第578页。

❹ “李郁生致刘光烈重申川省自主应付北方电”，载《四川军阀史料》第3辑，四川省文史资料馆编，四川人民出版社1981年版，第580页。

的政治主张。坚决反对南方军政府中的残余力量要求取消各省自治的命令，从根本上不再承认南方军政府的合法性，认为军政府虽已废，而六省相联自主；军政府虽再设，而六省独立自如。各省的出路只有联省自治一途。[1]

显然当时人们对“自治”“自主”“独立”几个词的用法是含混不清的。自治是中央与地方的权力划分，属于地方的事务由地方自主处理。自治是统一下的自治，不管国家结构形式是联邦制或单一制下都是如此。而“独立”在辛亥革命时的意思是指与清朝脱离关系，不再受清朝的统治与领导，也就是说“独立”是指不受中央统治与领导，与中央脱离关系。护国战争期间各地纷纷宣布独立也是这个意思。而自主则是介于自治与独立之间，或者说是一种半独立，其自主权应该类似于邦联制的地方权力；“自主”的含义显然与“独立”有一定区别，独立肯定是自主的，但自主却不一定是独立的。如川省此时强调的自主，是指川省不反对统一，但自主时川省的事务川省自己做主，不受中央干预，而对于国家的一些事务，如边防，采取支持与合作的态度。而独立显然是反对这样一个政府或国家的。从川省在辛亥革命时各地不断独立的情况来看，川省没有一个地方是想要独立建国的，也就是说人民并不赞成分裂，统一是所有人民的期望。但川省制宪时所宣扬的自治、自主却与川省在辛亥革命期间川省各地独立的情形非常相似，人民出于统一的渴望和对分裂的反感，对川省宪法的制定是否成功也就没有更多的热情，更没有一种要维护宪法而不惜牺牲一切的决心和勇气。

针对当时川省的情况，陈启修认为自治是各种政治形式中的一种，至于自治是否为最善的政治形式的问题，何以发生自治政治问题及自治制度如何变迁等的问题，俱待研究而后能主张自治而无碍。若不研究而遂谓一行自治即能致治则不免盲从。

“自治”的定义，从最广的意义来说，“自治”系对他治而言，有自主自决之意，大抵指一民族自己管理其本民族的内部事务，例如爱尔兰在英国所主张的自治就是如此。一般意义而言，“自治”系对官治而言，有民治之意，大抵指一国之内多数被治阶级脱离少数治者阶级的统治而自行统治而言，例如通常美国人所谓人们自治政府就是如此。狭义的自治，系对国治而言，即地方团体自治之意，概指一地方团体关于仅与某地方有关的政务脱离中央国家统治而

---

[1] “章太炎冬电之主张”，载《大公报》（长沙）1920 年 11 月 1 日。

自行统治，其他一般政务仍归国家统治而言，这就是通常所谓的地方自治。这三种意义上的自治不可混而为一，在中华民国范围之内主张自治，当然系指狭义自治而言。当国家制度尚为社会的必要制度之时，深信大的民族国家较之小的民族国家更有抵抗外侮的力量。最广义的自治，将使国家、省、道、县、乡、村互相游离以召全国之分裂，且当国家名为民治共和，实则少数军阀政客专制自为之时，深信民治主义在国政及各级地方政的范围内，俱为必要的手段。一般意义上的自治，使人误认自治为国政范围内之民治而置地方的利害于不顾，从而陷入权力竞争集中于中央之弊端。❶

第四节　促进川省乃至全国民主政治的发展

有学者认为：今天世界各国的政治领导人，尽管其观点各不相同，甚至对立，但都毫无例外地标榜自己为民主人士。全世界所有的政治制度都把自己说成是民主制度，而这些制度彼此之间无论是在言论还是行动方面都常常迥然不同。❷ 这也许说明一个问题，民主已经成为整个人类追求的普世价值，没有谁可以公开地表示自己是反民主的。民主这个名词，今天的人们可能都耳熟能详，但它对于民初的国民来说，无异于天方夜谭。“民主”一词在我国古代既已被使用，但当时的意思，该词指的是天子、皇帝。如《尚书》中“天惟时求民主，乃大降显休命于成汤”。而近现代所指称的“民主”则是人民主权，人民当家做主之意。显然古代的“民主”与现代“民主”都有指称统治者的意思。只是两者的主体所指发生了变化。“民主”一词与西方“democracy”一词进行对译，最先可追溯到美国传教士丁韪良主译的《万国公法》，在这里，丁韪良用民主来对译“democratic”。❸ 虽然如此，但“民主”一词含义的多样性仍不是普通中国民众所能把握的。据金观涛和刘青峰的研究，“民主”一词在 19 世纪的中国至少有 4 种用法，分别是：“第一种意义是民之主，是指皇帝，即中文里的原有用法，也即传统意义；第二种意义是民主之，其意义是人

---

❶ 陈启修：“省自治组织法理新论并表解”，载《四川筹备省宪周刊》（第一号），四川省宪法会议筹备处发行，1922 年 9 月 30 日。

❷ ［美］赫尔德：《民主模式》，燕继荣等译，中央编译出版社 1998 年版，导论。

❸ 金观涛，刘青峰：《观念史研究：中国现代重要政治术语的形成》，香港中文大学当代中国文化研究中心 2008 年版，第 250 页。

民支配和人民统治；由这种意义引申出第三种意义，即指与世袭君主制相对立的政治制度，常用‘民主之国’‘民主国’‘民主党’这一类词组来表达；第四种意义是指外国的民选最高国家领袖，除了民选与中国不同之外，其意也为民之主。”从他们对 1864 年至 1915 年 4 种民主含义使用的频率来看，第二种和第三种使用频率最高，而第三种意义的使用在中国取得压倒多数的时候是在 1913 年以后。[1] 可以说此一阶段是西方民主（democracy）在中国逐渐被士大夫所了解和接受的阶段，民主的含义也慢慢指向明确，主要是指西方民主制度。“‘民主’1919 年前有以下相当明确的定义：大众参与、人民统治、和君主制相反的现代西方政治制度。”[2]

选举制度作为现代民主制度的核心，没有选举就无所谓民主。而选举制度在中国的首次出现就是清末的咨议局议员选举。从咨议局议员选举到民国第一届省议会议员选举，再到省宪时期川省议会议员选举，其选举资格条件如下表：

类别	选举条件	1909 年	1912 年	1923 年	备注
选举权	年龄	25 岁	21 岁	21 岁	
	性别	男	男	男女	
	财产	5000 元以上之营业资本或不动产	500 元以上不动产	无	
	文化程度	中学堂及与中学同等或以上之学堂毕业得有文凭	小学及相当于小学以上毕业		
选举权	住居年限	非本省籍 10 年以上	非本省籍 2 年以上	非本省籍 3 年以上	
	其他	曾在本省地方办理学务及其他公益事务满 3 年以上，著有成绩者；有举贡生员以上之出身者；曾任实缺职官文七品、武五品以上未被参革者	年纳直接税 2 元以上者		

❶ 金观涛，刘青峰：《观念史研究：中国现代重要政治术语的形成》，香港中文大学当代中国文化研究中心 2008 年版，第 252 页、第 254 页。

❷ 金观涛，刘青峰：《观念史研究：中国现代重要政治术语的形成》，香港中文大学当代中国文化研究中心 2008 年版，第 277 页。

续表

类别	选举条件	1909 年	1912 年	1923 年	备注
选举权	排外条件	1. 不得有选举权、被选举权的条件：品行悖谬，营私武断者；曾处监禁以上之刑者；营业不正者；失财产上之信用，被人控实，尚未清结者；吸食鸦片者；有心疾者；身家不清白者；不识文义者。 2. 停止选举权、被选举权的条件：本省官吏；常备军人及征调期间之续备、后备军人；巡警官吏；僧道及其他宗教师；各学堂肄业生	1. 不得有选举权及被选举权的条件：褫夺公权尚未复权者；受破产之宣告确定后尚未撤销者；有精神病者；吸食鸦片者；不识文字者。 2. 停止选举权及被选举权的条件：现役陆海军人及在征调期间之续备军人；现任司法官吏；本省官吏及巡警；僧道及其他宗教师	1. 不得行使公民权的条件：患精神病者；被褫夺公权尚未复权者；未受义务教育者。但义务教育未普及以前，以不能识本法条文者为限	
被选举权		被选举权资格除符合选举权资格外，还必须具备下列条件	被选举权资格除符合选举权资格外，还必须具备下列条件	被选举权资格除符合选举权资格外，还必须具备下列条件	
被选举权	年龄	30 岁	25 岁	25 岁	
	排外条件	现充小学堂教员者	小学校教员；各学校肄业生		
选民数		191 500 人❶	48 129 596 人❷		

❶ 张朋园：《中国民主政治的困境：1909—1949》，吉林出版集团有限责任公司 2007 年版，第 80 页。

❷ 张朋园：《中国民主政治的困境：1909—1949》，吉林出版集团有限责任公司 2007 年版，第 80 页。

从表可看出，选举权的年龄限制从25岁降到21岁，相应增加选民人数应占总人口的7%左右。从对选举权的性别限制来看，从只有成年男性的选举权到成年男女都有选举权，选民人数应比以前增加100%。从财产资格看，财产限制从5000元到500元，再到没有财产限制，选民人数的增加应该数倍以上。从清末咨议局议员的选举人数到民国第一届省议会议员的选民数可以看出，两者相差250倍。而没有财产的限制，选民人数同样应该增加。从不得有选举权、被选举权的资格来看，到省宪时，其资格限制已经非常少，资格限制已经完全只有年龄限制、精神疾病限制、不识文字的限制和剥夺公权未恢复者的限制了。选举资格不断放宽，选民人数逐渐增加，此举既表明民主意识在川省不断取得进步，同时也表明其民主制度正在向现代一人一票制度靠拢。

民主政治的实现，既要求民主政治制度的完善，同样也要求民众积极参与。这种参与既表现为对政府管理事务的积极参与，也表现为公民对立法的参与。从公民对立法的参与来看，四川省宪的制定可谓得到了川省民众的积极响应。

一、社会团体的积极参与制宪

川省的社会团体既有各界别的团体，如商会、教育会、农会、工会、律师协会等团体，这些团体是制宪的参与者。根据《四川省宪法会议组织法》的规定，省宪草案制订完毕后，要付审查会进行审查，各职业团体便成为审查会组成单位，如规定每县教育会农会工会商会各选代表4人，会同议参会组织选举会选出审查员1人；省教育会选出审查员1人；成都总商会选出审查员1人；省农会选出审查员1人；省工会选出审查员1人；重庆总商会选出审查员1人；成都律师公会选出审查员1人；重庆律师公会选出审查员1人。一些自治组织团体，因《四川省宪法会议组织法》中没有给出选派审查员的规定，于是上书省宪法筹备处要求选派。如成都劳动自治会就上书省宪筹备处，主张该会既为全川劳动界合组之自治团体，理应派出审查员。[1]峨边县法团则针对议员选举法和县制提出自己的意见，认为：“省议会为立法根本，若仍分区配

[1] “四川成都劳动自治会公函”，载《四川筹备省宪周刊》（第六号），四川省宪法会议筹备处发行，1922年11月11日。

额选举，不独虚报户口，金钱运动，流弊滋多，且小县无人被选。即无人代表其民意，似宜按照酌定省议会名额，另定选举良法，或仿照临时省议会办理。庶被选之人较有价值。各县事体均无壅蔽矣。至县制一层，原应列入省宪，愚意以为宜查照北京新房审议会第五十八会议议员江浩动议之县制大纲，规定事权，遇有财政收入过微县治酌定各项标准，按年由省库照额拨济援助。庶无畛域之分，亦无偏枯之弊。举办善政，全省得一致进行，政教普及，收效较异。”❶

也有为鼓吹自治而出现的各种组织，如四川自治期成会、全川自治联合会、自治协进会、川江船民自治共进会、四川自治学会等自治组织。一些县城也成立了自治会。新都有“自治研究会”；荣昌、江津有“自治期成会”；长宁、庆符、高县、筠连、兴文等县成立了“自治策进会”；奉节、威远、南川、涪陵、合川、万县等县也纷纷建成自治组织。❷ 其他如川北善后会议、川东善后会议等组织。而在省外的川人也积极行动，如旅沪川人组织的旅沪四川自治期成会等。这些社团、组织成立后，纷纷参与各种自治活动，并通电主张自治。如四川工党开会主张自治，并派代表到省议会旁听自治案，同时通电各法团请一致主张。各学校学生，亦有组织从事自治运动者；成都亦成立自治会，并已开会一次，均主张加入自治运动。❸

在省内的自治团体中，对川省影响最大的当属全川自治联合会，该团体的前身是在重庆设立的四川自治期成会。1920 年 11 月 2 日，吴玉章邀集渝中各法团各界人士组织四川自治期成会，设办事处于夫子池教育会，并于当日正式宣告成立。同年 12 月，吴玉章宣告该会宗旨，即发起该会的目的主要在于“征集多数人意，草拟提出一种四川自治法草案，藉供大众采择”。因为川省要图长治久安，唯有自治。而自治以促成省法为先务。“邦人君子，如肯念乱日望人之我治，何如起而自治。尚冀即时就地创立斯会，务期吾川自治根本法早日制定实行，则吾人即可早日享有民治之幸福。”❹

❶ “峨边县法团联合会对省宪意见”，载《四川筹备省宪周刊》（第八号），四川省宪法会议筹备处发行，1922 年 11 月 25 日。

❷ 戚如高，潘涛：《张澜与中国民主同盟》，广东人民出版社 2004 年版，第 56—57 页。

❸ “川省最近之自治呼声”，载《大公报》1920 年 11 月 29 日。

❹ “吴玉章为重庆四川自治期成会草拟致各界、各法团、各学校、各报馆电”，载《国民公报》1920 年 12 月 7 日。亦载《四川文史资料选辑·第 2 辑》，四川省志编辑委员会 1980 年版，第 170 页。

二、女界积极参与制宪

四川妇女参与制宪，争取自己权利的举动，让后来者都不得不汗颜。在省宪起草员起草省宪时，多名女士联名向起草委员会请愿，请其于省宪内明白厘定女子应与男子享有同等教育之权利，女子应有选举权被选举权及参政权，女子与男子应同享文官法官考试权及任用权，实业各机关如邮电、银行、工厂等类，女子应与男子同享任用之权利。[1]

而四川女子实业讲习所教职员暨全体学生则向省宪筹备处上书，要求省宪对女子教育权要大书特书。在请愿书中，她们首先从女子素质不高的原因进行分析，认为妇女数千年来一直受压制，其权利一直没有得到申诉的机会。天赋人权，男女之间本应平等，而中国女子却几乎等于男子的附属物，俯仰随人以为富贵。此外，女子要么为媵妾，要么为奴婢，要么沉沦于歌楼舞馆之中。这些女子都是父母所生，何以沦落到这样一个地步？追溯其源，则是男女智识能力不平等的原因造成的。男女智识能力何以不平等，则是因为男女教育不平等的原因所造就；而男女教育不平等的原因，则在于男子有承继财产权、有禋祀权、有参政权，而女子无这些权利。彼三家村中的田舍翁莫不知省衣而简食，以资其儿子求学；而女子即使出身在中上等条件的人家，犹有不得就学者。父母送儿子读书的训词，不是光宗耀祖，康济斯民，就是使明事理以保身家，使学箕裘以继书香。而女子无承祀财产权，故无须读保家之书；无承继禋祀权，故无须修箕裘之业；无参政权，故无须读康济之学。因此各级教育皆无女子平等接受的机会，而惟从事于箕帚巾栉之间，习闻无才是德之训，久而久之，女子的智识能力变得日见缺乏，胸襟日益狭隘，志趣逐渐低下，依赖成为习惯。国家、社会没有妇女的活动余地，并不是其他人造成的，而是女子不关心国家社会的问题。不止不关心国家社会的问题，即使自己一家的问题也不尽知；更有甚者，即使自己身上的问题也不尽知。于是乎，有为妾为婢为娼而不以为耻者，此并非妇女的本性劣于男人，而是制度的不良、习惯的不善，潜移默化，而自己都没有意识到。现在虽然女禁渐开，学校林立，然影响妇女智识能力的流风余毒犹牢固扎根于人们心目中，不可能一下子去掉。这种不幸的遭遇不只

---

[1] “川省制宪近讯”，载《申报》1923年2月27日。

是妇女，国家社会实际上亦受其害，只是这种受害比较隐蔽而难以发现。女子主家庭内政，主儿童教育，而智能如此缺乏，心胸如此狭隘，志气如此低下，依赖如此之深，要她们管理家庭，家庭安能完善；要她们教养儿童，儿童安得不恶劣。如果社会由不完善的家庭而聚成，人民由恶劣儿童而长成，要实现国家健全、政治优美，又何能成功。这也就是军阀政客跋扈跳梁，盗贼满山而民益离散的原因所在。要改变目前这个状况，唯有于省宪中，将女子参政权、承继财产权、禋祀权明白规定，而对买卖女子身体等严加禁止。如此这样，一方面可以祛社会上固有的恶习，一方面解除女子的束缚，扩其胸襟，而作其志气。或许短期之间，女子不得直接享受到参政的益处，但女子心量既宏，自待既厚，明白理解国家社会与个人的关系，以这样的智能持身、治家、处世，必能随时随地造福于国家社会。❶

为加强女界的影响，显示女界的力量，1923 年 2 月 14 日，女界假四川女子实业讲习所开成立会，到会人数非常多，可谓极一时之盛。在会上进行了职员选举，讨论了向议会、政府请愿的条件，制订《四川女界联合会章程》，同时发表川省女界宣言。在宣言中，认为民国虽然已经成立了 12 年，但妇女仍然日日处在水深火热之中，她们所受的痛苦，简直数不胜数。虽然社会上一直在说什么男女平等享受一切权利和什么言论、集会、结社有绝对自由，但据她们看来也不过是画饼充饥、空言慰藉罢了，哪里真正享了什么利益。而一些发达国家的妇女，在社会上所站的地位非常高尚和荣光。如芬兰的女子可以担任国会议员，日本女子可以担任下级审判官，其他欧洲国家的女子担任内阁成员的、担任议员的以及服充兵役的也不在少数。这些国家的妇女之所以享有这些权利，无一不是这些国家中的妇女从奋斗中取得来的。因此文明国家中的男女享一切平等权利，并不是作为口头禅，而是落实到了实处的。而中国的妇女，除了少数人在教育界从事工作外，其他大多数只有管理家庭的权利和义务，在政治上、经济上没有一席地位，的确是可叹可恨。男子只顾男子自身的权利，根本没有工夫来援助妇女。故妇女要享法律上一切平等自由，就不能再存那个倚赖他人的心态，要自己振作精神，积极出来谋自身的一切权利。当前川省自治，正在发扬民治创制省宪，是女界争取自身权利千载难逢的时机。宪法上有

❶ “四川女子实业讲习所教职员暨全体学生对省宪意见”，载《四川筹备省宪周刊》（第十六号），四川省宪法会议筹备处，1923 年。

人民请愿于政府及议会之权，政府及议会有受理本省人民请愿的义务。依据这条规定看来，妇女平日所蓄的志愿，在这时就是争取实现的时候了。中国数千年来处于极权专制积威之下，男子尚不得自由，何况女子呢？自三纲三从在中国倡导以来，女子就比男子多了几层的压制，一切不得自由，还有什么权利可言。如今是共和国体，一切法律采用社会制，遂把那个家族制推翻，无论男女国民，都应享受法律上一切平等的待遇，这正是女学昌明、女权伸展的时候。现在北京、天津、南京、上海、浙江、湖南、广东等省，已有女权运动同盟会、女子参政协进会、女界联合会、女教职员女学生联合会，要求妇女选举权、被选举权及参政权，力争人格，扩张女权，业已有达到目的的了。川省的女同胞也是同她们一样的人，大家一样都能做得到。此次开会，议决女界请愿条件如下：1. 省宪法规定一切义务权利应男女平等；2. 省宪法草案非经女子团体所选出之审查员承认，不得承认；3. 省宪法非有女子加入总投票决定，其宪法为无效。这三条就是女界的志愿和希望，这并不是非分的要求，完全是恢复妇女已丧失的人格和权利，想来省议会、省宪筹备处、省宪起草员会诸先生，本七千万人民公意，制定根本大法，不会将三千多万女同胞排斥于法律之外。❶

1923 年 2 月，成都妇女界组织“民权运动女界大同盟”，推刘云裳为代表，向省议会和省宪筹备处提交请愿书。要求在省宪法中加入“男女在教育权、参政权及经济权一律平等；废除多妻制，凡男女结婚，依法采取一夫一妻制；妇女有婚姻自主权”等条文。省议会开会审议了此议案，并将请愿书转省宪起草委员会。省宪起草委员会接受了妇女界的意见，同意在省宪法中加入妇女与男子在参政方面享有同等权利的条文。❷

三、公民踊跃参与，为制宪献计献策

在省宪法制订过程中，川省公民参与制宪的最大特色就是起草了十几部宪法草案供宪法起草委员会参考。这些草案各具特色，为宪法起草委员会提供了多种思想和构想。

---

❶ 中华民国史事纪要编辑委员会编：《中华民国史事纪要・中华民国十二年（1923）（一至六月份）》（初稿），中华民国史料研究中心 1979 年版，第 280—281 页。

❷ 四川省地方志编纂委员会编：《四川省志政务志》（中），方志出版社 2000 年版，第 848 页。

陈天德与萧征明所拟的《四川省宪法草案》就是以孙中山的五权宪法学说为构架。五权宪法在孙中山初创时并不为当时多数学者所认同，故无论国宪还是省宪甚少采用五权构架。为论证五权宪法的合理性，陈天德认为人们怀疑五权宪法的原因，在于孟德斯鸠立宪国家三权分立之说。孟德斯鸠三权分立学说产生的原因是他发现当时英国的国家权力分为立法、行政、司法三个部分，故提倡国家立法、行政、司法三权当各自分治为相互独立的机关，这是三权绝对分立之说。但从英国现在的权力构架来看，孟德斯鸠的学说来源并无证据可言。英国议会有最高司法裁判权，英国内阁为国会多数党所组织，国务员可以兼任国会议员，整个国家的政治由议会决定，受其监督和指导，故英国的议院政治无三权分立的事实。议会权力扩张的结果是一权政治制度的产生，该制度为世人称赞为优良政治，甚少有人诟病其为非立宪政府，此点与孟德斯鸠学说并不相符。从各国现行制度来看，除美国采行的是三权分立制度之外，世界各国的宪法几乎都与其不相同，不是议会监督政府，就是政府干涉议会，宪法上议会对于政府有弹劾及不信任的规定，政府对于议会也有解散的条文，此也与孟德斯鸠三权独立不相侵犯的理论不符。故三权独立不相侵犯之说，世界各国甚少仿行，但并不能因此而否定这些国家不是立宪国家。所以那些将孟德斯鸠的三权分立学说奉为立宪国家必有的要素，而怀疑五权宪法的人可以明白了。任何一国的宪法与该国政治上的历史都有密切关系，英国的议院政治所以完美而为世所称道，实由其历史上逐渐发达而来，并非袭取他国制度而来。我中华为东亚古国，有数千年的历史与文明，在世界中独立自成为中国法系，则人们研究我国的宪法，不可不顾及我国的法系，否则数典忘祖，徒拾取他国唾余以为削趾适履之策，徒为世人讥笑。中山先生所倡导的五权宪法，实渊源于中国法系，非故为放言高论以震世骇俗。我国自三代以迄晚清，代有监察御史，专司纠察百司之邪慝，职居清要，权能独立，上焉者必批麟折槛，使人主凛若深渊，弹劾权贵，俾朝廷有清明景象，百司皆争自磨砺以无忝厥职，此弹劾权之独立也。到了晚近时代，欧美各国则以弹劾权无专门实施机关，故将该职权授予议会。然议会专司立法机关，弹劾非其主要职能，往往受感情影响不能为正当行使，且有时因政争之故而行使弹劾权，政府即用解散议会之法以防止，最终两败俱伤，以致国政日陷于杌陧不安之象。法国就曾因此原因十数易其内阁，故弹劾权宜从议会而分离另设独立机关，以专责成而避免政争。我国古代考试最为严格，自汉唐元明以迄清季，考试设有专官，事权独立，品秩优异，虽以督抚之尊，犹不敢稍形干涉，故请托之风息，人才辈出。循资以渐进，野无辍耕叹息者。故考试制度实为中国最良的法律。当今立宪国家最大的流弊，莫过于选举竞争。那些豪商钜贾以及坐拥厚资的人，往往恃其金钱以求当选，而其学其才实不足以胜任，徒使议会腐败，失去人民信任。古代君主独揽一国大权，只有行政，无所谓立法司法。所谓立法，即君主宫禁中任意所下之敕令。所谓司法，即君主之大理寺所司之裁判。后来人民感受其弊病，群起反抗，力争自由，于是君主始将立法与行政分离，设置议会。将司法与行政分离，设置司法机关。立法、司法从行政机关分化而出，实是应乎时势的必要，并非这就是最终的结果。如果三权运用犹不足以适应环境的需求，则更于行政部分，取出考试权使其独立专司考核进退全国之人才，以监督于事先。于立法部分中，取出弹劾权使其独立，专司纠举百司之失职，以监督于事后，则庶几野无遗贤，职无废事，有谁说这不对。在十八、十九世纪间，三权学说固世人所认为天经地义，足以支配一时。而在二十世纪中，该学说则有其疏漏有不尽乎人意处，宜以变通，采用五权学说。这就是本草案所以采用中山先生五权宪法之说的缘故。❶

而陈启修则将自治权进行了新的划分，他将公共团体所有一切权力权利定义为公权，这种公权通常分为主权及统治权，统治权又分为立法权、行政权、司法权三种。他认为主权的意义空漠不定，主权如用以指对于团体之物，但团体的构成分子明明以人为主，对人而曰物主，理殊不通；主权用以指对于团体成员的无限制的最高权，然如此主权与统治权无区别；主权用以指对外之主权而言，然又与通常所谓侵害某某团体主权之意不合。故他主张主权二字意义既不一定在团体，组织法上务以不用为妥。统治权分为三种，本无不可，惟通常所谓统治权的内容，恒含有非统治权在内，例如团体的经济行为、外交行为及对军备行为，明明无统治的性质，而以入于统治权中的行政权之内。又如预算及其他各种决议案、同意案及条约批案等，明明非统治行为，而又不属于立法行为，然以入于立法权之内。故通说对于统治权的区分也不合理。他认为公权采取如下的划分方法较为合理：他将公权划分为两个层次。第一层次将公权分为统治权、对等行为权和决意权三种；第二层次是统治权以对于团体内团员的

❶ 陈天德，萧征明："私拟四川省宪法草案说明书"，载《四川筹备省宪周刊》（第六号），四川省宪法会议筹备处发行，1922 年 11 月 11 日。

统治即强制的支配为目的，其中可分为行政权、司法权及制法权三类。从实质上对三权进行区别，行政权是指在法规未被侵犯之时根据法规处理具体的事件权力。行政机关有时虽有制定法规或即决行政犯之举，然此乃受特别委任时之行为，与其通常之性质无关。司法权是指在法规已被侵犯或有其嫌疑时及法规侵犯与否之问题发生争执时，根据法规处理具体的事件的权力。司法机关有时虽含有制定内部规则及处理关于司法部分之行政之事，然亦属于特别行为，故与其本性无关。制法权是指编制抽象的法规的权力。法规的编制，与法规的决定，宜为两事，前者系就法国之纯理的构造而论，后者系就法规之事实的需要而言。亦犹预算案之编制与预算案之决定，一言设计的方面，一言需要的方面。

对等行为权是指公共团体对于团体内外遂行对等的行为的权力。其中又可分为三类：一是对外自主权，即公共团体对于外部的侵害压迫，用武力排斥拒绝的权力，亦可谓之自卫权。凡军备权、宣战权等属于这类权力；二是外交权，指公共团体对于有隶属关系外之其他公共团体往来修好缔结条约权力；三是业务权，指公共团体兴办种种经济的或学术的事业时，遂行对等业务之权。例如公共团体所办之银行事业、交通事业，属于前者；公共团体所管之大学事业，理化试验所事业，属于后者。

决意权是指决定公共团体一切行为之意思权力。其中可分为二类：一是直接决意权，由公权享有人直接地用一般票决法决定行为意思之权；二是间接决意权，间接地依议组织之方法由公权享有人之代表决定行为意思之权。省为公共团体之一种，省公权之分类，亦当然应如上所述。特省自治团体之上，尚有范围较大之国家，故有时为国民经济政策、社会政策及国防政策计，不能不委任其他公权之一部分于国家。

省公权行使机关的组织，大体有三类：（1）完全单独制。即以单独的个人充任，其机关责任人使对于任命人单独负完全责任的制度。（2）特别单独制。即根本上虽系单独之个人负完全责任，而枝叶上则采用内阁阁员副署法，使他人连带负责制。（3）合议制。即以多数人充当其机关的责任人，使其联成一体，而对任命人负完全责任的制度。以上三制，各有短长，不宜偏重，而当视其机关所掌职权性质如何分别确定。省公权行使机关的组织形式如下：

（1）行政权行使机关。完全单独制，公民直接选省长一人，因行政事务负责任，以专责敏捷从事。

（2）司法权行使机关。普通司法机关为完全单独制，公民直选司法院长一人。特别司术（法）机关，如财政的司法、行政的司法及军事的司法等机关为特别单独制，公民直选各委员长一人，委员长得议会同意，任命委员各若干人，因贵审慎。

（3）制法权行使机关。特别单独制，公民直选委员长一人，委员长得议会同意。任命委员若干人，因贵审慎，且贵富于制法的学识及技术之人。

（4）对外自主权行使机关。特别单独制，公民直选委员长一人，委员长得议会同意，任命委员若干人，因贵审慎。

（5）外交权行使机关。特别单独制，由公民直选委员长一人，委员长得议会同意，任命委员若干人因贵审慎。

（6）业务权。经济的业务权行使机关为合议制，公民直选委员若干人，由委员互选委员长一人。因事关重要，且贵审慎。学术的业务权行使机关为完全单独制，由议会选院长一人，因贵得专门家，且贵能其自由地发挥研究。

（7）直接决意权。当由公民全体合一行使。

（8）间接决意权。（代议权）行使机关为合议制，公民直选议员若干人，议员互选议长一人。[1]

虽然多数学者或公民的建议没有得到采纳，但显然这些建议或思想不能以当时或以后不久的一段时间是否采纳为价值判断的标准，这些建议或思想给了起草人员另一个视角，给了他们更多的思考，为人们打开了一扇新的大门，世界因此而走上另一条运行的轨道。

第五节 为川省培养了大批的地方立法人才

卢梭认为，法律能够把每个自身都是一个完整而孤立的整体的个人转化为一个更大的整体的一部分，从而这个个人就以一定的方式从整体获得自己的生命与存在。这种法律能够改变人的素质，使之得到加强；能够以作为全体一部分的有道德的生命来代替人们得之于自然界的生理上的独立的生命。立法的最高境界就是整体所获得的力量等于或者优于全体个人的天然力量的总和。要发

[1] 陈启修：“省自治组织法理新论并表解”，载《四川筹备省宪周刊》（第一号），四川省宪法会议筹备处发行，1922 年 9 月 30 日。

现能适合于各个民族的最好的社会规则，就需要有一种能够洞察人类的全部感情而又不受任何感情所支配的最高的智慧。这种智慧和人性没有任何关系，但又能认识人性的深处。在时间的长河里，它能照顾到长远的光荣，能在这个世纪里工作，而在下个世纪里享受。要为人类制订良好的法律，简直需要神明一样的人。故立法是一桩超乎人力之上的事业。虽然法律乃是公意的行为，服从法律的人民就应当是法律的创作者，规定社会条件的，只能是那些组成社会的人们。但组成社会的这些人却没有办法来规定社会的条件。因为他们没有办法知道什么东西对于自己好，虽然人民永远愿望自己幸福，但是人民自己却并不能永远都看得出什么是幸福。人民需要一个立法者。[1]

但立法者却不会凭空产生，他既需要接受前人的理论和经验，也需要将这些理论和经验在实践中进行检验。议会立法在清末以前本就不存在，作为一种新生事物，它必然有一个生长、壮大和发展的过程。川省从清末开始的立法，到民国联省自治时期的省宪制定，地方立法经历了一个从制订实施性立法到自主性立法的过程，表明地方立法的成长。

四川省宪草案起草时，川省本欲参照湖南省宪草案的起草办法，聘请一至二名外省籍的宪法学者来参与起草。故第一次聘请的非川省籍学者是陈独秀。陈独秀无法来川后，省议会又聘请汪精卫、李剑农为省宪起草员。但汪精卫、李剑农亦无暇来川，省宪起草员才全部变成川籍人士。由于四川省宪起草时间相较其他省份而言较迟，故川省宪法起草时能充分借鉴其他各省的经验，避免其他省份省宪中一些让人诟病的制度，以致最后川省宪法草案较其他各省宪法草案完善。无论从立法理论和立法技术看，川宪都达到了当时的较高水平。故当时有学者在评价川宪草案时，认为其给中国日后的制宪事业留下了不少足堪参考的价值。[2] 后来的学者亦认为《川省宪法草案》的“内容与形式的相对科学性使得其能够传承和反复地诠释”。[3] 虽然川省地方立法在省宪制订以后很长一段时间沉寂，但它培养的地方立法人才却是以后川省地方立法的一笔宝贵财富。

---

[1] 卢梭：《社会契约论》（第 3 版），何兆武译，商务印书馆 2003 年版，第 49—53 页。

[2] 胡春惠：《民初的地方主义与联省自治》，中国社会科学出版社 2001 年版，第 236 页。

[3] 周叶中，江国华主编：《自下而上的立宪尝试：省宪评论》，武汉大学出版社 2010 年版，第 378 页。

结　语

法律由谁来制定，中国和西方对于这个问题早在两千多年前就已经做出了不同的回答和实践。公元前 4 世纪时，古雅典的伯利克里宣称："我们的制度之所以被称为民主制度，是因为权力不是掌握在少数人的手中，而是掌握在全体人民的手中。"这句话表明："全体公民聚集一处，讨论、决定和制定法律。"❶ 古罗马时，《查士丁尼法典》就规定了"与全体有关者必得到全体赞同"的格言。而其后"人民的声音就是上帝的声音"就一直在欧洲中世纪回响。❷ 早在卢梭对人民主权进行系统论述之前，马西利乌斯就提出，"虽然在政治事务中用来代表整体的是人民中'更重要的部分'，制定法律的权威必定在人民手中。"16 世纪的理查德·胡克就断言："正当地制定法律的主权权威属于作为全体人民之代表的议会。"❸ 但英国人民的立法参与，早在 1215 年贵族即与国王一起制定了《自由大宪章》，其后，国会与国王不断斗争，到 1688 年时，国会已经取得了在国家生活中的全面胜利，议会至上原则被确立，由议会代表人民立法自此被巩固下来。随着英国在世界的强势崛起，由人民立法的原则逐渐在世界各国得到普及。

我国古代对于法的制定，无论儒家还是法家，皆认为只有天子才有制定的权力，人民没有参与的权利，民众在中国自古以来就是统治、管理的对象。故孔子说："天下有道，则礼乐征伐自天子出；天下无道，则礼乐征伐自诸侯

---

❶ ［英］赫尔德：《民主的模式》，燕继荣等译，中央编译出版社 1998 年版，第 16—17 页。

❷ ［美］戈登：《控制国家——从古代雅典到今天的宪政史》，应奇等译，江苏人民出版社 2005 年版，第 34 页。

❸ ［美］戈登：《控制国家——从古代雅典到今天的宪政史》，应奇等译，江苏人民出版社 2005 年版，第 35 页、第 42 页。

出。自诸侯出，盖十世希不失矣；自大夫出，五世希不失矣；陪臣执国命，三世希不失矣。天下有道，则政不在大夫；天下有道，则庶人不议。”法家管子也谓：“有生法，有守法，有法于法。夫生法者，君也；守法者，臣也；法于法者，民也。”这种法自天子出的理论和实践一直延续到清末。当西方用坚船利炮轰开中国的大门，肆意在中国夺取各自的利益，一步一步分裂、蚕食中国时，国人终于醒悟过来。在中国历史上，王韬是较早提倡君主立宪制度的中国知识分子，主张建立“与众民共政事，并治天下”，“朝廷有兵刑礼乐赏罚诸大政，必集众于上下议院，君可而民否，不能行，民可而君否，亦不得行也，必君民意见相同，而后可颁之远近，此君民共主也”，“唯君民共治，上下相通，民隐得以上达，君惠得以下递”。❶ 而明确提出由国会立法，则可见康有为所写的《请定立宪开国会折》：“臣窃闻东西各国之强，皆以立宪法开国会之故，国会者，君与国民共议一国之政法也。盖自三权鼎立之说出，以国会立法，以法官司法，以政府行政，而人总之，立定宪法，同受治焉。”❷ 由此国人终于打破了法自君出的传统。晚清咨议局的建立虽然没有赋予其最后的立法决定权，但它的建立为议会立法开启了第一步。

民初川省地方立法是川省乃至中国地方立法从无到有、一步一步走向成熟的阶段，这是中国历史上的一大步，它完全颠覆了孔子所谓的“天下有道，则庶人不议”的观念，为民主在中国的实现打开一扇大门。虽然民初川省所立的法大多没有得到实施，其制定期间也经历过许多挫折，但它为后来者积累了许多非常宝贵的经验，提供了弥足珍贵的可资借鉴之处。

随着时间的推移，地方立法在中国当今早已成为一种常态，但当前中国地方立法还存在很多问题。一是中央立法集权过甚但又并不真正拥有足够的权威和支配性权力。二是地方立法尽管在宪法与法律上有相关的规定，但地方立法权限并不是很明确，故在我国的地方立法实践中，立法权下放过多，地方立法中的地方保护主义色彩就日趋浓重并呈现出某种程度上的“法治割据”和“诸侯法治”。限制过多，地方立法就没有积极性，又会阻碍地方经济与社会法治的发展。如何配置中央与地方的立法权力，既要保证中央的“权威性”与“统一性”，又要满足地方的“地方性”和“民主性”，就是目前中央与地

❶ 王韬：《弢园文录外编·卷一·重民下》，中华书局 1959 年版。

❷ 汤志钧：《康有为政论集》（上册），中华书局 1981 年版，第 338 页。

方立法关系中所要克服的“瓶颈”所在。

故要突破当前中央与地方立法关系中的“瓶颈”，在我们大胆实践创新的基础上，不但需要我们借鉴国外的经验，同时也需要借鉴历史的经验，因为历史是我们前行的基石。回顾民初川省地方立法的理论与经验，其不但具有理论意义，更具有现实意义，正如有学者所说的，中国近代的法治文献，“其思想高度和理论水准，也未必比时人‘新论’逊色。其实，那个时代的法治学术，在中国法治学术史上，有不少的开创之论。”[1]

---

[1] 程燎原：《清末法政人的世界》，法律出版社2003年版，自序。

附录一　蜀军政府政纲

第一章　总　则

第一条　蜀军军政府以谋中华民国之统一与廓清全蜀为主旨。

第二条　蜀军军政府建都督府一，立正、副都督各一人，总揽军务及凡百政务之大纲。

第三条　蜀军军政府设总司令处一，立正、副总司令长各一人，以保持军事之统一。

第四条　蜀军军政府设下之各部，以分理军务及凡百政务，由都督统制之。

第五条　都督府内，设总务处、秘书院、审计院、庶务所，以分理都督府内一切事务。

第二章　都　督

第六条　都督府为蜀军军政府最高机关。都督即为其代表，军务、政务皆归其主持。

第七条　总司令处总司令长，即以正、副都督任之。

第八条　军官自管带以上，由都督亲任。督队官以下，由军务部呈请都督札任。以外各部长，由都督亲任。职员、科长由部长遴选，呈请都督核定委任，其他部员，由部长委任。

第九条　属于行政、财政、交通各部之各局局长，由部长遴选，呈请都督核定委任。此外各局与之相当者，准此。

第十条　审判厅长、检查长、庭长，由都督亲任。以下至推事、检查官，由司法部长遴选，呈请都督札任。

第十一条　大汉银行正、副办，由都督亲任。以下重要职司，由正、副办遴选，呈请都督札任。

第十二条　各地方司令官，由都督亲任。其地方司令官以下所设各科官长，由司令官遴选，咨该管部长核定，呈请都督委任。

第十三条　都督得审财政之优绌，酌定军官及各职员之俸给。

第十四条　都督有博采舆论、择善施行、以图谋公共幸福之责。

第十五条　都督得招聘学识优长、品行端粹者，为顾问官，以备咨询。

第十六条　都督得随时召集公民大会，议急要事件。

第十七条　都督于司法审判不当之案，有令其复审并减刑、特赦之权。

第十八条　各种关防及职员之徽章、服制，由都督制定颁布。

第三章　各部之通则

第十九条　各部依事之繁简分设科目，如事过繁时，得于各科之下分设各课。

第二十条　凡各部职员，除文牍、会计等外，无分科员、课员，总以部员称之。

第二十一条　各部长有监督其全部各务，稽核部员之勤惰、优劣，报告都督之责。

第二十二条　各种之办事经费，当预先约计造册列表，呈都督核准，由财政部按时支发，不得于所收公项内，自行开支。

第二十三条　军事上支出之伸缩及各部之临时支出，当由各部长与总务处酌议，呈请都督核准施行。

第二十四条　各部所收之公项，当照定额数按时移交财政部，以归划一。

第二十五条　凡关于蜀军政府用兵一切之计划，皆参谋部之任。

第二十六条　司令部受都督之命令，以统率都督部下军队。如动员计划与夫征兵及召集事务，皆司令部之任。但宪兵及近卫军等，直由都督节制。

第二十七条　凡军事上之行政，皆军务部任之。

第二十八条　农、工、商、学务未分部及警务厅未专立以前，农、工、商、矿及学务、警务，皆行政部之任。盐、硝、矿等局属之。

第二十九条　凡财政全体之筹划，收支之统一及正赋税之收入，皆财政部之任。

第三十条　司法上之行政事务，皆司法部之任。

第三十一条　外交之事件，由外交部主之。如有重大条约，须得都督及总务处之准可乃能成立。

第三十二条　邮政、电报及铁道、汽船之事务，皆交通部之任。船捐局属之。

第四章　总务处

第三十三条　总务处设总务长一人，总务副长二人，总务员无定额，由都督酌定亲任。

第三十四条　总务处有辅佐都督保持一切政务统一之责。

第三十五条　各部重大事件，各部部长得随时于总务处商决之。

第三十六条　凡各部有疑难事件，总务长得召集各部部长会议公决。

第五章　秘书院

第三十七条　秘书院设正、副院长各一人，由都督亲任。其他各员无定额，由院长呈请都督委任。司事等由院长酌用。

第三十八条　都督府往来文件，由秘书院缮制掌管。

第六章　审计院

第三十九条　审计院设正、副院长各一人，由都督亲任。其他各员，由院长呈请都督委任。

第四十条　财政部之收支全数，每月当造册列表，交审计院核算。

第四十一条　审计院有随时检举财政部收支不当之责。

第四十二条　蜀军军政府以大汉银行为金库。审计院有随时监察金库存款之责。

第七章　庶务所

第四十三条　庶务所设立正、副庶务长各一人，由都督亲任。以下司事，由庶务长酌用，须经总务处核准。

第四十四条　凡关于都督府之庶务及购备各物，皆庶务所管理之。

第八章　公民大会

第四十五条　公民大会，由蜀军军政府所属各地公选代表组成之。

第四十六条　公民大会，对于地方行政及各部办事，有建议改良之权。

第四十七条　公民大会对于都督及各部长诹问，有详确答述之责。

第四十八条　公民大会每年开常会二次，每次以二十日为限，由会长召集。但有急要事件，都督得以命令召集开会。

第九章　附　则

第四十九条　凡各部及各项办事细则，无论词语意旨，均不得与此政纲抵触。

第五十条　此政纲如须改易时，当由都督召集临时大会提议，得四分之三议决始能改易。

第五十一条　全蜀廓清，中华民国统一后，颁有民国宪法及各种法律，则此宪纲自当废止。

（原载《广益丛报》第九卷第三十一期，1912 年 1 月 18 日。）

附录二　四川独立条约

1911年11月22日，四川官绅双方在寰通银行举行会议，商讨独立条件。官方代表有：布政使尹良、提学使刘嘉琛、提法使龙愚溪、盐运使刘嘉绅、巡警道于宗潼、劝业道胡嗣芬、陆军统制朱庆澜、兵备处总办吴壁华。绅方代表有：蒲殿俊、罗纶、邓孝可、张澜、叶秉诚、王铭新、江三乘、彭兰邨、颜楷。双方商定四川独立三十条。

官定独立条件：

（一）不排满人；

（二）安置旗民生计；

（三）不论本省人与外省人视同一样；

（四）不准仇官及有其他项侮辱言动；

（五）保护外国人；

（六）保护商界；

（七）不准报复；

（八）不准仇杀：

（九）不准劫狱；

（十）不准抢掠掳；

（十一）不准烧杀；

（十二）万众一心，同维大局；

（十三）谨守秩序，实行文明；

（十四）旗军现练三营，统归陆军统制管理；

（十五）所有一切军队，除选带边军外，悉交第十七镇统制朱庆澜接管；

（十六）边务常年经费及兵饷银120万两，由川负担；

（十七）边务如须扩充军备，饷械子弹由川协助；

（十八）除原有边军外，应再选带八营；

（十九）藏款仍照常协济。

绅定独立条件：

（一）现因时事迫切，请帅出示晓谕人民，川中一切行政事宜，交由川人自办，暂交谘议局代表蒲殿俊管理；

（二）督印交藩库封存，由川人择期宣告独立；

（三）移交前所有一切军队，请帅酌量并合，务求统一；

（四）西藏为四川屏蔽，望帅推保全四川之心，仍遵朝命赴边，办理边务事宜，所有兵饷及行政经费，概由川人担任；

（五）宣告之后，仍请帅暂缓赴边，以便遇事商求援助指导；

（六）军提都统各宪，由绅面达，事后如愿驻川，仍待以相当之敬礼，如欲回籍，须用川资，由川人从厚致送；

（七）驻防旗饷，照旧发给，事后再为妥筹生计；

（八）凡行政司法各官，仍希照常办事，不愿留者，听其自便；

（九）凡省中文武官吏，力求保护，不得侵犯自由，不许人民挟忿寻仇；

（十）请帅即饬巡警署，不许干涉报馆议论，以便事先开导，免致临时惶骇；

（十一）自宣告之后，无论满、汉、回、蒙人，一律待遇，不分畛域。

附录三　四川南充县暂行自治大纲[1]

第一部　总则

第一章

第一条　本县为图人民之福利，奠自治之基础，特定纲要如下：

（一）宣传民治主义，使一般人咸有参与政治之兴味，并了解其责任与国家生口直接关系。

（二）废除社会事业上之首领制度、阶级制度，使人人有发展本能的机会，以养成健全之人格。

（三）提倡劳动主义，使人人有独立生活之能力。

（四）发挥互助精神，使社会有秩序的公平的进步。

（五）实施平民教育，使人人有充分之知识，以为实行民治之基础。

（六）振兴地方事业，以图社会经济之发展。

第二条　为达前条目的应行以下之事项：

（一）社会中有职业之各分子，应为有系统的团体组合。

（二）实行普通选举、直接选举。

（三）由职业团体之组合，组织地方自治委员会。以议决并执行地方自治一切事业。

---

[1] 《四川南充县暂行自治大纲》，载《晨报》1921年3月10日第6版，11日第6版。

第二部　职业团体

第二章

第三条　职业之分类如下：

（一）教育。

（二）农。

（三）商。

（四）劳工。

第三章

第四条　职业团体之系统如下：

（一）教育团体之系统，县教育会、市镇教育会，以从前自治区域为范围。

（二）农业团体之系统，县农会、市镇农会，以从前自治区域为范围；村农会，以场为范围，场区过大者得因地势之便利分区设之。

（三）商业团体之系统，县商会、市乡商会，以从前自治区域为范围。

（四）劳动团体之系统，县劳工会、市乡劳工会，以从前自治区域为范围；村劳工会、市乡以外，得于各场分设之；各团体之组织，另以专章定之。

第四章

第五条　职业团体之分子资格，以下列项目规定之：

（一）教育团体之分子：1. 公私各级学校之教职员，及中学校以上已未毕业之各学生。2. 曾任教育及其他从事于教育之研究者。

（二）农业团体之分子。1. 土地农，自业自耕或佃耕作者，无论土地广狭皆属之。

（三）商业团体之分子。1. 资本商以商店主人而自行营业者，或应用资本而雇人营业者，无论资本大小皆属之。2. 雇佣商以受雇或代理他人营业者属之。

（四）劳工团体之分子。A. 工。1. 资本工，以工厂之主人而自行工作，或应用资本而招人工作者，无论资本大小皆属之。2. 雇佣工，以工作劳力取得报酬者。B. 劳动者。1. 不定者劳动，即力夫之属。2. 固定者劳动，即雇工之属。

第五章

第六条　自治委员会组织，分为二部：

（一）议事部，以议员十五人组织之。

（二）执行部，其系统包括，执行部委员长，教育股股长，实业股股长，财政股股长，内务股股长，总务股股长，审计股殿长。关于自治委员会之暂行规程另定之。

第六章

第七条　自治委员会议事部，各议员由县属各职业团体分举若干人组织之，议事部委员会以互选定之，各议员之选举，另以专章定之。

第八条　自治委员会执行部委员长，由县属各职业团体选定之，执行委员长之选举，另以专章定之。

第九条　自治委员会执行部各股股长，由执行委员长就县属各职业团体中分别提出，由议事部议决之，议事部不同意时，得分别另行提出。凡提出之各股股长，不得兼任议员。各股股员由各股股长，就各该职业分别提出，请执行委员长核定之。执行委员长认为不适当时，得由各股股长另行提出。各职业团体员五分之一以上，认为执行委员长所提出各股股长及各股股长提出各股股员有不适当时，得分别要求另行提出。如因前项发生争议时，股员由议事股部开会解决，股长由各该团体开全体会议决定之。

第七章

第十条　议事部之职权如下：

（一）建议及议决关于地方自治事项，交由执行部执行，并监督之，关于各项事业之重要议案，应先向执行部及各职业团体咨询意见。

（二）审查执行所属各机关之预决算。

第十一条　执行部之职权如下：

（一）执行部依议事部所议决之事项而执行之。

（二）执行委员长提出关于地方事业应兴应革之议案，交由议事部决议，并得派员列席，但不得参加表决。

（三）执行委员长有指挥并监视各股职员之权，如所属各股职员有溺职时，得撤换之。

（四）各股股长有指挥并监视所属各股股员之权，如各股股员有溺职时，得商承委员长裁销之。

（五）各股员对于所任职务各负其责。

第八章

第十二条　执行委员会议，由执行委员长及各股股长联席开之，以委员长主席，委员长缺席时，由首席代理，关于执行部各股权限，或进行上有争议时，由执行委员会决定之。

第十三条　县属各职业团体提出关于该职业范围内之议案，议事部必须以之付议。此项议案开议时，提案者得派员列席，但不得参加表决。

第十四条　议事部议决之议案。执行委员长须于十日内公布之。执行委员长对于该议案不同意时，得交还议事部复议。如议事部仍执前议，得由委员长分别付各职业团体开全体会议解决之。

第十五条　市镇自治会之组织另定之。

第四部　选举

第九章

第十六条　县属各职业团体之团体员，凡年满二十岁以上，除患精神病及被夺公权或停止公权者外，皆有选举权。

第十七条　县属各职业团体员年满二十岁以上，除具有下列各项之一者外，皆有被选举权。

（一）现职军人。

（二）在校未毕业之学生。

（三）失财产信用者。

（四）有嗜好者。

第十八条　议员有非法行动时，得由原选举团体正式投票撤回另行选补。

第十九条　县属各职业团体选举县自治议员名额之分配如下：

（一）教育会四人。

（二）农会五人。

（三）商会三人。

（四）劳工会三人。

第五部　自治事业及其经费

第十章

第二十条　自治事业以第九条执行部所属各事项为范围。

第二十一条　自治事业依下列规定分别办理：

（一）已举办者，视其内容及办理之必要，酌定合并或分设。

（二）未举办者，视社会需要及经济状况，分别次第增设。

第二十二条　自治事业经费，以下列各款之收入充之：

（一）公款公产。

（二）地方税。

（三）公益捐。前项各款已筹定者，仍照原案征收管理。新筹者，须经议事部议决交由执行部执行之。

附录四　四川省宪法草案

中华民国　年　月　日四川全省人民制定本宪法特此公布

第一章　总纲

第一条　四川为中华民国自治省。

第二条　四川省以原有各县及川边地方为疆域，行政区域之废置及变更，以省法律定之。

第三条　四川省之自治权，本于省民全体。

第四条　四川省之自治权依本法之规定，由省民直接或间接行使之。

第二章　省与国

第五条　四川省自治权之范围，以不抵触中华民国宪法为限。

第六条　国政府不行使或不能行使其职权时，本省得议决执行之。

第七条　国政府制定法律或缔结条约，有损失本省权利或加重本省负担时，须得本省之同意。

第八条　国家立法事项，其施行法有不适用于本省者，本省在不背其本法之范围内，得更定其施行之程序。

第九条　国防上之军事行动及其计划，有涉及本省利害者，本省须参与之，

第十条　省政府依法受国政府委任，执行国家政务时，其费用由国库负担之。

第三章　人民

第十一条　人民在法律前无男女种族宗教阶级之别，一律平等，婚姻基于男女之同意，人身不得买卖或抵押。

第十二条　人民身体之自由，非依法律不受限制。无论何人非有司法机关合法之命令，不受搜查或逮捕，此项命令当于执行时，向本人宣示。至迟不得逾二十四小时，逾二十四小时而未宣示，应即回复其自由。刑讯永远禁止。

第十三条　人民之私有财产，非依法律不受限制。因公益上之必要依法律收为公用时，应给以相当之代价。

第十四条　人民营业之自由非依法律不受限制。

第十五条　人民居住迁徙之自由非依法律不受限制。

第十六条　人民居住，非依法律不得被侵入。

第十七条　人民有信仰之自由，政府不得对于何种宗教，与以不平之限制或特享之利益。

第十八条　人民在不触犯刑律之范围内，有用语言文字图书印刷及其他方法自由发展意思之权，不受何种限制。

第十九条　人民在不触犯刑律之范围内，有自由结社及不携武器平和集会之权，不受何种限制。

第二十条　人民之邮电文书，非依法律不得搜索检查。

第二十一条　人民有自卫之权，但购置枪支子弹，须经官厅之许可登记。

第二十二条　人民依法律有诉讼请愿陈述之权。

第二十三条　人民无论男女有同受教育之权。

第四章　省公民

第二十四条　省民无论男女，年满二十一岁者，皆有公民权。凡有中华民国国籍之男女，在四川境内继续住居三年以上，年满二十一岁者，皆与本省公民有同一之权。

第二十五条　有下列各款之一者，不得行使公民权：

（一）患精神病者；

（二）被剥夺或停止公权尚未恢复者；

（三）未受义务教育者，但义务教育未普及以前，以不能识本法条文者为限。

第二十六条　省公民依本法及省法律之规定，有下列之权：

（一）选举权；

（二）提案权；

（三）表决权；

（四）服务权，公民权行使之方法，以省法律定之。

第五章　省议会

第二十七条　省议会以省公民依人口比例直接选出议员组织之，其组织以省法律定之。

第二十八条　省公民年满二十五岁以上，得被选为省议员，其选举以省法律定之，现任官吏被选为省议员时，须解除现职方得就任。

第二十九条　省议会三年改选一次，从每届第一次开会之日起算，每届省议会未满期六个月以前，应行新选举。

第三十条　省议员在任期中不得兼任官吏及其他有给之公职，但政务员不在此限。

第三十一条　省议员为全省人民代表，自由行使期议决权不受何方拘束。

第三十二条　省议员会内之言论及表决对会外不负责任。

第三十三条　省议员在开会期中，除现行犯外，未经省议会许可不得逮捕审问或监禁。

第三十四条　省议会设于省政府所在地。

第三十五条　省议会置议长副议长各一人，由议员分次互选之。每届省议会第一次开会后十日内不能选出议长副议长时，即以议员中年长者任之。

第三十六条　省议会每年开常会一次，定于五月一日自行集会，其闭会日期由省议会自定之，闭会期内应设常驻委员会。

第三十七条　省议会闭会中，依本法规定事项，有开会之必要时，及省长或省议员过半数之请求时，得召集临时会。

第三十八条　省议会之开会，除本法另有规定外，须有议员总数三分之一以上之出席，其议决以出席议员过半数之表决为准，省议会议事细则，由省议会自定之。

第三十九条　省议会之会议公开之，但经出席议员三分之一以上之同意，得开秘密会议。

第四十条　省议会得以下列方法解散之：

（一）由省议会以议员总额三分之一以上连署提议，三分之二以上之出席，出席议员三分之二以上之可决者。

（二）由全省公民二十分之一以上之连署提议，经全省公民总投票过半数可决者。

（三）省长以政务员全体之副署或监政院之咨请提出理由书，交全省公民总投票过半数可决者。省议会解散后，应即举行新选举，议员选出后应即自行散会。

第四十一条　四川省法律由省议会制定之。应以省法律规定之事项如下：

（一）省官制官规；

（二）省地方制度；

（三）省户籍法及登记法；

（四）法院之编制；

（五）感化院及监狱制度；

（六）省田赋与其他税法及征收条例；

（七）省银行条例；

（八）省保险制度；

（九）卫生及防疫制度；

（十）公益及救贫制度；

（十一）省教育制度；

（十二）省教育农工商会之组织法；

（十三）劳工保护制度；

（十四）省军制及军事法规；

（十五）省戒严法；

（十六）省警察法；

（十七）其他属于本省立法范围之事项。

第四十二条　省法律之执行，由省议会监督之。

第四十三条　省预算决算案及省库有负担之契约。由省议会议决之，其他应由省议会议决事项，从本法及省法律规定。

第四十四条　省议会受理人民之请愿。

第四十五条　省议会得提出质问书，咨省政府限期答复，或请求政务员出席质问之。

第四十六条　省议会对于政务员之全体，或一人得为不信任之投票，但须议员总额三分之一以上之连署提议，三分之二以上之出席，出席议员三分之二以上之可决，方为有效。前项提议讨论终结后，不得即日表决，但自提案至表决，至迟不得逾七日。前项提议于省公民或省长提出解散省议会案时，不得为之。

第四十七条　省议会遇下列情事时，得行使其弹劾权。

（一）省长有谋判贿赂或其他重大犯罪行为时。

（二）政务员省法院司法官及审计员有违法行为时，弹劾权的行使。其提议出席可决之人数，适用前条第一项之规定。弹劾案成立时，被弹劾者即须停职组织政治裁判所审判之。政治裁判所之组织及权限，以省法律定之。

第六章　省长及政务院

第一节　省长

第四十八条　省长由全省公民直接投票选举之，以得票过半数者为当选，无得票过半数者时，由省议会就得票之最多数及次多数者二人中决选之。得票最多者二人，票数相等时，由省议会先就此二人中决选之，得票最多数者二人以上票数相等时，由省议会先就此得票相等者分次选定二人，再由此二人中决选之。得票最多数者为一人，次多数者为二人或二人以上票数相等时，由省议会先就次多数票数相等者选定一人，再以此一人与得票最多额者决选者决选之。

第四十九条　省公民年满三十五岁以上，得被选为省长，其选举以省法律定之。现任议员及文武官吏被选为省长时，须解除现职方得就任，就任后亦不得兼议员及其他文武官吏。

第五十条　省长就任之日，须于省议会为下列之宣誓：“某某誓以至诚遵守宪法，执行省长之职务，谨誓。”

第五十一条　省长任期五年应于满任之日解职，但再被选得连任一次。省长满任前六个月须举行次任省长之选举。

第五十二条　省长在任期中，非经省议会之同意，不得辞职或出境。

第五十三条　省长在任期中，经全省公民二十分之一以上连署，为不信任之提议，由全省公民总投票过半数可决时，即须退职。

第五十四条　省长缺位时，省长因故不能行使其职权或省长满任，次任省长尚未就任时，由政务院长代行其职权，政务院长于代行省长职权期中去职时，由政务员依次代理之。

第五十五条　省长因故不能执行其职权及次任省长被选后，因故不能就任满三个月时，应否认为缺位由省议会议决之，其出席及议决人数准用本法第三十三条第一项之规定。省长缺位时，即须举行次任省长选举。

第五十六条　省长提出法律案，应交省议会议决之议案。

第五十七条　省长对于省议会议决之法律案，须于送达后二十日内于省政府公报公布之。省长对于省议会议决之法律案，认为应交覆议时，须於公布期内，咨交省议会，如省议会出席议员三分之二以上，仍执前仪省长应即公布之。省长提交覆议之法律案，值省议会闭会或解散时，由下次省议会覆议之。

第五十八条　省长为执行法律或基于法律之委任，得发布命令。

第五十九条　省长统率全省军队。

第六十条　省长任免全省文武官吏，但本法及法律有特别规定者，各从其规定。

第六十一条　省长监督各级地方自治。

第六十二条　省长遇内乱外患时，经省议会之同意，得宣告戒严，在省议会闭会期内，须得常驻委员会之同意，于下次省议会开会，求其追认。但经省议会或常驻委员会认为无戒严之必要时。应即宣告解散。

第六十三条　省长宣告免刑减刑及复权，但须得省议会之同意。

第六十四条　省长执行职务时，非有政务员之副署，不生效力。

第二节　政务院

第六十五条　政务院以政务员组织之。

第六十六条　政务院长及下列各司司长，皆为政务员。

（一）内务司；

（二）财政司；

（三）教育司；

（四）军政司；

（五）司法司；

（六）实业司。

政务员之增设，以省法律定之。但非司长不得为政务员。

第六十七条　政务院长及其所推荐之各司司长，均由省长任命。

第六十八条　政务员对省议会负责任，单独署名之行动，单独负责。连（联）合署名之责任，共同负责。

第六十九条　政务员全体或一人经省议会表决不信任时，即须辞职。

第七十条　政务员得出席于省议会及其委员会，每期省议会开会之初，政务员应以省内外情状报告于省议会，并陈述其意见。

第七十一条　政务院设政务会议，以政务院长为议长。

第七十二条　政务院之组织及其权限，以省法律定之。

第七章　行政准则

第一节　教育

第七十三条　人民应受之义务教育，依省法律强制行之。

第七十四条　初等教育之经费，由省及地方自治团体共负担之，对于就学儿童，不得征收学费。

第七十五条　对于受初等教育贫困儿童之父母及受中等教育贫困学生，省及地方自治团体须予以教育上之补助。

第七十六条　高等教育之设备，本省须完成之。

第七十七条　私立学校之设立及其奖励，以省法律定之。依法私立之职业学校，省及各地方自治团体须予以补助。

第七十八条　教员之资格及其待遇，以省法律定之。

第七十九条　省及地方自治团体教育经费之预算，省及地方议会不得为削减之决议。

第八十条　本省应设教育基金，其详细以省法律定之。

第二节　实业

第八十一条　省内之土地河川矿产森林及其他天然富源之开拓保护，以省法律定之。省内一切天然富源，无论公有或私有，不得变卖与无中华民国国籍者。

第八十二条　省内之交通，受省法律之支配，但为交通上之联络及应国防需要时，得容受国政府之法令。省内交通之设备，省政府应定切实计划分期完成之。

第八十三条　省有产业非经省议会议决，不得处分。

第八十四条　资本团体及劳动团体之契约权，同受省法律之保护。

第八十五条　垄断及重利得以省法律制裁之。物品及证券交易所不得为营利公司之组织。

第八十六条　本省之重要实业，应奖励补助之，其详细以省法律定之。

第三节　军事

第八十七条　全省军务为省行政之一部，除戒严中之司令官得依法行使他项职权外，无论何时，对于其他政务，一概不得干预。

第八十八条　本省内之军队，绝对统一于省之下，画一编制不得自编名目。

第八十九条　全省军费为省行政费之一款，列入预算决算案内，一律审计。

第九十条　全省兵力以维持地方秩序为限，常备兵额及其他备以省法律定之。

第九十一条　本省军队，除用以巩固中华民国及本省自治权外，不得使用。

第四节　财政

第九十二条　本省现行田赋及各项税收，除由省法律改定外，一概仍旧征收。

第九十三条　本省之收入支出，每一会计年度须编制预算案，特别事项之支出，不限于一年度者，得编制继续费预算案。

第九十四条　会计年度以每年七月一日为始，至次年六月三十日为止。

第九十五条　省议会开会后之五日内，省长须将次年度之预算案提交省议会议决。临时发生事项，省长得提出追加预算案。

第九十六条　省议会议决预算案，不得增加岁出或增加新款项。

第九十七条　预算案由省议会议决后，其款项不得流用。

第九十八条　会计年度开始预算案，尚未经省议会议决时得依前年度预算暂行开支。

第九十九条　省之收入支出，由省金库管理，其详细以省法律定之。

第一百条　每一会计年度终了后，须编制决算案连用审计院审计报告书，由省长提交省议会议决。

第一百零一条　会计年度中，每三个月财政司须将收支款项及其数目编成报告书印行之。

第八章　法院

第一百零二条　省司法权以本法（厅）规定之，各级法院行使之。

第一百零三条　省法院为全省最高审判机关，对于本省民事刑事行政及其他一切之判决，为最终之判决。省法院之下设控诉法院初级法院。

第一百零四条　省法院之司法官由省议会就有法定资格者分次选举之，以得票过省议员总额半数者当选。

第一百零五条　省法院设院长一人，由本院司法官互选之。

第一百零六条　省法院院长任期五年，再被选得连任。

第一百零七条　省法院中附设检察局置检察长一人，各级法院配置相当之检察官。

第一百零八条　省法院司法官缺额时，由省议会补选之。

第一百零九条　司法官独立行其职务，除服从法律外，不受拘束。

第一百一十条　法院之审判公开之，但于公安或风俗上有关系时，依法律之规定，得秘密之。

第一百一十一条　司法官为终身，非依法律不得及其意，命其免职降职停职转职或减俸。

第一百一十二条　法院关于下列诉讼会同陪审员审理之：

（一）关于行政诉讼之重要事件；

（二）关于政治犯之罪情较重者；

（三）因著作犯罪非诬蔑个人者；

（四）拟处死刑无期徒刑一等有期徒刑之犯罪。

参与陪审之陪审员，不得加入评议。陪审员之资格及陪审会之组织，以省法律定之。

第九章　审计院

第一百一十三条　审计院由省议会分次选举审计员七人组织之，以得票过省议员总额半数者为当选。审计院之组织以省法律定之。

第一百一十四条　省公民年满三十岁以上有会计学识经验者，得被选为审计员。

第一百一十五条　审计员每五年改选一次，再被选者得连任。审计员有缺额时，由省议会补选之。

第一百一十六条　审计院设院长一人，由审计员互选之。

第一百一十七条　审计员不得兼任其他官吏及有给之公职。

第一百一十八条　审计员在职中，除自行辞职及依法免职外，不得解职。

第一百一十九条　省之收入，各征收机关于缴纳省金库时，须同时分报审计院。省之支出，其发款命令，须先经审计院之核准。

第一百二十条　审计院得随时检查各机关之收支簿据。

第一百二十一条　审计员得出席于省议会说明审计事项。

第一百二十二条　全省各机关收支簿据之登记及报告程式，由审计院鉴定之。

第十章　监政院

第一百二十三条　监政院置监政员五人，由各县县议会选举之。监政员之选举及监政院之组织，以省法律定之。

第一百二十四条　省公民年满三十五岁，有学识风节者，得被选为监政员。

第一百二十五条 监政员每五年改选一次，再被选得连任。监政员有缺额时，由各县县议会补选之。

第一百二十六条 监政院置院长一人，由监政员互选之。

第一百二十七条 监政员在职中，不得兼任其他官吏及有给之公职。

第一百二十八条 监政院之职权如下：

（一）省议会有违法行为时，得咨请省长提出解散案，付省公民总投票表决；

（二）省议员有应受惩戒行为，省议会不为提议时，得咨请省议会议决；

（三）官吏有违法行为时，得咨请省长查办；

（四）省长政务员省法院司法官审计员依本法第三十四条之规定应行弹劾，省议会不为提议时，得提出弹劾案咨请省议会议决；

（五）议员官吏有犯罪行为，检察官不为起诉时，得咨请司法司令行检察局提起公诉；

（六）监察各项官吏之考试。

第一百二十九条 监政院得向各机关要求提出文书证据。

第一百三十条 监政院得传讯人证，但不得羁押。

第一百三十一条 监政员之全体或一人有溺职违法行为时，经全省县议会十分之一提议纠举，过半数之可决，即须退职。

第十一章 地方制度

第一百三十二条 县为省之地方行政区域，并为自治团体。

第一百三十三条 县以内工商荟萃之区，人口满一万以上者为市，其余为乡，市及乡之组织，以省法律定之。

第一百三十五条 县及县以下自治团体之废置及其区域上之变更，以省法律定之。

第一百三十六条 县置县长一人，由省长任命，执行省之地方行政及县之自治行政，并监督县以下之自治机关，

第一百三十七条 县长之任用方法及县行政公署之组织，以省法律定之。

第一百三十八条 县置县议会，由全县公民直接选举之议员组织之。县议

会之组织及其议员之选举以省法律定之。

第一百三十九条　县在不抵触省法令之范围内，有下列之自治权：

（一）县以内之教育及与教育相联属之事项；

（二）县以内之交通水利及其他土木工程事项；

（三）县以内之实业及公共营业事项；

（四）县以内之警察卫生及各公益慈善事业；

（五）县以内之人民生计事项；

（六）县公产及营造物之管理及处分；

（七）制定县税及附于省税之附加税，并他种公共收入，但须经省政府之核定；

（八）其他依省法令属于县自治处理之事项。

上列事项有涉及两县以上者，得协议处理之。

第一百四十条　县在自治权之范围内，得自订各项章程。

第一百四十一条　县长有违法溺职行为时，县议会得以议员总额三分之二之出席，出席议员三分之二以上之议决，提出弹劾案于省长，应即查办之。

第一百四十二条　县设县参事会赞襄县长执行县自治事项，其组织以省法律定之。

第一百四十三条　县及县以下自治团体为保卫计，得组织保卫团，其详细以省法律定之。

第一百四十四条　县及县市乡自治经费之预算及决算案，每年须详细公布之。

第一百四十五条　本法之修改以全省公民十分之一之提案，交由省长付全省公民总投票解决之，本法公布后满十年，省公民未提出修改案时，省议会得以议员总额三分之二之议决，提出修改案，咨省长付全省公民总投票表决之。本法每经修改后满十年，省公民未提出修改案时，省议会得依前项行之。

第一百四十六条　本法发生之疑义，由省法院解释之。

第十三章　附则

第一百四十七条　本法公布后，依本法制定之省法律未公布前，凡与本法不相抵触之法令，仍继续有效。

第一百四十八条　本法公布第一届省议会及县议会，至迟须于六个月内一律成立，第一届省议员每县选出一人，但人口满三十万以上之县，每增加三十万人加选议员一人，在全省人口调查未完竣以前，以最近之人口统计报告书为准。

第一百四十九条　第一届县议会议员，照原有名额及任期，由各县公民直接投票选举之。

第一百五十条　第一届省长由第一届省议会选出七人，交由全省县议会议员决选之。省议会及各县县议会选举完竣后，至迟须于三个月内，依法选省长，省长选出后，临时省长应即解职。

第一百五十一条　本法公布后，至迟须于三年以内，将全省户口调查完竣。

第一百五十二条　全省初级法院，应于本法公布之日起，二年以内一律成立，未成立者暂于各县设司法公署，其暂行条例由第一届省议会制定之。

第一百五十三条　国税未实行划分以前，本省得征收国税，但须列入省预算决算案内。

第一百五十四条　国币未实行统一以前，本省现行货币应即整理之。

第一百五十五条　在省教育基金未设立以前，省教育经费以确定之税收充之。

第一百五十六条　本省现有过多之军队，应由省长提出详细计划，经省议会议决分期实行裁减。

第一百五十七条　本法公布后施行，本法所必需之法律案由第一次省议会制定之。

第一百五十八条　立法司法行政各机关，依本法成立时，原设之机关应即废止。

第一百五十九条　本法由全省公民总投票可决后公布之日施行。

附录五　四川省第一届省议会议员选举法草案[1]

第一章　总则

第一条　省议会议员名额依省宪法一百四十八条之规定。

第二条　省议会议员由省公民直接选举之。

第三条　省民之选举权及被选举权，依省宪法第二十四条、二十五条及二十八条之规定。

第四条　办理选举人员于其选举区内停止其被选举权，但监察员不在此限。

第五条　省设选举总监督以本省行政长官充之，监督全省选举事宜。

第六条　各选举区设选举监督，以各区之行政长官充之，监督一切选举事宜。

第七条　各区选举均设投票管理员监察员、开票管理员监察员各若干名，由各区监督分别委任之，但监察员以本省选举人为限。

第八条　投票管理员职务如下：

（一）掌投票所启闭；

（二）决定投票之应否接受；

（三）掌投票匦、投票簿、投票纸及选举人名册；

（四）保持投票所秩序；

（五）其他依本法所定属于投票管理员职务之事项。

---

[1] 《四川筹备省宪周刊》第二十号。

第九条　开票管理员职务如下：

（一）掌开票所启闭；

（二）清算投票数目；

（三）检查投票纸真伪；

（四）决定投票之是否合法；

（五）保存选举票；

（六）保持开票所秩序；

（七）其他依本法所定属于开票管理员职务之事项。

第十条　投票监察员、开票监察员，各监视管理员办理投票开票事宜，监察员与管理员意见不同时，呈明选举监督决定之。

第十一条　凡办理选举人员均属名誉职，但得酌给公费。

第二章　选举程序

第一节　选举区

第十二条　选举区以县为境界。

第二节　投票区

第十三条　各选举区监督应按照地方情形，分划本管区域为若干投票区。

第十四条　投票区应于选举期前若干日，由各选举区监督酌定，呈报总监督。

第三节　选举人名册

第十五条　各选举区监督应就本管区域内分派调查委员，于选举期前若干日按照选举资格调查合格者，造具选举人名册。

调查办事细则，由各选举区监督定之。

第十六条　选举人名册应载选举人男女、姓名、年岁、教育、职业、籍贯、住址、住居年限。

第十七条　选举人名册应于选举期前若干日一律告成，由各选举区监督呈报总监督。

第十八条　各选举区监督应按各投票区分造选举人名册，于选举期前若干日颁发各投票区，宣示公众。

第十九条　宣示选举人名册以十五日为期。如本人以为有错误遗漏或他人认为资格不符时，则于宣示期内取具证凭，呈请本选举区监督更正。

前项呈请更正，选举监督应自收呈之日起十日以内判定之。不服者得呈请于总监督，其判定期间以十五日为限。

第二十条　凡经各本区选举监督或总监督判定更正者，应由各本区选举监督更正选举人名册，并补报总监督。

第二十一条　选举人名册确定后，应分存各投票所及开票所。

第四节　选举通告

第二十二条　各选举区监督应于选举期前若干日颁发选举通告，应载事项如下：

（一）选举日期；

（二）投票所及开票所地址；

（三）投票方法。

第五节　投票所及开票所

第二十三条　每投票区设投票所一处，开票所设于本选举区监督所在地，其地址由各本选举区监督定之。

第二十四条　投票所与开票所得临时增派警察，保持秩序。

第二十五条　投票所及开票所除本所职员、选举人及警察之外，他人不得擅入。

第二十六条　投票所及开票所自投票及开票完毕之日起，十五日以内裁撤之。

第二十七条　投票所启闭，以午前八时至午后六时为限。

第二十八条　投票所及开票所办事细则由各本选举区监督定之。

第二十九条　投票纸由总监督于投票期前若干日分发各选举区监督，各选举区监督于若干日内分发各投票所。

第三十条　各选举区监督应按照各投票区所属选举人分别造具投票簿，并按照定式制成投票匦，于若干日内分发各投票所。

第三十一条　投票簿应载明选举人男女、姓名、年岁、教育、职业、籍贯及住址。

第三十二条　选举匦除投票时外，应加封锁。

第六节　投票开票及检票

第三十三条　投票人以列名本投票所之投票簿者为限。

第三十四条　投票人届选举期，应亲赴投票所自行投票。

第三十五条　投票人于领投票纸时，应先在投票簿所载本人姓名下签字。

未受义务教育之投票人，应当场诵读省宪法条文若干条。

第三十六条　投票人每名只领投票纸一张。

第三十七条　投票用无记名单记法，每票只书被选举人一名，不得自书本人姓名。

第三十八条　投票人于投票所内，除关于投票方法得与职员问答外，不得与他人接谈。

第三十九条　投票完毕后，投票人应即退出。

第四十条　投票人倘有冒替及其他违背法令情事，管理员及监察员得令退出。

第四十一条　管理员与监察员应将投票始末情形，会同造具报告，连同投票簿及投票匦，于投票完毕之翌日，移交开票所，并呈报本选举区监督。

第四十二条　选举监督自各投票匦送齐之翌日，应该酌定时刻，先行宣示。届时亲临开票所督同开票，即日宣示。

第四十三条　检票时，应将所投票数与投票簿对照。

第四十四条　选举票有下列事项之一者无效：

（一）写不依式者；

（二）夹写他事者；

（三）字迹模糊不能认识者；

（四）不用投票所所发票纸者。

第四十五条　开票所管理员及监察员应将开票始末情形，会同造具报告，连同投票簿及选举票于开票完毕之翌日呈送各本选举区监督。所有选举票应分别有效、无效，于本届选举年限内由各本选举区监督保存之。

第七节　当选确定

第四十六条　被选举人以得本区投票票数比较多者，依次当选；票数同时，以抽签定之。

第四十七条　当选人足额后，并依该区应出议员名额，以得票比较多数者依次为候补当选人。票数同时，以抽签定之。

第四十八条　当选人自接到当选通知之日起，应于二十日以内答复愿否应选；其逾期不复者，以不愿应选论。

第四十九条　凡应选为省议会议员者，由各本选举区监督给与议员证书。

第五十条　议员证书给予后，各本选举区监督应将选举始末情形造具报告，连同选举簿及议员名册，呈送总监督，于本届选举年限内保存之，议员名册应载明议员姓名、年岁、籍贯及所得票数。

第三章　选举变更

第一节　选举无效

第五十一条　凡有下列事项之一者，选举无效：

（一）选举人名册因舞弊牵涉全数人员，经审判确定者；

（二）办理选举，违背法令，经审判确定者。

第五十二条　凡有下列事项之一者，当选无效：

（一）不愿应选；

（二）死亡；

（三）被选举资格不符，经审判确定者；

（四）当选票数不实，经审判确定者。

第五十三条　选举无效时，证书已给发者，应令缴还，并将姓名及其原由宣示。

第五十四条　当选无效时，应将各该区候补当选人递补之。

第二节　补　选

第五十五条　补选于选举无效或议员缺额，该选举区无候补当选人时行之。

第五十六条 关于补选事项，均依本法规定行之。

第四章 选举诉讼

第五十七条 选举人认为办理选举人员有舞弊及其他违背法令行为，得自选举日起，于十五日内向法庭起诉；未设法庭之处，应向相当受理诉讼之官署起诉。

第五十八条 选举人确认当选人资格不符或票数不实者，得依前条之规定起诉。

第五十九条 落选人确认所得票数应当选而未当选或候补当选人确认名次有错误者，得依前条之规定起诉。

第六十条 选举诉讼事件应先于各种诉讼事件审判之。

第五章 罚 则

第六十一条 关于选举之犯罪，依刑律处断。

第六章 附 则

第六十二条 本法施行细则，及关于第一届选举日期以省令定之。

第六十三条 本法所定关于选举事项之日期，得由选举总监督酌定之。

第六十四条 本法自公布之日施行。

附录六　四川省第一届省长选举法草案[1]

第一章　总　则

第一条　第一届省长选举依省宪法第一百五十条之规定，由省议会预选候补当选人七名，交由各县县议会议员决选之。

第二条　依省宪法第四十九条之规定，凡本省公民年满三十五岁以上，得被选为省长。

第三条　省长选举时，省行政长官应即委任选举总监督及各分监督，组织选举总事务所于省城、分所于各县。其组织规程以命令定之。

第四条　选举总事务所及各分所，均设选举管理员及监察员若干人，由选举总分监督分别委任。但监察员以所监察之预选或决选之本区选举人为限。

第五条　选举管理员之职务如下：

（一）决定选票之应否收受及是否合法；

（二）掌投票纸投票簿及检查投票纸之真伪；

（三）清查投票数目及保存选举票；

（四）保持投票开票之秩序；

（五）其他关于管理员投票开票之事项。

第六条　选举监察员监视管理员办理投票开票事宜。如监察员与管理员意见不同时，可陈明选举监督决定。

---

[1] 《四川筹备省宪周刊》第二十号。

第二章 预 选

第七条 选举总事务所成立后两月内，应即举行预选。预选期前一个月，需将预选日期通告省议会。

第八条 选举总事务所按照省议员名额制订投票纸，并依省议员名册造具投票簿，届期由总监督率同管理员于省议会内，按投票名次发给出席议员投票纸，依次投票预选。

第九条 预选用无记名单记法，一次投票以得票较多者七名为候补当选人；票数同时，抽签定之。

第十条 预选投票须由总监督函请在省各法团新闻记者，推举定数之代表，入场监视；并得由省议会酌发定数之参观券，准公民领券入场参观。

第十一条 投票毕，须即时开票，将所投票数与投票簿对照。

第十二条 预选票有下列事项之一者无效：

（一）写不依式者；

（二）夹写他事者；

（三）字迹模糊不能认识者；

（四）不用选举总事务所所发票纸者。

第十三条 预选结果，选举总事务所即以候补当选人姓名电告各分所，定于预选后一个月内同时举行决选。

第三章 决 选

第十四条 各分所须于决选期前二十日将决选日期及候补当选人姓名通告县议会。

第十五条 各分所须于决选期前一个月将各县议会议员名额电告总选举事务所，领取投票纸；并依各县议员名册，造具投票簿。届期率同管理员、监察员于各县议会内，按投票簿名次发给出席议员投票纸，依次投票决选。

第十六条 决选投票用无记名单记法，于候补当选人中决选一人。

第十七条 决选投票，须由各分监督函请所在地之法团、新闻记者，推举代表数人入场监视；县议会得酌发定数之参观券，准公民入场参观。

第十八条 投票毕，须即时开票，将所投票数与投票簿对照。

第十九票　决选票有下列情事之一者无效：

（一）写不依式者；

（二）夹写他事者；

（三）字迹模糊不能认识者；

（四）不用投票所所发票纸者；

（五）选出之人非候补当选人者。

第二十条　开票结果，各分所须将各候补当选人所得决选票数电报选举总事务所。

第二十一条　各分所于开票完毕之日起十日内将各该所所管之文件票纸名册等项一并移交该管县分之行政公署保管后，即行撤销。

第四章　当选确定

第二十二条　选举总事务所汇集各分所电报各候补当选人所得之决选票数，以得票最多者一人为省长。当选人票数同时，抽签定之。

第二十三条　省长当选人选出后，由选举总事务所通知省议会，由省议会发给当选证书。

第五章　选举变更

第二十四条　凡办理选举人员于选举时，有违背法令、纳贿舞弊等情况，经审判确定与当选人有关系者，则当选人为无效。

第二十五条　省长当选人不愿应选或当选而死亡者，均为当选无效。

第二十六条　省长当选无效时，应另行改选。

第六章　选举诉讼及罚则

第二十七条　选举人确认办理选举人员有舞弊及其他违背法令行为，得于十日内向法庭或相当受理诉讼机关起诉。

第二十八条　选举诉讼应先于各种诉讼事件审判之。

第二十九条　关于选举之犯罪依刑律处断。

第三十条　本法自公布日施行。

附录七　四川省法院编制法草案[1]

第一章　通　则

第一条　法院依省宪法第一百零三条之规定，分为三级如下：

（一）省法院；

（二）控诉法院；

（三）初级法院。

第二条　除本法及其他法令有特别规定者除外，一切诉讼案件之初审至终审，皆在本省法院。

第三条　各级法院之设立废止及其管辖区域，除本法规定之外，以省法院定之。

第四条　省法院以下之审判官检察官员额，由政务院主管司商同省法院院长后，呈请省长任命之。

第五条　法院掌审判民事、刑事、行政诉讼案件及其他一切诉讼案件，但法律另有规定者不在此限。

第六条　法院依法律所定管辖范围掌管登记及其他非诉讼案件。

第七条　初级法院为独任制，其审判权以审判官一人行之，但省会商埠等初级法院置审判官二人以上者，于特别重大案件得用合议制，其审判权以审判官三人之合议庭行之。

第八条　控诉法院为折衷制，其审判权依下列各款分别行之：

（一）简易控诉案件以审判官一人独任行之；

---

[1] 《四川筹备省宪周刊》第二十号。

（二）繁重控诉案件以审判官三人之合议庭行之；

（三）简易案件经第三审发回更为审判者，亦以审判官三人之合议庭行之。

第九条　省法院为合议制，其审判权依审判官三人之合议庭行之，但重大案件认为必要时。可临时增加审判官为五人。

第十条　合议审判以庭长为审判长。庭长有事故时，以庭员中资深者充之。独任审判，即以该审判官行审判长之职权。

法院之审理无论独任合议，如延至四日以上未能判决者，该院长得另派审判官一人莅视，并补充审判官。

补充审判官于承审审判官有疾病或其他事故不能继续审判时，有代其审判之权。

第十一条　法院审判诉讼案件，其事物分配及代理次序，即有未合本法所定者，其审判仍属有效。

关于登记及其他非诉讼事件亦同。

第十二条　省法院附设检察局，置检察长一人。

各级法院配置相当之检察官，其配置之检察官至二人以上者，以一人为首席检察官。

第十三条　检察官之职权如下：

（一）刑事按刑事诉讼条例及其他法令所定，实行侦查提起公诉；实行公诉，提起上诉，并检查判决之执行。

（二）民事与行政诉讼及其他非诉讼案件，按民事诉讼条例及其他法令所定，为诉讼当事人或公益代表人，实行特定事宜。

法院为民事诉讼当事人时，应由其配置之检察官代理为原告或被告。

第十四条　检察官之管辖区域与其所配置之各级法院同。

第十五条　检察官以法令所定得监督各该监狱及看守所。

第十六条　检察官遇有紧急事宜，得于其配置法院之管辖区域外行其职权。

第十七条　各级法院检察官均有调度司法警察之权。

调度司法警察章程由高等法院会同政务院拟订，咨交省议会议决后公布。

第十八条　法院审判官检察官权限及办事方法，有本法所未规定者，按诉讼条例及其他法令所定办理。

第二章　初级法院

第十九条　县设初级法院，其管辖区域即以各该县管辖区域为限。

第二十条　初级法院置监督审判官一人、检察官一人，监督审判官除综理该院事物、监督其行政外，并行审判之职务。

诉讼繁剧之地，得酌加审判官检察官。但置审判官二人以上者，应分庭审判之。即以该院监督审判官兼充庭长。

第二十一条　各县民事刑事诉讼案件，除属于高等法院特别管辖或国政府法院管辖者外，其第一审管辖权全属各该初级法院。

第二十二条　初级法院依法令所定管辖各该县登记及其他非讼事件。

第三章　控诉法院

第二十三条　旧有各道设控诉法院，其管辖区域即以旧有各道管辖区域为限。但地方辽阔交通不便者，得增设之。

第二十四条　控诉法院置院长一人，综理该院事物并监督其行政，仍兼充一庭长。

第二十五条　控诉法院视事之繁简，酌定民事刑事行政庭数及独任审判官与检察官人数。每庭各置庭长一人，除院长兼充外，以该庭资深之审判官充之，监督该庭事物，并定其分配。

第二十六条　控诉法院有管辖下列民事刑事行政诉讼案件之权：

（一）不服该管初级法院判决而控诉之件；

（二）不服该管初级法院裁决依法抗告之件；

（三）不服该管区域内行政官庭之处分依法诉讼之件。

第二十七条　控诉法院受理行政诉讼时，其审判后之程序如下：

（一）撤销或维持其行政处分；

（二）撤销其行政处分外，认为有损害赔偿之必要时，发交该管初级法院为民事上之审判；

（三）撤销其行政处分外，认为有犯罪情形时，由同院配置之检察官发交该管初级法院之检察官侦查办理。

对于省长之处分提起行政诉讼时，控诉法院应不受理。

第二十八条 控诉法院审判行政诉讼时，以检察官为国家公益代表人。

第二十九条 省设省法院，为全省审判最高机关。

第三十条 省法院置院长一人，综理该院事务，并监督其行政。

第三十一条 省法院视事之繁简，酌定民事刑事行政庭数及检察官人数，每庭各置庭长一人，以该庭资深审判官充之，监督该庭事务，并定其分配。

第三十二条 省法院之审判权如下：

第一，民事。除本省与他省或国政府之诉讼，应由国政府法院审判外，于下列案件有终审权。

（一）不服控诉法院判决而上诉之件；

（二）不服控诉法院裁决依法令抗告之件。

第二，刑事。除内乱罪或三等有期徒刑以上之关于国交及外患罪与国政府有关系者，由国政府法院审判外。于下列案件有终审权：

（一）不服控诉法院判决而上诉之件；

（二）不服控诉法院裁决依法令抗告之件。

下列案件，有第一审并终审权：

（一）内乱罪；

（二）关于国交及外患罪系三等有期徒刑以上者。

第三，行政诉讼。

不服控诉法院判决而上诉之件；

关于省长之处分，提起行政诉讼者，有第一审并终审之权。

第三十三条 省法院为终审审判机关，但若认控诉审之调查事实尚未明确，无从为法律上之判决者，得发回各该原审法院更为审判。

第三十四条 省法院于管辖区域内有统一解释法令之权，但国法经国政府最高法院解释者，应从其解释。

前项解释权，不得指挥审判官所掌理各案件之审判。

第三十五条 省法院各庭审理案（事）件，如解释法令之意见与本庭或他庭成案有异，由省法院院长依法令之义类，开民事庭或刑事庭或行政庭或各庭总会，评议决之。

第三十六条 省法院审判行政诉讼时，以检察官为国家公益代表人。

第三十七条 省法院就上告轻微案件或事实明了者，得用书面办理。

前项书面审理，若为刑事或民事诉讼时，应咨询同院检察官之意见。

第五章　各院院长审判官检察官

第三十八条　审判官及检察官，应照司法官考试法经考试合格或免试者，始得依司法官任用法任用之。

第三十九条　凡法官依考试法经第一次合格或免试者，分发控诉以下各法院学习，以两年为满。

第四十条　凡在各级法院学习满一年以上者，得由各该院院长分别酌派掌理特定司法事务。

第四十一条　学习人员期满后，应依法官考试法受第二次考试合格或免试者，始得为候补审判官或检察官，如遇控诉以下各法院有缺额时，得择酌补用。

第四十二条　具有下列资格之一者，免其考试，得任为初级法院审判官检察官：

（一）在国内外大学法律专科毕业得有学位者；

（二）曾任审判官或检察官二年以上者；

（三）候补审判官或检察官候补逾二年以上者，因无缺额未得补用者；

（四）曾在法政各学校充任主要学科教员，或执行律师职务三年以上，成绩优良者。

第四十三条　控诉法院审判官检察官或初级法院监督审判官，须具下列资格之一：

（一）曾任审判官检察官四年以上者；

（二）曾在法政各学校充任主要学科教员或执行律师职务四年以上，成绩优良者。

第四十四条　被选为省法院司法官者，须具下列资格之一：

（一）曾在国内外大学法律专科毕业得有学位者；

（二）曾任审判官或检察官五年以上者；

（三）曾在法政各学校充任主要学科教员或执行律师职务五年以上，成绩优良者。

控诉法院院长之资格亦同。

第四十五条　第四十二条、第四十三条、第四十四条所载年限，均接续计算。但中间若有间断时期应除去之。

第四十六条　凡有下列情事之一者，不得为各级法院之司法官：

（一）因夺公权丧失为官吏之资格者；

（二）曾处三年以上徒刑者；

（三）有精神病者。

第四十七条　各级法院之司法官在职中不得为下列各事：

（一）于职务外干预政事；

（二）为政党党员政社社员或议会议员；

（三）为报馆主笔或律师；

（四）兼任非本法所许之公职；

（五）经营商业及官吏不应为之业务。

第四十八条　各级法院之司法官依省宪法第一百十一条之规定，在任中不得勒令免职、停职、降职、转职或减俸。但下列各款不在此限：

（一）有本法第四十六条第四十七条各款情形者；

（二）因惩戒调查或刑事被告依法应停职者；

（三）因受刑罚宣告或惩戒处分者；

（四）省法院司法官依省宪法之规定被弹劾者。

第四十九条　各级法院司法官之俸给，虽在惩戒调查或刑事被告时，仍应照给。

第五十条　司法官考试法、任用法、惩戒法、官俸法，另以省法律定之。

第六章　陪审员

第五十一条　各级法院依省宪法第一百二十条之规定，应设陪审员。

陪审员员额、资格及陪审方法，以陪审法定之。

第七章　书记官及翻绎官或翻绎

第五十二条　各级法院各置书记官长、书记官，掌诉讼记录统计档案会计文牍及其他一切庶务。

第五十三条　各级法院书记官员额视事之繁简定之，但不得少于各该院合议庭及独任审判官之数。

各级法院各置书记官长一员，受院长之指挥监督。分配各书记官事务并监督之。

第五十四条　各级法院书记官受院长及书记官长之指挥监督，得于权限内互相代理。

第五十五条　控诉审以下各法院，得分派该院学习审判官或学习检察官，临时执行该院书记官事务。其应署名者，附记临时代理字样。

第五十六条　法院开庭审判时，书记官应受审判长之指挥，执行职务。其关于特定事宜，应受该特定审判官之指挥执行职务。但制作诉讼记录，不受审判长或审判官之干涉。

审判长审判官认书记官所制作诉讼记录有错误或不当时，应附其意见。

第五十七条　书记官于权限内所行职务，即不合本法所定之事物分配，仍属有效。

第五十八条　书记官以考试合格者由省法院院长分别任用之，书记官考试任用法以省法律定之。

第五十九条　省会及商埠各法院得特置翻译官，由省法院院长委用。但得临时以该院审判官或检察官充任。

审判官或检察官充任翻译官时，不得于该案兼行审判检察职务。

第六十条　偏僻各县法院，因人民不通普通言语，得特置翻译，由各该院长酌量委用。但得临时以该院吏警兼充。

第六十一条　书记官及翻译，或翻译权限，并应办事宜，本法所未定者，按诉讼法及其他法令所定辨理。

第八章　执达吏及检验吏

第六十二条　控诉以下各法院置执达吏，其职务如下：

（一）送达文书；

（二）执行法院判决及没收物件；

（三）当事人有所呈请执行通知催传。

第六十三条　执达吏应受各该法院长官之指挥监督。

第六十四条　执达吏执行职务时，应服制服。

第六十五条　执达吏须经考试始得任用。

执达吏考试任用章程由省法院定之。

第六十六条　执达吏由省法院院长派充，并得委任控诉以下各法院院长监督审判官派充之。

第六十七条　充执达吏者应缴纳相当之保证金。

第六十八条　执达吏应照执达吏职务章程所定，分别酌给津贴。

执达吏职务章程由省法院定之。

第六十九条　执达吏权限并应办事宜，本法所未定者按诉讼条例，并执达吏职务章程，及其他法令所定办理。

第七十条　初级法院置检验吏辅助该法院监督审判官或检察官，执行检验职务。但未经该院监督审判官检察官或莅视审判官亲自检验者，不得有效。

第七十一条　检验吏应受各法院长官之指挥监督。

第七十二条　检验吏于执行职务时应服制服。

第七十三条　检验吏以检验学校毕业生考试合格并有检验经验者始得任用。

检验吏考试应用章程由省法院定之。

检验吏考试合格、经验不足者，得派往初级法院实习一年。

第七十四条　检验吏由省法院院长派充，并得委任控诉审初级各法院院长监督审判官派充之。检验吏薪水及学习检验吏之津贴由省法院定之。

第九章　庭丁及司法警察

第七十五条　法庭置相当额数之庭丁。

第七十六条　法庭开审时，应讯人证。除在押应签提者外，均由庭丁引至法庭听审。

第七十七条　庭丁执行职务时应服制服。

第七十八条　庭丁之任用撤换由各法院院长行之。

第七十九条　庭丁服务章程由省法院定之。

第八十条　各级法院置相当额数之司法警察。

第八十一条　司法警察应受各院院长监督审判官之指挥监督。

第八十二条　司法警察受各法院审判官检察官长之指挥监督，执行传唤拘押，解送犯人，搜查证据，羁押人之收提取保，并于法庭开审时受审判长之指挥，维持秩序。

第八十三条　司法警察于执行职务时应服制服。

第八十四条　各法院司法警察服务章程由省法院定之。

第八十五条　司法警察权限及应办事宜，本法所未定者，按诉讼条例及其他法令所定办理。

第十章　司法年度及事务分配

第八十六条　司法年度，每年一月初一日起至十二月底止。

第八十七条　控诉法院以下办事章程由省法院定之。

施行前应缄知政务院主管官厅。

控诉法院院长按照前项章程统一所辖各法院应办事宜，并发布命令，定开院时刻及开庭日期。

省法院办事章程由该院定之，惟施行前应缄知政务院主管官厅。

第八十八条　各级法院于每年年终应开会议，预定次年下列事宜：

(一) 分配合议庭及独任审判官检察官应办之司法事务；

(二) 定庭长庭员独任审判官检察官之配置，及其代理次序；

(三) 定第九十条所载代理次序。

第八十九条　前条会议以院长为主席，取决多数；可否同数时，取决于主席。

第九十条　省法院各控诉法院审判官及代理审判官遇有事故，得以直隶下级法院审判官代理。

控诉以下法院并得用各该候补或学习审判官代理。

前二项之代理，所有直隶下级法院审判官，及候补或学习审判官，应遵照预定次序行之。

本条之代理以紧急事宜为限。

第九十一条　检察官遇有必须代理情形，得临时代理所属法院检察官。

第九十二条　控诉审以下各法院，遇有法律上或事实上不能执行职务时，得以最近同级之法院暂行代理，但以紧急事宜为限。

第九十三条　各级法院已分配之事务，于本司法年度内非有不得已情形，不得变更。

第十一章　法庭之开闭及秩序

第九十四条　法庭开设于各级法院内，但有特别规定者不在此限。

第九十五条　法庭首席为审判长，于开闭法庭及审问诉讼，均有指挥之权，并于开庭时，有维持秩序之权。

第九十六条　法庭之审判公开之，若审理中有停止公开之必要者，得宣示其理由，停止公开。但宣告判决时，仍应公开。

停止公开时，审判长得因当事人亲属之请求，及认为倘无妨碍之人特许旁听。

第九十七条　审判长认旁听人有妨害法庭职务或其他不当之情形者，得酌量轻重，依下列各款分别处分：

（一）退出法庭；

（二）十元以内之罚金。

第九十八条　原被告证人监定人翻译及告诉告发人等，有前条情形者（依下列分别办理）：

（一）刑事被告受前条第一款处分者，得不待其陈述即行审理；

（二）民事及行政诉讼，原被告受前条第一款处分者，得听在庭当事人之供述即行审理；

（三）刑事被告、民事及行政诉讼原被告，受前条第三款处分者，该处分应与各本案分别宣告；

（四）证人监定人告诉告发人等，得不待闭庭，实行前条第二款处分。

第九十九条　第九十六条第二款处分不得用刑律俱发罪之例。

第一百条　律师在法庭代理诉讼或辩护案件，其言语举动如有不当，审判长得禁止其代理或办理。

非律师而为诉讼代理或辩护人者亦同。

第一百零一条　处分妨害法庭秩序之人，应详记其事由于诉讼记录。

第一百零二条　受第九十六条处分者，如系官员，得按其情节，请付惩戒。律师受第一百条第一项之处分者亦同。

第一百零三条　审判官检察官书记官等在法庭执务时，均应服制服。律师在法庭行使职务时亦同。

第十二章　法庭之用语及记录

第一百零四条　法庭之审判应用本国语言。

第一百零五条　原被告中证人监定人，如有语言不通者，得由翻译官或翻译传译。

第一百零六条　法院文书用本国文字记录之，如恐两造争执或有必需时，得附录外国语及各系土语存案。

第十三章　判决之评议及决议

第一百零七条　法院合议庭判决案件，应照本法所定审判官人数评议议决之。

第一百零八条　判决之评议，由审判长督率行之。

陈述意见之秩序，以官资较浅者为始；资同，以年少者为始，以审判长为终。

第一百零九条　评议以过半数决之。

关于赔偿或罚金之金额，若意见分三说以上，不能得过半数者，将诸说排列，以金额之多寡为序，数至居中之说，即以其说决之。

关于其他科刑案件，如意见分三说以上，不能得过半数者，将诸说排列，以不利被告之轻重为序，数至居中之说，即以其说决之。

第一百一十条　省法院依本法第三十五条之评议会，须有该庭审判官三分之二以上列席，其总会须有各该庭长审判官三分之二以上列席，方得开议。

前项评议会，由该院长命令该庭长督率行之。即以该庭长或审判官中资深者一员为会长，其总会由院长督率行之。其会长由该院长自任或命令各庭长中资深者一员任之。

第一百十一条　第一百零八条第二项及第一百零九条之规定，准用之于本条评议会及评议总会。

第一百十二条　评议应守秘密，但候补及学习审判官得入座旁听。

第十四章　法律上之辅助

第一百十三条　各法院办理诉讼事宜，应互相辅助。

第一百十四条　前条之辅助，各检察官相互间亦同。

第一百十五条　各法院之书记官以下各职员，于其权限内事务，应互相辅助。

第十五章　司法行政之职务及监督

第一百十六条　各级法院院长、监督审判官、检察局检察长、首席检察官，按照本法各任司法中行政之职务。

第一百十七条　司法行政之监督权，分别属于下列各机关：

（一）省法院院长监督该院及控诉以下各法院；

（二）政务院主管官厅监督省法院检察局及以下各法院；

（三）控诉法院院长监督各该院及各所属初级法院。